今注本二十四史

宋書

梁 沈約 撰

朱紹侯 主持校注

中國社會科學出版社

六

志 〔五〕

宋書　卷三〇

志第二十

五行一

　　昔八卦兆而天人之理著,[1]九疇序而帝王之應明。[2]雖可以知從德獲自天之祐,違道陷神聽之罪,然未詳舉徵效,備考幽明,雖時列鼎雉庭穀之異,[3]然而未究者衆矣。至於鑑悟後王,多有所闕。故仲尼作《春秋》,[4]具書祥眚以驗行事。[5]是則九疇陳其義於前,《春秋》列其效於後也。逮至伏生創紀《大傳》,[6]五行之體始詳;劉向廣演《洪範》,[7]休咎之文益備。故班固斟酌《經》《傳》,詳紀條流,誠以一王之典,不可獨闕故也。[8]夫天道雖無聲無臭,然而應若影響,天人之驗,理不可誣。司馬彪纂集光武以來,以究漢事,[9]王沈《魏書》志篇闕,[10]凡厥災異,但編帝紀而已。自黃初以降,[11]二百餘年,覽其災妖,以考之事,常若重規沓矩,不謬前說。又高堂隆、郭景純等,[12]據經立辭,終皆顯應。闕而不序,史體將虧。今自司馬彪以後,皆撰次論序,斯亦班固遠采《春秋》，舉遠明近之例也。又按言之不從，有介蟲之孽，[13]劉歆以爲毛蟲；[14]視之不明，有臝蟲之孽，劉歆以爲羽蟲。[15]按《月令》，夏蟲羽，秋蟲毛，[16]宜如歆説，是以舊史從之。五行精微，非末學所究。凡已經前議者，並即其言以釋之；未有舊説者，推準事理，以俟來哲。

[1]八卦：《周易》中八種由三個陰陽符號組成的基本圖像，古人不僅用它占卜吉凶，而且認爲乾坤象徵天地，餘六卦象徵風雷水火山澤。同時八卦還象徵各種自然和社會人事現象，這樣八卦就成了自然界和人類社會一切現象的概括。《易·繫辭上》説八卦的來源及功用是："易有太極，是生兩儀，兩儀生四象，四象生八卦。八卦定吉凶，吉凶生大業。""以通神明之德，以類萬物之情。"故八卦顯示的兆象使人與自然的各種道理顯明。

[2]九疇：亦稱九章。《漢書·律曆志上》："箕子言大法九章。"顏師古注："大法九章即《洪範》九疇也。"指天帝賜給禹的九類大法。一曰五行，即金木水火土；二曰敬用五事，即貌言視聽思；三曰農用八政，即食、貨、祀、司空、司徒、司寇、賓、師；四曰協用五紀，即歲月日星辰曆數；五曰建用皇極，即無偏無頗地統治臣民；六曰乂用三德，即正直、剛克、柔克；七曰明用稽疑，即用占卜決疑難、測吉凶；八曰念用庶徵，即雨、暘、燠、寒、風等天時反映人事的休咎；九曰嚮用五福，威用六極，即賜以壽、富、康寧、攸好德、考終命五福，示以凶短折、疾、憂、貧、惡、弱六極。九疇爲帝王施政規定了一個經典模式，故曰"帝王之應明"。九疇又是歷代正史編撰《五行志》的基本理論和根本大綱，故詳列之。

[3]雖時列鼎雉庭穀之異：言本書以前的《五行志》列出了鼎、雉、庭、穀的變異。鼎，象徵帝王權力的禮器，鼎的變異在

《五行志》中一般指"金失其性"的後果，或用來解釋王朝更替的原因。雉，本指野雞，雉異指出現鳳凰的符瑞及由各種鳥類帶來的"雞禍"。庭，本指庭院，庭異指朝廷階下生的"朱草""福草""蓂莢""芝草""屈軼"等草本植物變異導致的祥瑞及禍端。穀，穀類的變異指"嘉禾多穗""木連理"等植物或農作物變異導致的祥瑞及禍害。

［4］《春秋》：中國第一部編年體史書。記載了上自魯隱公元年（前722），下至魯哀公十四年（前481）的歷史。以"春生物而秋成"之意得名，傳爲孔子編撰。

［5］祥：祥瑞。　眚（shěng）：指灾禍、禍患。

［6］伏生：又稱處生、伏勝。漢初今文《尚書》的最早傳播者，濟南（今山東濟南市）人。事見《史記》卷一二一《儒林列傳》。　《大傳》：即《尚書大傳》。傳爲伏生所作，是對《尚書》微言大義式的解釋，其中"博引異言授受，援經而申證"（《崇文總目》），其實是和其後學張生、歐陽生等的集體之作，劉向校書時得而上之，成書時代不晚於西漢末。

［7］劉向：人名。字子政，本名更生，沛（今江蘇沛縣）人。西漢經學家、目錄學家、文學家。《漢書》卷三六有附傳。　廣演《洪範》：指劉向所作《洪範五行傳論》。《漢書·劉向傳》："向見《尚書·洪範》，箕子爲武王陳五行陰陽休咎之應。向乃集合上古以來歷春秋六國至秦漢符瑞、災異之記，推迹行事，連傳禍福，著其占驗，比類相從，各有條目，凡十一篇，號曰《洪範五行傳論》，奏之。"其"比類相從"的體例，爲以後《五行志》所宗。

［8］班固：人名。字孟堅，扶風安陵（今陝西咸陽市）人。東漢史學家、文學家。《後漢書》卷四〇有傳。　《經》：指《尚書·洪範》。　《傳》：指伏生《尚書大傳·洪範五行傳》及劉向《洪範五行傳論》。　詳紀條流：指班固撰的《漢書·五行志》（以下簡稱《漢志》）綜合前人五行灾變說而作的系統記載。《漢志》是中國正史中的第一部《五行志》，其以五行爲綱，以九疇爲目，

叙西漢以前符瑞、灾異之事，推天人感應之休咎，在體例和内容上爲以後《五行志》開了先例。

[9]司馬彪纂集光武以來，以究漢事：指司馬彪撰的《續漢書・五行志》（以下簡稱《續漢志》）對東漢天人灾變的記載。司馬彪，人名。字紹統，温縣（今河南温縣）人。西晋史學家，撰《續漢書》八十卷，起於漢光武帝，終於漢獻帝。其中紀、傳已佚，止存八志三十卷，北宋以後配合范曄《後漢書》刊行。《晋書》卷八二有傳。

[10]王沈：人名。字處道，太原晋陽（今山西太原市）人。《晋書》卷三九有傳。　　《魏書》：共四十八卷，記三國魏事，無志。《晋書・王沈傳》曰：“正元中，遷散騎常侍、侍中，典著作。與荀顗、阮籍共撰《魏書》，多爲時諱，未若陳壽之實録也。”《魏書》是陳壽撰《三國志・魏書》及裴松之注時所依據的基本材料。

[11]黄初：三國魏文帝曹丕年號（220—226）。

[12]高堂隆：人名。字升平，泰山平陽（今山東鄒城市）人。善陰陽術數。《三國志》卷二五有傳。　　郭景純：人名。名璞，字景純，河東聞喜（今山西聞喜縣）人。精通天文、卜筮之術。著《爾雅注》《山海經注》《葬書》《照定真經》等。《晋書》卷七二有傳。

[13]言之不從，有介蟲之孽：語出伏生《尚書大傳・洪範五行傳》：“言之不從，是謂不乂。厥咎僭，厥罰恒陽，厥極憂。時則有詩妖，時則有介蟲之孽。”孽，妖孽，灾禍。《續漢志一》引鄭玄曰：“蝝、蚍、蜩、蟬之類，生於火而藏於秋者也，屬金。”《晋書・五行志中》（《晋書・五行志》以下簡稱《晋志》）曰：“介蟲孽者，謂小蟲有甲飛揚之類，陽氣所生也，於《春秋》爲螽，今謂之蝗，皆其類也。”《續漢志一》：“介蟲，劉歆傳以爲毛蟲。”

[14]毛蟲：指身上帶毛的獸。此承《漢志中之上》之説：“劉歆言傳曰時有毛蟲之孽。説以爲於天文西方參爲虎星，故爲毛蟲。”劉歆從“言之不從”屬西方金出發，根據四象中西方參宿是白虎之

象，認爲當有毛蟲之孽。

[15]視之不明，有蠃蟲之孽：語出伏生《尚書大傳·洪範五行傳》："視之不明，是謂不哲。厥咎舒，厥罰恒燠，厥極疾。時則有草妖，時則有蠃蟲之孽。"蠃蟲之孽，《晋志中》解釋作"謂螟螣之類（食苗的害蟲。食心曰螟，食葉曰螣。）當死不死，當生而不生，或多於故而爲災也"。蠃蟲，指蜾蠃，蜂類的一種，在墙上或樹枝上作窩，捕捉螟蛉蟲等，作爲將來幼蟲的食物。　羽蟲：指有羽毛的鳥類。這裏指關於會飛動物造成的灾異之事，如群鳥大集、燕生鷹等。此承《漢志中之下》之説："劉歆視傳曰有羽蟲之孽、雞旤。説以爲於天文南方喙爲鳥星，故爲羽蟲。"劉歆從"視之不明"屬南方火出發，根據四象中南方柳宿是朱雀之象，認爲當有羽蟲之孽。

[16]按《月令》，夏蟲羽，秋蟲毛：語出《禮記·月令》："仲夏之月……其蟲羽。""孟秋之月……其蟲毛。"按：劉歆之説《漢志》《續漢志》《晋志》都從之，沈約作本志引《月令》爲其説又添一根據。

《五行傳》曰：[1]"田獵不宿，[2]飲食不享，[3]出入不節，奪民農時，及有姦謀，則木不曲直。"[4]謂木失其性而爲災也。又曰："貌之不恭，是謂不肅。[5]厥咎狂，厥罰恒雨，厥極惡。[6]時則有服妖，[7]時則有龜孽，[8]時則有雞禍，[9]時則有下體生上之痾，[10]時則有青眚、青祥。[11]惟金沴木。"[12]班固曰：[13]"蓋工匠爲輪矢者多傷敗，及木爲變怪。皆爲不曲直也。"

[1]《五行傳》：由《續漢志一》鄭玄注引《尚書大傳》文可知，《五行傳》指伏生《尚書大傳·洪範五行傳》。按：此段"班固曰"以前引自《續漢志一》。"謂木失其性而爲災也"是司馬彪

《續漢書》文，非《五行傳》文，後引號應在"木不曲直"後。

[2]田獵不宿：游田打獵不休止，不返宮室，不戒以時。《續漢志一》注引鄭玄注《尚書大傳》曰："不宿，不宿禽也。角主天兵。《周禮》四時習兵，因以田獵。"

[3]飲食不享：不行享獻之禮。享，獻。《續漢志一》注引鄭玄注《尚書大傳》曰："享，獻也。《禮志》曰：'天子諸侯，無事則歲三田：一爲乾豆，二爲賓客，三爲充君之庖。'《周禮·獸人》，冬獻狼，夏獻麋，春秋獻獸物，此獻禮之大略也。"

[4]木不曲直：有以上五種逆政，木就會失其性，導致灾害咎徵。

[5]貌之不恭，是謂不肅：《續漢志一》注引鄭玄注："肅，敬也。君貌不恭，則是不能敬其事也。"

[6]厥咎狂，厥罰恒雨，厥極惡：《漢志中之上》班固解釋説："人君行己，體貌不恭，怠慢驕蹇，則不能敬萬事，失在狂易，故厥咎狂也。上嫚下暴，則陰氣勝，故其罰常雨也。水傷百穀，衣食不足，則姦軌並作，故其極惡也。一曰，民多被刑，或形貌醜惡，亦是也。"

[7]時則有服妖：《晋志上》對"時則有"解釋説："每一事云'時則'以絶之，言非必俱至，或有或亡，或在前或在後。"服妖，古人以爲奇裝怪服會預示天下和人之變化，謂之服妖。《漢志中之上》曰："風俗狂慢，變節易度，則爲剽輕奇怪之服，故有服妖。"

[8]龜孽：古人以爲水澇則龜多出而爲孽害。《隋書·五行志上》："龜孽：有物如人，夜來登牀，宮人抽刀斫之，若中枯骨，其物落牀而走，宮人逐之，因入池而没。明日，帝令涸池，得一龜，徑尺餘，其上有刀迹。殺之，遂絶。龜者水居而靈，陰謀之象。"今本《尚書大傳·洪範五行傳》作"魚孽"。

[9]雞禍：古人以爲逢水大之年，雞多疫症而會帶來禍變，稱爲雞禍。《漢志中之上》："於《易》，《巽》爲雞。雞有冠距文武之貌。不爲威儀，貌氣毁，故有雞旤。一曰，水歲多雞死及爲怪，亦

是也。”

　　[10]下體生上之痾：指胎兒下體生於上體的病變。《漢志中之上》説：“上失威儀，則有彊臣害君上者，故有下體生於上之痾。”痾，病也。人之變謂之痾。

　　[11]青眚、青祥：指青色之物（五行中屬木的事物）所産生的能預兆灾禍發生的怪異現象。眚，本義爲目疾，隱疼。引申爲由内産生的怪異。祥，凶灾、妖異。由外産生的怪異。

　　[12]惟金沴木：即五行的金木不和而相傷。沴，相傷，不和。《漢志中之上》説：“凡貌傷者病木氣，木氣病則金沴之，衝氣相通也。於《易》，《震》在東方，爲春爲木也；《兑》在西方，爲秋爲金也；《離》在南方，爲夏爲火也；《坎》在北方，爲冬爲水也。春與秋，日夜分，寒暑平，是以金木之氣易以相變，故貌傷則致秋陰常雨。言傷則致春陽常旱也。”又對此段傳文整體解釋説：“凡草物之類謂之妖。妖猶夭胎，言尚微。蟲豸之類謂之孽。孽則牙孽矣。及六畜，謂之旤，言其著也。及人，謂之痾。痾，病貌，言濅深也。甚則異物生，謂之眚；自外來，謂之祥。祥猶禎也。氣相傷，謂之沴。沴猶臨莅，不和意也。”

　　[13]班固曰：此句以下全引《漢志上》文，故後引號當在“不曲直”後。又“工匠”下有“之”字，“皆爲”作“是爲”，且下有“木”字，當據改補。

木不曲直

　　魏文帝黄初六年正月，雨，木冰。[1]按劉歆説，木不曲直也。[2]劉向曰：“冰者陰之盛，[3]木者少陽，貴臣象也。[4]此人將有害，則陰氣脅木，木先寒，故得雨而冰也。”是年六月，利成郡兵蔡方等殺太守徐質，[5]據郡反，多所脅略，并聚亡命。遣二校尉與青州刺史共討平之。太守，古之諸侯，貴臣有害之應也。一説以木冰爲甲兵之象。[6]是歲，既討蔡方，又八月，天子自將以舟師征吳，戎卒十餘萬，連旍數百里，臨江觀兵。

[1]木冰：雨雪霜沾附於樹木遇寒而凝結成冰。古以爲木冰是木爲變怪，木不曲直而失其性的結果。出現木冰，往往是貴臣擅權侵上、造反或甲兵爭戰的徵兆。

[2]按劉歆説，木不曲直也：《晋志上》此句作："案劉歆説，上陽施不下通，下陰施不上達，故雨，而木爲之冰，霧氣寒，木不曲直也。"

[3]冰者陰之盛：《漢志上》作"冰者陰之盛而水滯者也"。似脱"而水滯者也"五字。

[4]少陽：《易》畫卦過程中的四象之一，由一陰爻（在下）一陽爻（在上）組成。秦漢時以四象配四時、五行、五方，東方木配春、少陽，南方火配夏、太陽，西方金配秋、少陰，北方水配冬、太陰，中方配土，後來形成了卦氣説。春夏爲陽，秋冬爲陰。又陽爲君，陰爲臣，木屬少陽，故爲貴臣之象。

[5]利成郡：三國魏時有利成縣，治所在今江蘇贛榆縣青口鎮西古城，無利成郡。東漢建安三年（198）曹操分東海郡置利城郡，治所在利成縣。疑"成"爲"城"之誤。　蔡方、徐質：皆人名。事皆不詳。此次兵變，當月被鎮壓。事見《三國志》卷二《魏書·文帝紀》。

[6]木冰爲甲兵之象：《漢志上》作："或曰，今之長老名木冰爲'木介'，介者甲，甲，兵象也。"木上所結冰似鱗介，故俗稱木介。

晋元帝太興三年二月辛未，[1]雨，木冰。後二年，周顗、戴淵、刁協、劉隗皆遇害，[2]與《春秋》同事，是其應也。一曰，是後王敦攻京師，[3]又其象也。

[1]太興：晉元帝司馬睿年號（318—321）。

[2]周顗、戴淵、刁協、劉隗皆遇害：時王敦以誅劉隗爲名，據武昌反，周顗、戴淵、刁協兵敗被害。劉隗奔石勒，未遇害，有誤。周顗，人名。字伯仁，汝南安成（今河南平輿縣）人。戴淵，人名。字若思，廣陵（今江蘇揚州市）人。刁協，人名。字玄亮，渤海饒安（今河北鹽山縣）人。劉隗，人名。字大連，彭城（今江蘇徐州市）人。四人《晉書》卷六九均有傳。

[3]王敦：人名。字處仲，琅邪臨沂（今山東臨沂市）人。《晉書》卷九八有傳。

晋穆帝永和八年正月乙巳，[1]雨，木冰。是年，殷浩北伐，[2]明年，軍敗，十年，廢黜。又曰，苟羨、殷浩北伐，[3]桓温入關之象也。[4]

[1]永和：晉穆帝司馬聃年號（345—356）。

[2]殷浩：人名。字深源，陳郡長平（今河南西華縣）人。《晉書》卷七七有傳。浩北伐曾進至許昌、洛陽，但因姚襄反、兵屢敗，棄輜重而還，廢爲庶人。

[3]苟羨：人名。字令則，潁川臨潁（今河南臨潁縣）人。《晉書》卷七五有附傳。

[4]桓温：人名。字元子，譙國龍亢（今安徽懷遠縣）人。《晉書》卷九八有傳。曾北伐，入函谷關進抵關中，故云“桓温入關”。

晋孝武帝太元十四年十二月乙巳，[1]雨，木冰。明年二月，王恭爲北蕃；[2]八月，庾楷爲西蕃；[3]九月，王國寶爲中書令，尋加領軍將軍；[4]十七年，殷仲堪爲荆州。[5]雖邪正異規，而終同摧滅，是其應也。一曰，苻堅雖敗，[6]關、河未一，[7]丁零、鮮卑，[8]侵略司、兗，[9]竇揚勝扇逼梁、雍，[10]兵役不已，又其象也。

[1]太元：晋孝武帝司馬曜年號（376—396）。

[2]王恭：人名。字孝伯。《晋書》卷八四有傳。　北蕃：蕃屏北方的首要將領。《晋書》卷九《孝武帝紀》：“二月辛巳，以中書令王恭爲都督青兗幽并冀五州諸軍事、前將軍、青兗二州刺史。”

[3]庾楷：人名。潁川鄢陵人。《晋書》卷八四有傳。

[4]王國寶：人名。太原晋陽人。《晋書》卷七五有附傳。中書令：官名。西晋時中書省長官，掌皇帝命令的發布，位高權重。西晋後漸成閑職。三品。　領軍將軍：官名。禁衛軍最高統帥，權勢極重，有營兵。三品。

[5]殷仲堪：人名。陳郡（今河南淮陽縣）人。《晋書》卷八四有傳。

[6]苻堅：人名。一名文玉，字永固，略陽臨渭（今甘肅秦安縣）氐族人。前秦皇帝。《晋書》卷一一三、一一四有載記。

[7]關：指關中地區。　河：指黃河中下游的關外（函谷關以外）地區。

[8]丁零：古民族名。漢時爲匈奴屬國，游牧於北部、西北部地區。　鮮卑：古東胡族的一支。秦漢時附匈奴，東漢居匈奴故地，分爲東、西、中三部，各置大人以統之。晋南北朝時鮮卑先後建立前燕、後燕、南燕、南涼、北魏、東魏、西魏等政權。

[9]司：州名。三國魏通稱司隸校尉部爲司州，晋時定此名，治洛陽縣，在今河南洛陽市。　兗：州名。漢“十三刺史部”之一，三國時至宋以前治所在今山東鄆城縣。

[10]竇揚勝：人名。本書一見，其事不詳。　梁：州名。三國魏置，西晋屢遷其治所，初在南鄭縣（今陝西漢中市），移治西城

縣（今陝西安康市），又移苞中縣（今陝西漢中市）、城固縣（今陝西城固縣）。　雍：州名。東漢置，治所在今甘肅武威市。後移治長安，即今陝西西安市。

　　吳孫亮建興二年，[1]諸葛恪征淮南，[2]行後，所坐聽事棟中折。[3]恪妄興徵役，奪民農時，作爲邪謀，傷國財力，故木失其性，致毀折也。及旋師而誅滅，於《周易》又爲棟橈之凶也。[4]

　　[1]建興：三國吳會稽王孫亮年號（252—253）。

　　[2]諸葛恪：人名。字元遜，琅邪陽都（今山東沂南縣）人。淮南：郡名。治所在今安徽壽縣。

　　[3]聽事：即廳堂。官府治事之所。　棟：梁。

　　[4]棟橈之凶：語出《易·大過卦》：“大過，棟橈。”《象》：“棟橈，本末弱也。”棟橈即棟梁彎曲將折，象喻“大爲過甚”本末兩頭都承受不了之狀，故九三爻辭作“棟橈，凶”，有凶咎。

　　晉武帝太康五年五月，[1]宣帝廟地陷梁折。八年正月，太廟殿又陷，[2]改作廟，築基及泉。其年九月，遂更營新廟，遠致名材，雜以銅柱。陳勰爲匠，[3]作者六萬人。十年四月，乃成。十一月庚寅，梁又折。按地陷者，分離之象，梁折者，木不曲直也。孫盛曰：[4]“于時後宮殿有孽火，又廟梁無故自折。先是帝多不豫，益惡之。明年，帝崩，而王室頻亂，遂亡天下。”

　　[1]太康：晉武帝司馬炎年號（280—289）。　五月：《晉書》卷三《武帝紀》作“五月丙午”。

[2]太廟：帝王的祖廟。

[3]陳勰：人名。任殿中典兵中郎將，遷將軍。又爲將作大匠，造太廟。

[4]孫盛：人名。字安國，太原中都（今山西平遥縣）人。《晋書》卷八二有傳。

　　晋惠帝太安二年，[1]成都王穎使陸機率衆向京師，[2]擊長沙王乂。[3]軍始引而牙竿折，[4]俄而戰敗，機被誅。穎尋奔潰，卒賜死。初，河間王顒謀先誅長沙，[5]廢太子，立穎。長沙知之，誅其黨卞粹等，[6]故穎來伐。機又以穎得遒邁心，將爲漢之代王，[7]遂委質於穎，爲犯從之將。此皆姦謀之罰，木不曲直也。

[1]太安：晋惠帝司馬衷年號（302—304）。

[2]成都王穎：即司馬穎。字章度。《晋書》卷五九有傳。陸機：人名。字士衡，吳郡（今江蘇蘇州市）人。《晋書》卷五四有傳。

[3]長沙王乂：即司馬乂。字士度。《晋書》卷五九有傳。

[4]牙竿：旗杆。

[5]河間王顒：即司馬顒。字文載。《晋書》卷五九有傳。

[6]卞粹：人名。字玄仁，封成陽子。

[7]漢之代王：即漢文帝劉恒。周亞夫等平定諸呂之亂後，迎立代王劉恒爲帝。事見《漢書》卷四《文帝紀》。

　　王敦在武昌，[1]鈴下儀仗生華如蓮花狀，[2]五六日而萎落。此木失其性而爲變也。干寶曰：[3]“鈴閣，[4]尊貴者之儀；鈴下，主威儀之官。今狂花生於枯木，又在鈴閣之間，言威儀之富，榮華之盛，皆如狂花之發，不可久也。"其後終以逆命，没又加戮，是其應也。一説此花孽也，[5]於《周易》爲"枯楊生華。"[6]

[1]王敦在武昌：此條事見干寶《搜神記》卷七及《類聚》卷八二、《御覽》卷九九九。《晋志上》作："元帝太興四年，王敦在武昌。"武昌，郡名。孫權置，治所在今湖北鄂州市。

[2]鈴下：指侍衛、門卒和僕役。此處指掌威儀的官員。

[3]干寶：人名。字令升，新蔡（今河南新蔡縣）人。勤學博覽，尤好陰陽術數，著《春秋左氏義外傳》，注《周易》《周官》，作《晋紀》，稱良史。又編《搜神記》等。《晋書》卷八二有傳。本志常引"干寶曰""干寶以爲"，當是其任著作郎和修《晋紀》、作《搜神記》時所發議論。

[4]鈴閣：又作"鈴閤"。本爲尊貴者的儀仗，引申爲翰林院以及將帥或州郡長官辦事的地方。

[5]花孽：花妖、花異。

[6]枯楊生華：語出《易·大過卦》九五爻辭："九五，枯楊生華，老婦得其士夫，无咎，无譽。"華，即花。根據卦象，九五陽爻已過之極，又與上六陰爻近比，後者也處卦之極，對九五爻已無益，衹是虛榮而已。故此句是説枯楊雖生華，但不生根，不能改變枯的過程，不能持久。《伊川易傳》卷二："枯楊不生根而生華，旋復枯矣，安能久乎。"

桓玄始篡，[1]龍旂竿折。玄田獵出入，不絕昏夜，飲食恣奢，土水妨農，[2]又多姦謀，故木失其性也。夫旂所以擬三辰，[3]章著明也。旂竿之折，高明去矣。在位八十日而敗。

　　[1]桓玄：人名。一名靈寶，字敬道，譙國龍亢人。元興元年
（402），舉兵攻入建康，此年底，代晉自立，國號楚，後被劉裕所
滅。《晉書》卷九九有傳。
　　[2]土水妨農：《晉志上》作"土木妨農"。
　　[3]擬：《晉志上》"擬"作"掛"。　三辰：日月星。旗上的
圖案擬三辰，故下曰"旍竿之折，高明去矣"。

　　宋明帝泰始二年五月丙午，[1]南琅邪臨沂黃城山道
士盛道度堂屋一柱自然，[2]夜光照室內。此木失其性也。
或云木腐自光。

　　[1]泰始：宋明帝劉彧年號（465—471）。
　　[2]南琅邪：郡名。宋以琅邪郡改置，治所在今江蘇句容市。
臨沂：縣名。晉成帝咸康元年（335）僑置，治所在今江蘇南京
市東北栖霞山，北臨長江。　盛道度：人名。本書一見，其事不
詳。　然：通"燃"。

　　廢帝昇明元年，[1]吳興餘杭舍亭禾蕈樹生李實。[2]禾
蕈樹，民間所謂胡頹樹。

　　[1]廢帝：即宋順帝。　昇明：宋順帝劉準年號（477—479）。
　　[2]吳興：郡名。治所在今浙江湖州市吳興區。　餘杭：縣名。
治所在今浙江杭州市餘杭區西南。　禾蕈樹：又名胡頹樹，古代南
方一種野生果樹名。

貌不恭
　　魏文帝居諒闇之始，[1]便數出遊獵，體貌不重，風
尚通脫。故戴凌以直諫抵罪，[2]鮑勛以连旨極刑。[3]天下

化之，咸賤守節，此貌之不恭也。是以享國不永，後祚短促。《春秋》魯君居喪不哀，[4]在慼而有嘉容，穆叔謂之不度，[5]後終出奔。蓋同事也。

[1]諒闇：亦作"諒陰"。居喪時所住的房子。

[2]戴凌：人名。本書一見，其事不詳。《三國志》卷二《魏書·文帝紀》作"戴陵"，且曰："是歲，長水校尉戴陵諫不宜數行弋獵，帝大怒，陵減死罪一等。"與此條所記一事，故"凌"當據改爲"陵"。

[3]鮑勛：人名。字叔業，泰山平陽人。《三國志》卷一二有傳。

[4]魯君：指魯昭公。初立時居父喪而不哀，而有嘉容，至昭公二十五年時，內亂而出奔齊國。三十二年死於乾侯。

[5]穆叔：即叔孫豹。魯國卿大夫。《左傳》襄公三十一年穆叔不欲立昭公，曰："且是人也，居喪而不哀，在慼而有嘉容，是謂不度。不度之人，鮮不爲患。若果立之，必爲季氏憂。"

魏尚書鄧颺，[1]行步弛縱，筋不束體，坐起傾倚，若無手足。[2]此貌之不恭也。管輅謂之鬼躁。[3]鬼躁者，凶終之徵。後卒誅死。

[1]鄧颺：人名。字玄茂。《三國志》卷九裴松之注引《魏略》有傳。

[2]若無手足：走時身疲軟，坐站都有依靠，像沒有筋骨一樣。

[3]管輅：人名。字公明，平原人。少習天文術數，號神童。三國時術數家。《三國志》卷二九有傳。 鬼躁：指人將死前的一種病態。

晋惠帝元康中，[1]貴遊子弟相與爲散髮倮身之飲，[2]對弄婢妾。逆之者傷好，非之者負譏。希世之士，[3]耻不與焉。蓋胡、翟侵中國之萌也。[4]豈徒伊川之民，一被髮而祭者乎。[5]

[1]元康：晋惠帝司馬衷年號（291—299）。

[2]貴遊子弟：指無官職的王公貴族子弟，也泛指顯貴子弟。本事又見《搜神記》卷七和《建康實録》卷五引曹憲《揚州記》。

[3]希世之士：世所罕有的士人。

[4]蓋胡、翟侵中國之萌也：《晋志上》“蓋”字下有“貌之不恭”四字，“翟”作“狄”。胡、翟，泛指古代北方和西方的少數民族，如匈奴、羌、氐等。

[5]伊川之民，一被髮而祭者乎：典出《左傳》僖公二十二年：“初平王之東遷也，辛有適伊川，見被髮而祭於野者，曰：‘不及百年，此其戎乎！其禮先亡矣。’秋，秦、晋遷陸渾之戎于伊川。”伊川，在今河南伊川縣。

晋惠帝元康中，賈謐親貴，[1]數入二宮，與儲君遊戲，无降下心。又嘗同弈棋爭道，[2]成都王穎屬色曰：“皇太子，國之儲貳。賈謐何敢無禮！”謐猶不悛，[3]故及於禍。

[1]賈謐：人名。字長深，父韓壽，本名韓謐，繼賈充嗣而改名賈謐。南陽堵陽（今河南方城縣）人。《晋書》卷四〇有附傳。

[2]又嘗同弈棋爭道：《晋志上》作“又嘗因弈棋爭道”。弈棋，泛指下棋，此處有“爭道”之說，當指六博棋。爭道，六博棋雙方棋子相遇一道（棋局上的行棋點謂之道），互不相讓，道爲之

塞，故有争道之舉。

[3]不悛：不改。

齊王冏既誅趙倫，[1]因留輔政，坐拜百官，符敕臺府，淫嚣專驕，[2]不一朝觀。此狂恣不肅之容也。[3]天下莫不高其功，而慮其亡也。冏終弗改，遂至夷滅。

[1]齊王冏：即司馬冏。字景治。《晉書》卷五九有傳。　趙倫：當作“趙王倫”，脫“王”字。即司馬倫。字子彝，司馬懿第九子。《晉書》卷五九有傳。

[2]嚣（yòng）：酗酒。

[3]不肅之容：《晉志上》作“不肅之咎”。

太元中，人不復著帕頭。[1]頭者，元首，帕者，令髮不垂，助元首爲儀飾者也。今忽廢之，若人君獨立無輔，以至危亡也。其後桓玄篡位。

[1]帕頭：即帕頭。男子包頭髮用的紗巾。《開元占經》卷一一四引《晉中興書·徵祥說》（以下簡稱《徵祥說》）作“太元中，人不復着幓頭，亦服妖也。象人君獨立無親戚也”。“帕頭”作“幓頭”。

舊爲屐者，[1]齒皆達榍上，[2]名曰“露卯”。[3]太元中，忽不徹，名曰“陰卯”。[4]其後多陰謀，[5]遂致大亂。

[1]屐：木製的鞋，下多有兩齒，可走泥路。

［2］楄：木屐的底板。

［3］露卯：屐齒裝在打好眼的楄上爲卯，齒露在楄上，故稱。

［4］陰卯：齒不徹底，嵌在楄中而不露，故稱。

［5］陰謀：《晋志上》：“識者以爲卯，謀也，必有陰謀之事。至烈宗末，驃騎參軍袁悦之始攬搆内外，隆安中遂謀詐相傾，以致大亂。”

晋安帝義熙七年，[1]晋朝拜授劉毅世子。[2]毅以王命之重，當設饗宴，親請吏佐臨視。至日，國僚不重白，[3]默拜於厠中。王人將反命，毅方知，大以爲恨，免郎中令劉敬叔官。[4]識者怪焉。此墮略嘉禮，不肅之妖也。

［1］義熙：晋安帝司馬德宗年號（405—418）。

［2］劉毅：人名。字希樂，彭城沛（今江蘇沛縣）人。《晋書》卷八五有傳。

［3］不重白：不多説話。

［4］郎中令：官名。王國屬官，宿衛王宫，屬三卿之一，晋時品秩隨王的地位而定。　劉敬叔：人名。本書僅此一見，其事不詳。

陳郡謝靈運有逸才，[1]每出入，自扶接者常數人。民間謡曰“四人挈衣裙，三人捉坐席”是也。此蓋不肅之咎，後坐誅。

［1］陳郡：治所在今河南淮陽縣。　謝靈運：人名。陳郡陽夏人。生活奢侈，車服鮮麗。本書卷六七有傳。

　　宋明帝泰始中，幸臣阮佃夫勢傾朝廷，[1]室宇豪麗，車服鮮明，乘車常偏向一邊，違正立執綏之體。[2]時人多慕效。此亦貌不恭之失也。時偏左之化行，方正之道廢矣。

　　[1]阮佃夫：人名。會稽諸暨（今浙江諸暨市）人。本書卷九四有傳。
　　[2]執綏：謂持繩索登車。《論語·鄉黨》："升車，必正立執綏。"孔穎達疏："綏者，挽以上車之索也。"

　　後廢帝常單騎遊遨，[1]出入市里營寺，未嘗御輦。終以殞滅。

　　[1]後廢帝：即劉昱。明帝長子。常微服出行游戲，暴虐行人，致使道無行人。廢爲蒼梧王。本書卷九有紀。

　　恒雨
　　魏明帝太和元年秋，[1]數大雨，多暴卒，雷電非常，至殺鳥雀。[2]案楊阜上疏，[3]此恒雨之罰也。時帝居喪不哀，出入弋獵無度，奢侈繁興，奪民農時，故木失其性而恒雨爲災也。[4]

　　[1]太和：三國魏明帝曹叡年號（227—233）。
　　[2]數大雨，多暴卒，雷電非常，至殺鳥雀：中華本原作："數大雨，多暴雷電，非常，至殺鳥雀。"《晋志上》作"數大雨，多暴卒，雷電非常，至殺鳥雀"。《晋書斠注》疑"卒"字衍文。據《三國志》卷二五《魏書·楊阜傳》楊阜上疏曰"頃者天雨，

又多卒暴，雷電非常，至殺鳥雀"，"卒"非衍文。今據《晉志上》改。

[3]楊阜：人名。字義山，天水冀人。《三國志》卷二五有傳。

[4]木失其性：《晋志上》作"水失其性"。按：《續漢志一》："《五行傳》曰：'田獵不宿，飲食不享，出入不節，奪民農時，及有姦謀，則木不曲直。'謂木失其性而爲災也。"此處羅列諸事與《五行傳》同，在《五行傳》青眚、青祥同屬東方木，故當作"木失其性"。

太和四年八月，[1]大雨霖三十餘日，伊、洛、河、漢皆溢，[2]歲以凶饑。

[1]太和四年八月："八月"《三國志》卷三《魏書·明帝紀》作"九月"。

[2]伊：伊水，亦稱伊河。在今河南省西部，源出欒川縣伏牛山北麓，東北流，經洛陽在偃師市楊村入洛河。　洛：洛水、洛河，源出陝西上洛縣，東北流經洛陽市，至鞏義市入黃河。　河：即黃河。　漢：漢水、漢江，源於陝西寧強縣，流經湖北省，在武漢市入長江。

孫亮太平二年二月甲寅，[1]大雨震電；乙卯，雪，大寒。案劉歆説，此時當雨而不當大。大雨，恒雨之罰也。於始震電之明日而雪大寒，又恒寒之罰也。劉向以爲既已震電，[2]則雪不當復降，皆失時之異也。天戒若曰，爲君失時，賊臣將起。先震電而後雪者，陰見間隙，起而勝陽。[3]逆殺之禍將及也。亮不悟，尋見廢。此與《春秋》魯隱同也。[4]

［1］太平：三國吳會稽王孫亮年號（256—258）。

［2］震電：《晉志上》作“雷電”。

［3］陰見間隙，起而勝陽：震電爲陽，雨雪爲陰。陰乘間而起勝陽，預示臣殺君之逆殺之禍將成。

［4］此與《春秋》魯隱同：指《春秋》隱公九年：“三月癸酉，大雨震電；庚辰，大雨雪。”事同占同。

晉武帝泰始六年六月，[1]大雨霖，甲辰，河、洛、沁水同時並溢，[2]流四千九百餘家，殺二百餘人，没秋稼千三百六十餘頃。晉武太康五年七月，任城、梁國暴雨，[3]害豆麥。太康五年九月，南安霖雨暴雪，[4]折樹木，害秋稼；魏郡、淮南、平原雨水，[5]傷秋稼，是秋，魏郡、西平郡九縣霖雨暴水，[6]霜傷秋稼。

［1］泰始：晉武帝司馬炎年號（265—274）。 六年六月：按《晉書》卷三《武帝紀》六年六月不載此事。而七年六月記：“大雨霖，伊、洛、河溢，流居人四千餘家，殺三百餘人，有詔振貸給棺。”與此事略同。再，六年六月乙卯朔，無甲辰；七年六月戊寅朔，甲辰爲二十七日。並此二證，可知此次水災當發生在七年六月，“六年”當作“七年”。

［2］沁水：當指今河南濟源市境内之沁水。《晉志》、本志均記有沁水，而《晉書·武帝紀》不載，疑其脱誤。

［3］任城、梁國暴雨：此事《晉書·武帝紀》記作“任城、梁國、中山雨雹，傷秋稼”。多“中山”二字，“暴雨”作“雨雹”。任城，國名。治所在今山東微山縣西北。梁國，國名。治所在今河南商丘市。

［4］南安：郡名。東漢時分漢陽郡置，治所在今甘肅隴西縣。

［5］魏郡：治所在今河北臨漳縣。 淮南：郡名。治所在今安

徽壽縣。　平原：郡名。西漢置，治平原縣，即今山東平原縣。

[6]西平：郡名。東漢置，治所在今青海西寧市。

　　晋惠帝永寧元年十月，[1]義陽、南陽、東海霖雨，[2]淹害秋麥。

[1]永寧：晋惠帝司馬衷年號（301—302）。

[2]義陽：縣名。三國魏置，治所在今河南信陽市。　南陽：郡名。治所在今河南南陽市。　東海：郡名。治所在今山東郯城縣。

　　晋成帝咸康元年八月乙丑，[1]荆州之長沙攸、醴陵、武陵之龍陽三縣，[2]雨水浮漂屋室，殺人，傷損秋稼。

[1]咸康：晋成帝司馬衍年號（335—342）。

[2]荆州：東晋時治所在今湖北荆州市荆州區。　長沙：郡名。治所在今湖南長沙市。　攸：縣名。西漢置，治所在今湖南攸縣。醴陵：縣名。東漢置，治所在今湖南醴陵市。　武陵：郡名。治所在今湖南常德市。　龍陽：縣名。三國吳置，治所在今湖南漢壽縣。

　　宋文帝元嘉二十一年六月，[1]京邑連雨百餘日，[2]大水。

　　孝武帝大明元年正月，[3]京邑雨水。

　　大明五年七月，京邑雨水。

　　大明八年八月，京邑雨水。

　　明帝太始二年六月，[4]京邑雨水。

　　[1]元嘉：宋文帝劉義隆年號（424—453）。

　　[2]京邑：指建康縣，即今江蘇南京市。東晉、南朝皆建都於此。

　　[3]大明：宋孝武帝劉駿年號（457—464）。

　　[4]太始：以前文書明帝年號均作“泰始”，當改“太”爲“泰”。

　　順帝昇明三年四月乙亥，吳郡桐廬縣暴風雷電，[1]揚砂折木，水平地二丈，流漂居民。

　　[1]吳郡：治所在今江蘇蘇州市。　桐廬：縣名。治所在今浙江桐廬縣西分水江西岸。

服妖

　　魏武帝以天下凶荒，資財乏匱，始擬古皮弁，[1]裁縑帛爲白帢，[2]以易舊服。[3]傅玄曰：“白乃軍容，非國容也。”[4]干寶以爲縞素，凶喪之象，[5]帢，毀辱之言也。蓋革代之後，攻殺之妖也。[6]初爲白帢，橫縫其前以別後，名之曰“顏”，[7]俗傳行之。至晉永嘉之間，[8]稍去其縫，名“無顏帢”。[9]而婦人束髮，其緩彌甚，紒之堅不能自立，[10]髮被于額，目出而已。無顏者，愧之言也；覆額者，慚之貌；其緩彌甚，言天下忘禮與義，放縱情性，及其終極，至乎大恥也。永嘉之後，二帝不反，天下愧焉。[11]

　　[1]古：指東周以前。　皮弁：用白鹿皮製成的冠名。尖頂，

類似後來的瓜皮帽。

〔2〕縑帛：絹類雙絲織的絲織物。　白帢：白色的便帽，狀如弁冠而缺四角。

〔3〕以易舊服：《三國志》卷一《魏書·武帝紀》裴松之注引傅玄《傅子》：“漢末王公，多委王服，以幅巾爲雅。是以袁紹之徒，雖爲將帥，皆著縑巾。魏太祖以天下凶荒，資財乏匱，擬古皮弁，裁縑帛爲帢，合于簡易隨時之義，以色別其貴賤，于今施行，可謂軍容，非國容也。”可見，“舊服”指幅巾。曹操所做白帢，較幅巾簡易隨和。本志“帢”作“白帢”，爲下五行之占張本。

〔4〕傅玄：人名。字休奕，北地泥陽人，著《傅子》。《晋書》卷四七有傳。　白乃軍容，非國容也：上引《傅子》作“（帢）可謂軍容，非國容也”，與此引有別。

〔5〕凶喪之象：《搜神記》卷七：“昔魏武軍中，無故作白帢，此縞素凶喪之徵也。”中華本校勘記云：“‘象’各本並作‘爲’，據《晋書·五行志》改。”

〔6〕攻殺之妖也：《晋志上》“攻”作“劫”。

〔7〕顏：顏以覆額，後人謂之“檐”。《戰國策》：宋康王“爲無顏之冠以示勇”。無顏即無覆額，易遭攻擊，故云“以示勇”。

〔8〕永嘉：晋懷帝司馬熾年號（307—313）。

〔9〕無顏帢：即無覆額的白色便帽。

〔10〕紒之堅不能自立：束髮過緩，盤起的髻不能自立。紒，即束頭髮的髻。

〔11〕二帝不反，天下愧焉：二帝指西晋末的懷、愍二帝。晋懷帝在洛陽被成漢國君劉曜所俘，封平阿公。公元313年，逼其在宴會上青衣行酒，晋舊臣多哭，劉聰怒而殺之。公元316年，晋愍帝在長安降成漢，封懷安侯。此年，劉聰狩獵，令其執戟前導、行酒洗爵，晋舊臣悲憤號哭，因此被殺。此二事令東晋慚愧之極，故有“無顏帢”之附會。

　　魏明帝著繡帽,[1] 被縹紈半袖,[2] 嘗以見直臣楊阜,[3] 阜諫曰:"此於禮何法服邪?"帝默然。近服妖也。縹,非禮之色,[4] 褻服不貳。[5] 今之人主,親御非法之章,所謂自作孽不可禳也。帝既不享永年,身没而禄去王室,後嗣不終,遂亡天下。

　　[1]繡帽:用彩綫刺绣的帽子。

　　[2]縹:淡青色。　紈:白色細絹。　半袖:短袖上衣。

　　[3]嘗:《晋志上》作"常"。

　　[4]縹,非禮之色:中國古代服色長期受五行和禮制等級思想影響,黄色象土,最高尚,被皇室壟斷;青象木、赤象火、白象金、黑象水,被貴族官僚壟斷,此爲五正色,即所謂符合禮制的禮色。縹是間、雜色,民用,故曰非禮之色。

　　[5]褻服不貳:《晋志上》此句作:"褻服尚不以紅紫,况接臣下乎?"褻服,家居時穿的便服。語出《論語·鄉黨》:"紅紫不以爲褻服。"

　　魏明帝景初元年,[1] 發銅鑄爲巨人二,號曰"翁仲"。[2]置之司馬門外。案古長人見,爲國亡。[3]長狄見臨洮,[4]爲秦亡之禍。始皇不悟,反以爲嘉祥,鑄銅人以象之。魏法亡國之器,而於義竟無取焉。蓋服妖也。

　　[1]景初:三國魏明帝曹叡年號(237—239)。

　　[2]翁仲:銅鑄的長人、大人、巨人稱翁仲。石刻的巨人亦稱石翁仲。長人亦稱長狄,詳下。此事也見《三國志》卷三《魏書·明帝紀》裴松之注引《魏略》。

　　[3]長人見,爲國亡:《開元占經》卷一一三引京房曰:"君暴

亂，疾有道，厥妖長狄入國。”“長人見”本志以爲符瑞，《開元占經》卷一一三引京房、劉向説均以爲是簒逆之禍，亡國之徵。

[4]長狄：即長人、翁仲。《史記》卷六《秦始皇本紀》：“收天下兵，聚之咸陽，銷以爲鍾鐻，金人十二，重各千石，置廷宮中。”《索隱》按：“二十六年，有長人見于臨洮，故銷兵器，鑄而象之。謝承《後漢書》‘銅人，翁仲，翁仲其名也’。” 臨洮：縣名。治所在今甘肅岷縣。

　　魏尚書何晏，[1]好服婦人之服。傅玄曰：“此服妖也。”夫衣裳之制，所以定上下，殊內外也。《大雅》云：“玄袞赤舄，鉤膺鏤錫。”[2]歌其文也。《小雅》云：“有嚴有翼，共武之服。”[3]詠其武也。若內外不殊，王制失叙，服妖既作，身隨之亡。末嬉冠男子之冠，[4]桀亡天下；何晏服婦人之服，亦亡其家。其咎均也。

[1]何晏：人名。字平叔。《三國志》卷九有傳。

[2]玄袞赤舄，鉤膺鏤錫：見《詩·大雅·韓奕》。玄袞，繪有捲龍的黑色禮服。赤舄，紅色的鞋。鉤，金鉤，馬飾。膺，胸，此指馬胸前挂著樊纓之飾。鏤錫，馬戴的護面上錯有金錫。描寫了韓侯衣著的華麗與馬飾的精美，故爲文。

[3]有嚴有翼，共武之服：見《詩·小雅·六月》。嚴，威嚴。翼，敬。鄭玄《箋》云：“服，事也。言今師之群帥有威嚴者，有恭敬者，而共典是兵事。言文武之人備。”

[4]末嬉：有施氏女，後爲夏桀妃。

　　吳婦人之修容者，急束其髮，而劖角過于耳。[1]蓋其俗自操束大急，而廉隅失中之謂也。[2]故吳之風俗，相驅以急，言論彈射，[3]以刻薄相尚。居三年之喪者，[4]往往有致毀以死。諸葛患之，著《正交論》，[5]雖不可以經訓整亂，蓋亦救時之作也。孫休後，衣服之制，上長下短，又積領五六而裳居一二。干寶曰："上饒奢，下儉逼，上有餘下不足之妖也。"[6]至孫晧，果奢暴恣情於上，而百姓彫困於下，卒以亡國。是其應也。

[1]劗（mó）角：頭髮分散下垂貌。

[2]廉隅：端方不苟貌。束髮過偏急而失之端方。

[3]彈射：猶指責、鬭口。

[4]三年之喪：古代喪服中最重的一種，臣爲君、子爲父、妻爲夫要服喪三年。

[5]諸葛患之，著《正交論》：中華本《晋志上》校勘記云："《商榷》：諸葛不知何人，其下必脱一字，當是'恪'字。觀《吳志》恪本傳《與陸遜書》，其意正如此。"

[6]上有餘下不足之妖：此事又見《搜神記》卷六，"妖"作"象"。

晋興後，[1]衣服上儉下豐，著衣者皆厭褾蓋裙。[2]君衰弱，臣放縱，下掩上之象也。陵遲至元康末，[3]婦人出兩襠，[4]加乎脛之上，[5]此内出外也。[6]爲車乘者，苟貴輕細，又數變易其形，皆以白篾爲純，[7]古喪車之遺象。乘者，君子之器，蓋君子立心無恒，事不崇實也。干寶曰："及晋之禍，天子失柄，權制寵臣，下掩上之應也。永嘉末，六宮才人，流徙戎、翟，[8]内出外之應也。及天下亂擾，宰輔方伯，多負其任，又數改易，不崇實之應也。"

[1]晋興後：此條之事又見《搜神記》卷七。《晋志上》作
"武帝泰始初"。

[2]上儉下豐，著衣者皆厭褽蓋裙：《搜神記》"褽"作"腰"。
《晋志》無"蓋裙"二字。《開元占經》卷一一四引《搜神記》作：
"晋興後，服上儉下豐，又爲長裳以張之。"上儉，上衣儉約瘦小。
下豐，下裳豐大。厭褽，即束腰的帶子。蓋裙，即能够蓋地的長
裙。古上衣下裳，長裙也即長裳。用帶子束腰和蓋裙相配，纔爲
"上儉下豐"。

[3]陵遲：本義爲斜坡緩延，此處指事件緩慢度過。

[4]兩襠：也作"兩當"，兩當衫。即半臂，古時的短袖衣，
形似今之背心。

[5]加乎脛之上：《晋志上》作"加乎交領之上"。脛，指小
腿。兩襠爲上衣，不可能穿在小腿。據《晋志上》"脛"作"交
領"，"脛"當爲"頸"之誤，應據改。

[6]内出外：内衣領子翻出兩襠，在外露著。

[7]白篾：劈成條狀的白竹皮。白爲喪色，故下云"喪車之遺
象"。

[8]六宫：古代皇后的寝宫，有正寝一，燕寝五，合爲六宫。
才人：受封於宫内的命婦名。爲皇帝之妾，三國魏始置，晋代才
人爵視千石以下。　戎、翟：西北地區的少數民族。此處指劉聰、
石勒等陷長安、中原後虜掠後宫之事。

晋武帝泰始後，中國相尚用胡牀、貊盤，[1]及爲羌
煮、貊炙。[2]貴人富室，必置其器，吉享嘉會，皆此爲
先。[3]太康中，天下又以氈爲絈頭及絡帶、衿口。[4]百姓
相戲曰，中國必爲胡所破也。氈産於胡，[5]而天下以爲
絈頭、帶身、衿口，胡既三制之矣，能无敗乎。干寶

曰："元康中，氐、羌反，至于永嘉，劉淵、石勒遂有中都。[6]自後四夷迭據華土，[7]是其應也。"

    [1]胡牀：一種可以折叠的輕便坐具，又稱交牀。 貊（mò）盤：貊族盛食物的盤狀器。據皮日休《初夏即事寄魯望》詩"貊盤舉尤輕"，疑是木盤。
    [2]羌煮、貊炙：《搜神記》卷七："羌煮、貊炙，翟之食也。"羌煮，古代羌族煮熟的一種食品。貊炙，即烤猪。
    [3]皆此爲先：《搜神記》卷七此句下有"戎、翟侵中國之前兆也"九字。
    [4]紒頭：用氈做的頭巾。 絡帶：繫衣服的帶子。《晋書斠注》：《御覽》卷七〇八引《搜神記》"紒頭"作"陌頭"，"絡帶"作"帶身"。 衿口：上衣衣襟邊緣。《晋志上》、《搜神記》卷七均作"褲口"。
    [5]氈産於胡：《晋志上》作"毹産於胡"。
    [6]劉淵：人名。字元海，匈奴人，創立漢國，後改爲趙國，史稱前趙。《晋書》卷一〇一有載記。 石勒：人名。字世龍，上黨武鄉（今山西武鄉縣，一説在榆社縣）羯族人，創立後趙政權。《晋書》卷一〇四、一〇五有載記。 中都：中原都城，指洛陽。
    [7]四夷：古代華夏族對四方少數民族的通稱。《尚書·畢命》："四夷左衽，罔不咸賴。"孔傳："言東夷、西戎、南蠻、北狄被髮左衽之人，無不皆恃賴三君之德。"

    晋武帝太康後，天下爲家者，[1]移婦人於東方，空萊北庭，以爲園囿。[2]干寶曰："夫王朝南向，正陽也；后北宫，位太陰也；世子居東宫，位少陽也。今居内於東，是與外俱南面也。亢陽無陰，婦人失位而干少陽之象也。[3]賈后讒戮愍懷，[4]俄而禍敗亦及。"

　　[1]天下爲家者：指皇王之家。《詩·小雅·北山》：“溥天之下，莫非王土。”故皇、王以天下爲家。

　　[2]移婦人於東方，空萊北庭，以爲園囿：古代皇宮爲前朝後寢制，朝庭面南，寢宮在朝後。今移後宮在朝之東側，朝後建皇苑，不合古制。

　　[3]“王朝南向”至“干少陽之象也”：古代陰陽理論以爲，朝庭面南，南爲正陽（太陽）方位；後寢居北，北爲太陰；世子居東宮，東爲少陽。今把居内的後宮移於東方，與南朝相混，太陽下無陰，代表陰的嬪妃失位，而侵犯東宮世子，因此有殺愍懷太子之事。

　　[4]賈后：惠帝賈皇后。字南風，平陽襄陵（今山西襄汾縣）人。《晋書》卷三一有傳。　愍懷：太子司馬遹。字熙祖，晋惠帝長子，被賈后、賈謐和趙王倫冤殺。《晋書》卷五三有傳。

　　昔初作履者，[1]婦人圓頭，男子方頭。圓者，順從之義，所以別男女也。晋太康初，[2]婦人皆履方頭，此去其圓從，與男無別也。

　　[1]履：革鞋。《晋志上》、《搜神記》卷七“履”均作“屐”。
　　[2]太康初：《搜神記》卷七作“太康中”。

　　太康之中，天下爲《晋世寧》之舞，[1]手接杯柈反覆之，[2]歌曰：“晋世寧，舞杯柈。”[3]夫樂生人心，所以觀事。故《記》曰：“總干山立，武王之事也；發揚蹈厲，太公之志也；《武》亂皆坐，周、召之治也。”[4]又曰：“其治民勞者，舞行綴遠，其治民逸者，舞行綴近。"[5]今接杯柈於手上而反覆之，至危也。杯柈者，酒食之器也，而名曰《晋世寧》者，言晋世之士，偷苟於酒食之間，而其知不及遠，[6]晋世之寧，猶杯柈之在手也。

[1]《晋世寧》之舞：本書《樂志一》："晋初有《杯柈舞》《公莫舞》。史臣按：《杯柈》，今之《齊世寧》也。"《通典》卷一四五云："《柈舞》，漢曲，至晋加之以杯，謂之《世寧舞》也。"又云："至宋，改爲《宋世寧》，至齊，改爲《齊代昌舞》。"

[2]手接杯柈反覆之：《晋志上》同。《樂府詩集》卷五六引《搜神記》作：其舞"矜手以接杯柈"，《搜神記》卷七作："其舞，抑手以執杯柈而反覆之。"汪紹楹校注："當從《樂府詩集》。"此舞本漢代的《柈舞》，以七柈起長袖舞之，至晋加杯，杯柈反覆而舞。本書《樂志一》："張衡《舞賦》云：'歷七柈而縱躡。'……鮑昭云：'七柈起長袖。'皆以七柈爲舞也。《搜神記》云：'晋太康中，天下爲《晋世寧》舞，矜手以接杯柈反覆之。'此則漢世唯有《柈舞》，而晋加之以杯，反覆之也。"

[3]歌曰：本書《樂志四》載有《杯柈舞歌行》十解，與此有聯繫的前三解爲："晋世寧，四海平，普天安樂永大寧。四海安，天下歡，樂治興隆舞杯柈。舞杯柈，何翩翩，舉坐翻覆壽萬年。"

[4]"《記》曰"至"周、召之治也"：《記》指《禮記·樂記》，鄭玄注云："總干，持盾也；山立，猶正立也；象武王持盾正立待諸侯也。發揚蹈厲，所以象威武時也；《武》舞，象戰鬥也。亂，謂失行列也；失行列則皆坐，象周公、召公以文止武也。"

[5]"又曰"至"舞行綴近"：《禮記注疏·樂記》"近"作"短"。鄭玄注云："民勞則德薄，綴相去遠，舞人少也；民逸則德盛，綴相去近，舞人多也。"《正義》云："綴，謂酇也。"酇，周代地方組織單位，《周禮·地官·遂人》："五家爲鄰，五鄰爲里，

四里爲酇，五酇爲鄙。"這裏是説勞民的治者德薄，故人民少，村社相去遠，歌舞行列相去也遠；使民安逸的治者德厚，故人民多，村社稠密而近，歌舞行列擁擠而短。

[6]知不及遠：言晉人苟且於歌舞酒食而無遠慮。

晉惠帝元康中，婦人之飾有五兵佩，[1]又以金、銀、瑇瑁之屬爲斧、鉞、戈、戟，[2]以當笄□。[3]干寶曰："男女之別，國之大節，故服物異等，贄幣不同。[4]今婦人而以兵器爲飾，又妖之大也。遂有賈后之事，終以兵亡天下。"

[1]五兵佩：婦女所戴狀如五兵的髮飾。《搜神記》卷七作"五佩兵"。五兵，即五種兵器，所指不一。按《漢書》卷六四上《吾丘壽王傳》："古者作五兵。"顏師古注："五兵，謂矛、戟、弓、劍、戈。"

[2]金、銀、瑇瑁之屬：《御覽》卷三三九引《搜神記》作："又以金、銀、象角、玳瑁之屬。"多"象角"，即象牙，應據補。瑇瑁，即玳瑁。一種似龜的爬行動物的甲殼，呈黃褐色，中有黑斑，很光滑，是裝飾品的上等原料。瑇，通"玳"。《廣韻》："瑇，俗又作玳。"

[3]笄□："笄"後缺一字。《搜神記》卷七作"以當笄"，"笄"後無缺字，"□"爲衍文。笄，圓棍呈椎形，其粗頭可雕作鳳、兵等各種形狀，作頭飾，頭髮盤起時用它簪牢。

[4]故服物異等，贄幣不同：《搜神記》卷七"服物"作"服食"，無"贄幣不同"四字。贄，所執禮物。幣，禮物的一種，此處泛指各種禮物。

元康中，婦人結髮者，既成，以繒急束其環，名曰擷子紒，[1]始自中宮，天下化之。其後賈后果害太子。

　　[1]擷子紒：《搜神記》卷七作"擷子髻"，髮髻名。《晋書斠注》："《御覽》三百七十三王隱《晋書》曰：'賈后作頡字髻，太子見髻之象。'又干寶《晋紀》曰：'初，賈后造首紒，以繒縛其髻，天下化之，名頡子紒也。'"按：擷子，喻廢太子。"擷""頡"同音相假，摘取。

　　元康中，天下始相倣爲綌杖以柱掖，其後稍施其鐏，[1]住則植之。[2]夫木，東方之行，金之臣也。[3]杖者，扶體之器，綌其頭者，尤便用也。必傍柱掖者，傍救之象也。王室多故，而元帝以蕃臣樹德東方，維持天下，柱掖之應也。至社稷無主，海内歸之，遂承天命，建都江外，獨立之應也。

　　[1]綌杖：上作烏頭形，下有平地金屬套（即鐏）的扶杖。
　　[2]住則植之：周家禄《晋書校勘記》（以下簡稱"周校"）："住當作柱。"此句以上又見《搜神記》卷七。
　　[3]夫木，東方之行，金之臣也：按五行説，金勝木，西方金爲上，東方木爲下，故木爲金之臣。晋行爲金，下言"必傍柱掖者，傍救之象也"，是説晋祚要靠東方來救，故晋元帝能夠"樹德東方，維持天下"。

　　元康末至太安間，[1]江、淮之域，有敗編自聚于道，[2]多者或至四五十量。[3]干寶嘗使人散而去之，[4]或投林草，或投坑谷。明日視之，悉復如故。民或云見狸銜而聚之，亦未察也。[5]寶説曰：[6]"夫編者，人之賤服，最處于下，而當勞辱，下民之象也。敗者，疲獘之象也。道者，地理，四方所以交通，王命所由往來也。故今敗編聚於道者，象下民罷病，將相聚爲亂，絶四方而壅王命之象也。在位者莫察。"太安中，發壬午兵，[7]百姓嗟怨。江夏男子張昌遂首亂荆楚，[8]從之者如流。於是兵革歲起。天下因之，遂大破壞。此近服妖也。

[1]元康末至太安間：《晋志上》作"元康、太安之間"。

[2]編：破敗的草鞋。殿本作"贏"，《晋志上》、《搜神記》卷七作"屩"，中華本校勘記云："《廣韻》：'屩，草履也'。疑此編、贏皆指草履言之。"

[3]量：量詞，同"雙"。

[4]干寶嘗使人散而去之：《搜神記》卷七作："人或散去之，投林草中。"《御覽》卷六九八引《搜神記》同，未言干寶使人散去。《書鈔》卷一三六引《搜神記》作"余常親將人散之"，《開元占經》卷一一四引《搜神記》作"余嘗視之，時人散而去之"。本志、《晋志》略同。按：《晋書》卷六一《華軼傳》言干寶曾至彭澤，屬江淮之域，故此事很可能是干寶親見實録。

[5]見狸銜而聚之，亦未察也：《晋志上》無"亦未察也"四字。

[6]寶説曰：《晋志上》作"干寶以爲"，《搜神記》卷七、《御覽》卷六九八引《搜神記》作"世之所説"，《開元占經》卷一一四引《搜神記》作"説者曰"。又"寶説曰"其語應起自"夫編者"至"在位者莫察"。"太安中"以後爲沈約語。

[7]發壬午兵：《晋書》卷一〇〇《張昌傳》："會《壬午詔書》發武勇以赴益土，號曰'壬午兵'。"《壬午詔書》即太安二年（303）三月初九日頒布的詔書。

[8]張昌：人名。又名李辰，義陽（今湖北棗陽市）蠻族人。

太安二年，在江夏（今湖北安陸市）率流民數千起兵，衆至三萬，
縱橫荊揚江徐豫五州之地，永興二年（305）兵敗被殺。《晋書》
卷一〇〇有傳。

晋孝懷永嘉以來，士大夫竟服生箋單衣。[1]遠識者
怪之，竊指摘曰：“此則古者緦衰之布，[2]諸侯大夫所以
服天子也。[3]今無故畢服之，殆有應乎？”其後愍、懷晏
駕，不獲厥所。

[1]箋：指箋布，古代一種細布，或稱筒中布。　單衣：單層
無裏的衣服。

[2]緦衰：古代小功五月的喪服，用細疏的麻布製成。《儀
禮·喪服》：“緦衰者何？以小功之緦也。”鄭玄注：“凡布細而疏
者謂之緦。”《搜神記》卷七作“練纕之布”。

[3]諸侯大夫所以服天子也：《儀禮·喪服·緦衰裳》：“諸侯
之大夫爲天子。”意謂諸侯之大夫與天子情較遠，故服緦喪服。據
此，“諸侯大夫”之間佚“之”字。

晋元帝太興以來，兵士以絳囊縛紒。[1]紒在首，莫
上焉。《周易·乾》爲首，《坤》爲囊。[2]《坤》，臣道
也。晋金行，赤火色，金之賊也。[3]以朱囊縛紒，臣道
上侵之象也。到永昌元年，大將軍王敦舉兵内攻，六軍
散潰。[4]

[1]絳囊縛紒：用紅色的小口袋綁住髮髻。

[2]《周易·乾》爲首，《坤》爲囊：以八卦象人體，乾爲首；
象器用，坤爲囊。《易·坤卦》六四：“括囊无咎”。

[3]晋金行，赤火色，金之賊：五行火克金，晋金德懼火。絳紅色屬火，故曰火爲"金之賊也"，下言"以朱囊縛紛，臣道上侵之象也"也持此論。

[4]六軍：《南齊書・百官志》："領軍將軍、中領軍。護軍將軍、中護軍……左右二衛將軍。驍騎將軍。游擊將軍。晋世以來，謂領、護至驍、游爲六軍。"故晋、南朝時謂領、護、二衛、驍、游爲六軍，與北周六軍、唐禁軍六軍均不同。

舊爲羽扇，柄刻木，象其骨形，[1]羽用十，[2]取全數也。晋中興初，[3]王敦南征，始改爲長柄下出，可捉，[4]而減其羽用八。識者尤之曰：[5]"夫羽扇，翼之名也。創爲長柄者，執其柄制羽翼也。以十改八者，將以未備奪已備也。"[6]是時爲衣者，又上短，帶至于掖；著帽者，以帶縛項。下逼上，上無地也。下袴者，[7]直幅爲口無殺，下大失裁也。[8]尋有兵亂，三年而再攻京師。

[1]舊爲羽扇，柄刻木，象其骨形："舊爲羽扇柄"《晋志上》、《開元占經》卷一一四、《御覽》卷七〇二引《晋中興書》、《搜神記》卷七均作"舊爲羽扇柄者"，據此，斷句應爲"舊爲羽扇柄，刻木象其骨形"。

[2]羽用十：《晋志上》、《搜神記》卷七均作"列羽用十"，當據補"列"字。

[3]中興初：指晋元帝初或東晋初。

[4]始改爲長柄下出，可捉：《開元占經》卷一一四引《晋中興書》作"王敦始改用長柄，使下出可提"。據此，斷句應在"柄"後。

[5]尤之：責備、怪罪。

[6]以十改八者，將以未備奪已備也："以十改八"各本原作

"以八改十"，中華本據《晋志上》訂誤，其云："按上文云'羽用十'，又云'減其羽用八'，則此當作'以十改八'爲是。"按：據古代術數概念，十爲備全之數，八爲未備之數，下云"將以未備奪已備"，顯然是以八奪十，也即"以八改十"。《搜神記》卷七作"改十爲八"。用八替十，喻王敦竊權以制朝廷。較晚出的《晋志上》抄襲錯誤，中華本從《晋志》而誤，當作"以八改十"。又《晋志上》、《搜神記》卷七此句後均有"此殆敦之擅權以制朝廷之柄，又將以無德之材欲竊非據也"二十四字。證明沈約作《宋志》時引《搜神記》而省，或應據補。

[7]下袴：下身穿的套褲。

[8]直幅爲口無殺，下大失裁也：作褲腿時用原織的幅面，褲腿不減原料，即不殺，使褲下部肥大，故曰"下大失裁也"。

晋海西初嗣位，[1]迎官忘設豹尾。[2]識者以爲不終之象，[3]近服妖也。

[1]海西：即晋廢帝司馬奕。永和六年（371）桓温以其内宫紊亂爲名，逼太后下詔廢其爲東海王，旋又降爲海西縣公，居吳縣，受監管。死後無號，史稱海西公或晋廢帝。

[2]豹尾：天子儀仗最後一車所懸豹的尾巴。象徵君子地位有巨大變化。

[3]不終之象：《晋志上》："天戒若曰，夫豹尾，儀服之主，大人所以豹變也。而海西豹變之日，非所宜忘而忘之。非主社稷之人，故忘其豹尾，示不終也。尋而被廢焉。"豹變，像豹文那樣發生顯著變化。語出《易·革卦》："上六，君子豹變，其文蔚也。"孔穎達疏："上六居《革》之終，變道已成，君子處之，雖不能同九五革命創制，如虎文之彪炳，然亦潤色鴻業，如豹文之蔚縟。"

晋司馬道子於府北園内爲酒鑪列肆，[1]使姬人酤鬻酒肴，如裨販者，數遊其中，身自買易，因醉寓寢，動連日夜。漢靈帝嘗若此。[2]干寶以爲："君將失位，降在皁隸之象也。"道子卒見廢徙，以庶人終。

[1]司馬道子於府北園内爲酒鑪列肆：《徵祥説》詳記此事："烈宗世，會稽王道子輔政，于府内園中穿池築山，山池之間，處處有肆，婢酤賣肉于其中。道子將見幸，乘船至酒肆，輒攜入肆買肉酒，狀如市廛，以爲笑樂。"司馬道子，人名。封會稽王。《晋書》卷六四有傳。肆，店鋪，此處指酒店。

[2]漢靈帝嘗若此：《後漢書》卷八《靈帝紀》："（光和四年）帝作列肆於後宮，使諸采女販賣，更相盜竊争鬭。帝著商估服，飲宴爲樂。又於西園弄狗，著進賢冠，帶綬。又駕四驢，帝躬自操轡，驅馳周旋，京師轉相放效。"

桓玄篡立，殿上施絳綾帳，[1]鏤黄金爲顔，[2]四角金龍，銜五色羽葆流蘇。[3]群下竊相謂曰："頗類輀車。"[4]此服妖也。

[1]絳綾帳：綾緞做的紅色帳幕。《晋志上》作"絳帳"。
[2]顔：顔面，正面。
[3]四角金龍，銜五色羽葆流蘇：以五色鳥羽聚在一起象蓋形，挂在鎏金的龍頭上。羽葆，古代葬禮儀仗的一種。流蘇，用彩色羽毛或絲綫製成的穗狀垂飾物。
[4]輀車：運棺材的車子。《晋志上》作"輔車"。

晋末皆冠小冠，而衣裳博大，風流相倣，輿臺成俗。[1]識者曰："此禪代之象也。"[2]永初以後，冠還大云。

[1]輿臺：古代十等人中兩個低微的等級，輿六等，臺十等。也泛指操賤役者和奴僕。

[2]此禪代之象：《晉志上》此句上有"上小而下大"五字，故有禪代之象。禪代，王朝更替。

宋文帝元嘉六年，民間婦人結髮者，三分髮，抽其鬟直向上，謂之"飛天紒"。始自東府，[1]流被民庶。時司徒彭城王義康居東府，[2]其後卒以陵上徙廢。

[1]東府：東晉、南朝時爲丞相兼揚州刺史的治所，在今江蘇南京市通濟門附近。

[2]彭城王義康：即劉義康。劉裕第四子，永初元年（420）封彭城王，六年徵爲侍中、司徒。本書卷六八有傳。

孝武帝世，豫州刺史劉德願善御車，[1]世祖嘗使之御畫輪，幸太宰江夏王義恭第。[2]德願挾牛杖催世祖云："日暮宜歸！"又求益儵車。世祖甚歡。此事與漢靈帝西園蓄私錢同也。

[1]劉德願：人名。彭城人。本書卷四五有附傳。

[2]江夏王義恭：即劉義恭。劉裕第五子，元嘉元年（424）封江夏王。本書卷六一有傳。

孝武世，幸臣戴法興權亞人主，[1]造圓頭履，世人莫不效之。其時圓進之俗大行，方格之風盡矣。

[1]戴法興：人名。會稽山陰人。本書卷九四有傳。

明帝初，司徒建安王休仁統軍赭圻，[1]制烏紗帽，反抽帽裙，民間謂之"司徒狀"，京邑翕然相尚。休仁後果以疑逼致禍。

[1]建安王休仁：即劉休仁。文帝第十二子，元嘉二十九年封建安王。本書卷七二有傳。　赭圻：城名。在今安徽繁昌縣西北長江南岸。

龜孽

晋惠帝永熙初，[1]衛瓘家人炊飯，[2]墮地，盡化爲螺，出足起行。螺，龜類，近龜孽也。干寶曰："螺被甲，兵象也。於《周易》爲《離》，《離》爲戈兵。"明年，瓘誅。

[1]永熙：晋惠帝司馬衷年號（290—291）。
[2]衛瓘：人名。字伯玉，河東安邑（今山西夏縣）人。《晋書》卷三六有傳。

雞禍

魏明帝景初二年，廷尉府中有雌雞變爲雄，不鳴不將。干寶曰："是歲，晋宣帝平遼東，[1]百姓始有與能之議，此其象也。"然晋三后並以人臣終，[2]不鳴不將，又天意也。

　　[1]晋宣帝：指司馬懿。　遼東：郡國名。治所在今遼寧遼陽市老城區。

　　[2]晋三后：指宣帝懿、景帝師、文帝昭，三人雖有篡逆之心，但終爲曹魏之臣，故稱不鳴不將，至司馬炎代魏時，纔追三人爲晋帝。

　　晋惠帝元康六年，陳國有雞生雄雞無翅，[1]既大，墜坑而死。王隱曰：[2]"雄，胤嗣象，坑，地事，爲母象，[3]賈后誣殺愍懷，殆其應也。"

　　[1]陳國：郡國名。治所在今河南淮陽縣。
　　[2]王隱：人名。字處叔，陳郡陳（今河南淮陽縣）人。著《晋書》，今佚，《叢書集成·九家晋書》有輯本。《晋書》卷八二有傳。
　　[3]雄，胤嗣象，坑，地事，爲母象：所生雄雛雞，嗣子象。坑屬地，地爲坤，故有母象。墜坑死，喻愍懷太子爲賈后所殺。

　　晋惠帝太安中，周玘家有雌雞逃承霤中，[1]六七日而下，奮翼鳴將，獨毛羽不變。其後有陳敏之事。[2]敏雖控制江表，終無綱紀文章，殆其象也。[3]卒爲玘所滅。雞禍見玘家，又天意也。

　　[1]周玘：人名。字宣佩，義興陽羨（今江蘇宜興市）人。《晋書》卷五八有附傳。　承霤：亦稱承落，屋檐下承接雨水的槽。
　　[2]陳敏：人名。字令通，廬江（今安徽廬江縣）人。《晋書》卷一〇〇有傳。
　　[3]其象：雌雞雖高飛鳴將，但終未變成雄雞的羽毛，喻陳敏

無綱紀、不成大事之象。

晋元帝太興中，王敦鎮武昌，有雌雞化爲雄。天戒若曰：“雌化爲雄，臣陵其上。”其後王敦再攻京師。

晋孝武太元十三年四月，廣陵高平閻嵩家雄雞，[1] 生無右翅；彭城到象之家雞，無右足。[2] 京房《易傳》曰：“君用婦人言，則雞生妖。”[3]

[1]廣陵：郡名。東晉時治所在今江蘇揚州市西北蜀崗上。高平：縣名。治所在今江蘇盱眙縣。　閻嵩：人名。本書一見，其事不詳。

[2]彭城：郡國名。治所在今江蘇徐州市。　到象之：人名。本書一見。《晋志上》作“劉象之”。　無右足：《晋志上》作“有三足”。

[3]京房《易傳》：西漢京房注《易》之書，已佚。現傳的《京氏易傳》三卷，與《搜神記》、本書所引京房《易傳》出入頗大，疑爲二書。除今傳《京氏易傳》外，王保訓從乾隆五十六年金溪王氏《漢魏叢書》中采錄遺文，輯爲《京氏易》八卷，其中卷二爲《易傳》。

晋安帝隆安元年八月，[1] 琅邪王道子家青雌雞化爲赤雄，[2] 不鳴不將。後有桓玄之事，具如其象。[3]

[1]隆安：晋安帝司馬德宗年號（397—401）。

[2]琅邪王道子：即司馬道子，簡文帝子。十歲時封琅邪王，後改封會稽王。史書一般稱會稽王。

[3]桓玄之事，具如其象：《晋志上》此句作“桓玄將篡，不能成業之象”。

隆安四年，荆州有雞生角，角尋墮落。是時桓玄始擅西夏，[1]狂慢不肅，故有雞禍。角，兵象；尋墮落者，暫起不終之妖也。

[1]西夏：東晉、南朝時稱今長江中游湖北、湖南一帶爲西夏。

晉安帝元興二年，[1]衡陽有雌雞化爲雄。[2]八十日而冠萎。衡陽，桓玄楚國封略也。後篡位八十日而敗，徐廣以爲玄之象也。[3]

[1]元興：晋安帝司馬德宗年號（402—404）。
[2]衡陽：郡名。三國吳置，治所在今湖南湘潭市。
[3]徐廣：人名。字野民，東莞姑幕（今山東諸城市）人。曾撰《晋紀》四十六卷。《晋書》卷八二有傳。

宋文帝元嘉十二年，華林園雌雞漸化爲雄。[1]後孝武即位，皇太后令行于外，亦猶漢宣帝時，雌雞爲雄，至哀帝時，元后與政也。

[1]華林園：宮苑名。三國吳始建，故址在今江蘇南京市雞鳴山南臺城內。宋元嘉時擴建，築華光殿、景陽樓、竹林堂諸勝，南宋時尚有殘存遺迹。

明帝泰始中，吳興東遷沈法符家雞有四距。[1]

[1]東遷：縣名。治所在今浙江湖州市吳興區。　沈法符：人

名。本書一見，其事不詳。　　四距：即兩腿後各有兩個像腳趾的部分。距，雄雞腿的後面突出像腳趾的部分。

青眚青祥

　　晉武帝咸寧元年八月丁酉，[1]大風折太社樹，有青氣出焉。[2]此青祥也。占曰："東莞當有帝者。"[3]明年，元帝生。是時帝大父武王封東莞，[4]由是徙封琅邪。[5]孫盛以爲中興之表。[6]晉室之亂，武帝子孫無孑遺，[7]社樹折之應，又恒風之罰也。

　　[1]咸寧：晉武帝司馬炎年號（275—280）。後文事見《御覽》卷一五、《書鈔》卷一五一引王隱《晉書》。

　　[2]大風折太社樹，有青氣出焉：《御覽》引作："洛陽太祖廟中有青氣。"《書鈔》"太祖廟"作"太社"，但均未言太社樹折之事。

　　[3]東莞：郡名。治所在今山東沂水縣。

　　[4]帝大父武王：指晉元帝祖父，其先封東莞郡王，徙封琅邪王。

　　[5]琅邪：國名。東漢改琅邪郡爲國，治所在今山東臨沂市，東晉後復爲郡。

　　[6]孫盛：人名。字安國，太原中都人。著《魏氏春秋》《晉陽秋》等。《晉書》卷八二有傳。

　　[7]武帝子孫無孑遺：指晉武帝司馬炎的直系子孫沒有存在的。元帝祖父出晉宣帝司馬懿。

　　晉惠帝元康中，洛陽南山有虵作聲曰：[1]"韓屍屍。"識者曰："韓氏將死也。言屍屍者，盡死意也。"

其後韓謐誅而韓族殲焉。[2]此青祥也。

[1]蝱（méng）：蟲名。成蟲像蠅，生活在草叢，吮吸人畜的血液。

[2]韓謐：人名。即賈謐。

金沴木

魏文帝黃初七年正月，幸許昌。[1]許昌城南門無故自崩，帝心惡之，遂不入，還洛陽。此金沴木，木動也。五月，宮車晏駕。[2]京房《易傳》曰："上下咸悖，厥妖城門壞。"

[1]許昌：曹魏五都之一，在今河南許昌市東古城村。

[2]宮車晏駕：指皇帝死亡。宮車，皇帝、后妃所乘之車。晏駕，車駕晚出，常用作皇帝死亡的諱詞。

晉元帝太興二年六月，吳郡米廩無故自壞。[1]是歲大饑，死者數千。[2]

[1]米廩：買賣糧食的房屋。《晋志上》"廩"作"廡"。

[2]是歲大饑，死者數千：《開元占經》卷一一四引《徵祥說》記此事作："太興二年，吳郡米廡無故壞，米廡，貨糴之屋，無故自壞。天戒若曰，五穀踴貴，無所糴買，不復須屋。是歲人大饑，餓死者十二三萬。"

晉明帝太寧元年，周筵自歸王敦，[1]既立宅宇，[2]而所起五間六架，[3]一時躍出墮地，餘桁猶亘柱頭。[4]此金

沴木也。明年五月，錢鳳謀亂，遂族滅筵，而湖熟尋亦
爲墟矣。[5]

[1]周筵：人名。義興陽羨（今江蘇宜興市）人。《晋書》卷
五八有附傳。中華本校勘記云：“‘周筵’各本並作‘周延’，據
《晋書・五行志》改……《晋書・周處傳》有筵附傳，筵，處之
孫。”但中華本《晋志上》校勘記則把原“筵”字改作“莛”，其
考證曰：“‘莛’，各本作‘筵’，今從宋本。”中華本《晋書》卷五
八校勘記云：“《通鑑》九二、九三、《通志》三四下亦作‘莛’。”
按：此一人史傳“延”“筵”“莛”三名，中華本《晋書》《宋書》
校勘記各據其一而改，未有確證，欠妥。以各從其底本爲是。

[2]既立宅宇：其指周筵。但《開元占經》卷一一四引《徵祥
說》作：“王敦在武昌，架屋五間，已構五木，一宿梁墜地，桁在
柱上甚危，無幾作亂，敦滅。”此事又發生在王敦身上，未知孰是。

[3]五間六架：五開間的房子有六架梁，此爲抬梁式屋架結構。
《晋志上》“架”作“梁”，義同。

[4]桁：屋梁上的横木。　亘：本義爲回泉，此處引申爲縈繞。

[5]湖熟：縣名。治所在今江蘇南京市江寧區東南湖熟鎮。

晋安帝元興元年正月丙子，司馬元顯將西討桓
玄，[1]建牙揚州南門，[2]其東者難立，良久乃正。近沴妖
也。尋爲玄所禽。

[1]司馬元顯：人名。司馬道子之長子。《晋書》卷六四有
附傳。

[2]建牙：竪起飾有象牙的牙旗。《晋志上》作“建牙竿”。

元興三年五月，樂賢堂壞。天意若曰，安帝嚚

嚚,[1]不及有樂賢之心，故此堂見沴也。

[1]嚚（yín）：暴虐愚頑。　眊（mào）：視不清。

晋安帝義熙九年五月乙酉,[1]國子聖堂壞。[2]

[1]義熙九年五月乙酉：《晋志上》"五月"後無"乙酉"二字。此月乙丑朔，乙酉爲二十一日。
[2]國子聖堂：進行邦國儒學訓導的地方。

宋文帝元嘉十七年，劉斌爲吳郡,[1]郡堂屋西頭鴟尾無故落地,[2]治之未畢，東頭鴟尾復落。頃之，斌誅。

[1]劉斌：人名。南陽人。文帝時，曾任司徒右長史，轉爲左長史，諮議參軍領豫章太守，後任吳郡太守，因黨同彭城王義康而被誅。
[2]鴟尾：古代宮殿屋脊正脊兩端的裝飾性構件，形似怪鳥。

宋書　卷三一

志第二十一

五行二

　　《五行傳》曰:[1] "好戰攻，輕百姓，飾城郭，侵邊境，則金不從革。[2] 謂金失其性而爲災也。"[3] 又曰: "言之不從，是謂不乂。[4] 厥咎僭，[5] 厥罰恒暘，[6] 厥極憂。[7] 時則有詩妖，[8] 時則有介蟲之孽，[9] 時則有犬禍，[10] 時則有口舌之痾，[11] 時則有白眚、白祥。[12] 惟木沴金。"[13] 介蟲，劉歆傳以爲毛蟲。[14]

　　[1]《五行傳》: 由《續漢書·五行志一》（《續漢書·五行志》以下簡稱《續漢志》）鄭玄注引《尚書大傳》文可知，《五行傳》指伏生《尚書大傳·洪範五行傳》。

　　[2] 金不從革:《續漢志一》鄭玄注認爲: 天空西方的星宿參宿爲攻戰之象，昴、畢宿爲城郭之象，畢又主邊兵，故云: "君行此四者，爲逆天西宮之政。西宮於地爲金，金性從刑，而革人所用爲器者也，無故冶之不銷，或入火飛亡，或鑄之裂形，是爲不從革。其他變異，皆屬沴也。"《漢書·五行志上》（《漢書·五行志》

以下簡稱《漢志》）解釋是："若乃貪欲恣睢，務立威勝，不重民命，則金失其性。蓋工冶鑄金鐵，金鐵冰滯涸堅，不成者衆，及爲變怪，是爲金不從革。"

[3]金失其性而爲災也：此爲《續漢志一》文，不爲《五行傳》之文。《續漢志》認爲金不從革即金失其性。故"《五行傳》曰"的後引號應加在此句前。

[4]言之不從，是謂不乂：《續漢志一》引鄭玄曰："乂，治也。君言不從，則是不能治其事也。"

[5]僭：《續漢志一》引鄭玄曰："君臣不治，則僭差矣。"僭差，僭越失度。

[6]厥罰恒暘：陽氣盛而無以制爲恒陽，指大旱、火灾一類天的懲罰。恒暘亦稱常陽。暘，通"陽"。指陽氣。《續漢志一》引《春秋考異郵》曰："君行非是，則言不見從；言不見從，則下不治；下不治，則僭差過制度，奢侈驕泰。天子僭天，大夫僭人主，諸侯僭上，陽無以制。從心之喜，上憂下，則常陽從之。推設其跡，考之天意，則大旱不雨，而民庶大災傷。"

[7]極：惡而困窘。

[8]詩妖：指某些爲禍亂徵兆的里巷歌謠。這些歌謠往往有預見、附會和巧合的神秘性，故稱爲妖。

[9]介蟲之孽：《續漢志一》引鄭玄曰："蝝、螽、蛕、蟬之類，生於火而藏於秋者也，屬金。"《漢志中之上》曰："介蟲孽者，謂小蟲有甲飛揚之類，陽氣所生也，於《春秋》爲螽，今謂之蝗，皆其類也。"孽，妖孽，災禍。

[10]犬禍：與犬有關的變異都被視作凶兆，再附會人事，稱作犬禍。《晋書‧天文志中》（《晋書‧天文志》以下簡稱《晋志》）："犬以吠守，而不可信，言氣毀，故有犬禍"。故把犬禍歸於"言之不從"。

[11]口舌之痾：《續漢志一》注鄭玄曰："言氣失之病。"《晋志中》曰："及人，則多病口喉欬嗽者，故有口舌痾。"痾，病態，

畸形。

[12]白眚、白祥：指白色之物（五行中屬金的事物）所産生的能預兆災禍發生的怪異現象。眚，本義爲目疾，隱疼。引申爲由内産生的怪異。祥，凶災、妖異。由外産生的怪異。

[13]惟木沴金：即五行的金氣病弱，故木能傷之，出現白眚白祥的怪異。沴，相傷，不和。

[14]介蟲，劉歆傳以爲毛蟲：這種説法出自《漢志中之上》："劉歆言傳曰時有毛蟲之孽，説以爲於天文西方參爲虎星，故爲毛蟲。"參爲西方之宿，其象爲虎，故爲毛蟲。《晋書斠注》引《漢書補注》曰："下取證皆毛蟲之孽，明班氏不以伏傳爲然。《宋志》云，言之不從，有介蟲之孽，劉歆以爲毛蟲。視之不明，有蠃蟲之孽，劉歆以爲羽蟲。案《月令》夏蟲羽，秋蟲毛，宜如歆説。是以舊史從之。"

金不從革

魏世張掖石瑞，[1]雖是晋氏之符命，而於魏爲妖。好攻戰，輕百姓，飾城郭，侵邊境，魏氏三祖皆有其事。[2]劉歆以爲金石同類，石圖發非常之文，此不從革之異也。晋定大業，多敝曹氏，[3]石瑞文"大討曹"之應也。

[1]張掖石瑞：漢時有人預言，西三千里有石開，石上有紋若五馬，有字曰"大討曹"。此即下文所言的石圖"非常之文"。魏初張掖柳谷果然發現開石，以應"五馬""討曹"之説，並附會爲魏晋代興的徵兆。事見《搜神記》卷七、《魏氏春秋》、《漢晋春秋》、本書《符瑞志上》。張掖，西漢置，治所在今甘肅張掖市西北。

[2]魏氏三祖：指曹操、曹丕、曹叡。

[3]多敝曹氏:《晉志上》"敝"作"斃",同音假借字。

　　魏明帝青龍中,[1]盛修宮室,西取長安金狄,[2]承露槃折,聲聞數十里,[3]金狄泣,於是因留霸城。[4]此金失其性而爲異也。

　　[1]青龍:三國魏明帝曹叡年號(233—237)。

　　[2]長安:西漢都城,在今陝西西安市西北渭水南岸。　金狄:金人,銅鑄的人像。《水經注·河水四》:"按秦始皇二十六年,長狄十二見于臨洮,長五丈餘,以爲善祥,鑄金人十二以象之,各重二十四萬斤,坐之宮門之前,謂之金狄。"

　　[3]承露槃折,聲聞數十里:漢武帝冀得甘露以延年,於建章宮築神明臺,其上立銅仙人舒掌捧銅盤。由於盤高而折,故聲聞數十里。《漢書·郊祀志上》顏師古注:"《三輔故事》云:'建章宮承露盤高二十丈,大七圍,以銅爲之,上有仙人掌承露,和玉屑飲之。'"

　　[4]金狄泣,於是因留霸城:《三國志》卷三《魏書·明帝紀》引《漢晉春秋》:"金狄或泣,因留霸城。"霸城,在今陝西西安市東。另一説爲金人沉重,至霸城而留。《三國志·魏書·明帝紀》引《魏略》曰:"銅人重不可致,留于霸城。"與此異。

　　吴時,歷陽縣有巖穿似印,[1]咸云:"石印封發,天下太平"。孫晧天璽元年印發。[2]又陽羨山有石穴,[3]長十餘丈。晧初修武昌宮,有遷都之意。是時武昌爲離宮。[4]班固云:"離宮與城郭同占。"飾城郭之謂也。寶鼎三年,[5]晧出東關,遣丁奉至合肥;[6]建衡三年,[7]晧又大舉出華里。[8]侵邊境之謂也。故令金失其性,卒面縛而吳亡。[9]

[1]吳時，歷陽縣有巖穿似印：《三國志》卷四八《吳書·孫皓傳》："（天璽元年八月）鄱陽言歷陽山石文理成字，凡二十，云：'楚九州渚，吳九州都，揚州土，作天子，四世治，太平始。'"裴松之注引《江表傳》曰："時歷陽長表上言石印發，皓遣使以太牢祭歷山"，"使者作高梯，上看印文，詐以朱書石作二十字，還以啓皓"。吳時，當指天璽初年，"石印封發"云云乃詐言，孫皓以爲祥瑞。歷陽，秦置，治所在今安徽和縣。

[2]天璽：三國吳末帝孫皓年號（276）。

[3]陽羨：縣名。秦置，治所在今江蘇宜興市南荆溪南岸。

[4]武昌：郡名。孫權置，治所在今湖北鄂州市。　離宮：正宮之外供帝王出巡時居住的宮室。

[5]寶鼎：三國吳末帝孫皓年號（266—269）。

[6]丁奉：人名。字承淵，廬江安豐（今安徽霍邱縣）人。《三國志》卷五五有傳。　合肥：縣名。秦置，治所在今安徽合肥市。

[7]建衡：三國吳末帝孫皓年號（269—271）。

[8]華里：地名。在今江蘇南京市西。

[9]面縛：雙手反綁於背而面向前。此指孫皓向晉投降。

晉惠帝永興元年，[1]成都伐長沙，[2]每夜戈戟鋒有火光如縣燭。[3]此輕民命，好攻戰，金失其性而爲變也。天戒若曰：兵猶火也，不戢將自焚。[4]成都不悟，終以敗亡。

[1]永興：晉惠帝司馬衷年號（304—306）。

[2]成都伐長沙：指成都王司馬穎伐長沙王司馬乂。

[3] 每夜戈戟鋒有火光如縣燭：應是一種稀有的光學現象。《搜神記》卷七作："成都王之攻長沙也，反軍於鄴，內外陳兵。是夜戟鋒皆有火光，遙望如懸燭，就視則亡焉。"本志說每夜都有，顯然訛傳，應據改作"是夜"。

[4] 不戢將自焚：兵器像火一樣，不收藏起來，將爲其所殺。戢，收斂，收藏。

晋懷帝永嘉元年，[1] 項縣有魏豫州刺史賈逵石碑，[2] 生金可采。[3] 此金不從革而爲變也。五月，汲桑作亂，[4] 群寇飆起。

[1] 永嘉：晋懷帝司馬熾年號（307—313）。

[2] 項縣：秦置，治所在今河南沈丘縣。　豫州：漢武帝所置十三部州之一，三國魏時治所在今河南正陽縣東北，西晋時治所在今河南淮陽縣。　刺史：官名。三國魏時州或置牧，或置刺史，爲一州行政長官，治民又治兵。晋刺史三級，凡加將軍者皆可開府，置僚屬。加都督者權更重。　賈逵：人名。字梁道，河東襄陵（今山西臨汾市）人。《三國志》卷一五有傳。

[3] 生金可采：臧榮《續晋書·瑞志》："懷帝之時，魏故豫州刺史賈逵墓西石碑生黃金，採取即復生。"明當時以爲祥瑞，此處則以爲變異。

[4] 汲桑：人名。反晋領袖，曾爲官馬牧帥，永嘉元年五月聚衆起兵，攻占鄴城，殺東燕王騰，遂據河北。十一月，被征北將軍和郁率田甄等攻破，被殺於樂陵。

晋清河王覃爲世子時，[1] 所佩金鈴忽生起如粟者。[2] 康王母疑不祥，[3] 毀棄之。及後爲惠帝太子，不終于位，卒爲司馬越所殺。[4]

[1]清河王覃：即司馬覃。武帝司馬炎之孫，清河康王司馬遐之子，惠帝時曾立爲皇太子，十四歲爲司馬越所殺。《晋書》卷六四有附傳。

[2]所佩金鈴忽生起如粟者：《晋書·司馬覃傳》作："所佩金鈴欻生隱起如麻粟，祖母陳太妃以爲不祥，毁而賣之。占者以金是晋行大興之祥，覃爲皇胤，是其瑞也。毁而賣之，象覃見廢不終之驗也。"

[3]康王母：即陳太妃、陳美人。

[4]司馬越：人名。字元超，參與"八王之亂"。《晋書》卷五九有傳。

晋元帝永昌元年，[1]甘卓將襲王敦，[2]既而中止。及還，家多變怪，[3]照鏡不見其頭。此金失其性而爲妖也。尋爲敦所襲，[4]遂夷滅。

[1]永昌：晋元帝司馬睿年號（322—323）。

[2]甘卓：人名。字季思，丹楊人。《晋書》卷七〇有傳。王敦：人名。字處仲，琅邪臨沂（今山東臨沂市）人。《晋書》卷九八有傳。

[3]及還，家多變怪：《晋書·甘卓傳》："徑還襄陽，意氣騷擾，舉動失常，自照鏡不見其頭，視庭樹而頭在樹上，心甚惡之。其家金櫃鳴，聲似槌鏡，清而悲。巫云：'金櫃將離，是以悲鳴。'"

[4]尋爲敦所襲：王隱《晋書·瑞異記》作"尋而卓下吏將軍周慮等，承望王敦意，害卓"。

石虎時，[1]鄴城鳳陽門上金鳳皇二頭，飛入漳河。[2]

[1]石虎：人名。字季龍，上黨武鄉（今山西武鄉縣，一説在榆社縣）人，羯族。後趙創立者石勒姪，勒死，廢其子弘自立。窮兵黷武，刑罰苛暴，廢田地爲獵場，民不聊生。《晉書》卷一〇六、一〇七有載記。

[2]鄴城鳳陽門上金鳳皇二頭，飛入漳河：關於鳳凰飛入漳河事，史載不一。《鄴中記》云："鳳陽門五層樓，去地三十丈。安金鳳凰二頭。石虎將衰，一頭飛入漳河，會晴日見于水上；一頭以鐵釘釘足，今存。"此事又見《太平寰宇記》引《鄴中記》。鄴城，故址在今河北臨漳縣城西南二十公里，分南北二城。曹魏、後趙、冉魏、前燕均都鄴北城；東魏、北齊都鄴南城，北周大象二年（580）後廢棄。

晋海西太和中，[1]會稽山陰縣起倉，[2]鑿地得兩大船，滿中錢，錢皆輪文大形。[3]時日向莫，[4]鑿者馳以告官。官夜遣防守甚嚴。至明旦，[5]失錢所在，唯有船存，視其狀，悉有錢處。

[1]太和：晋廢帝司馬奕年號（366—371）。

[2]會稽：郡名。治所在今浙江紹興市。　山陰：縣名。治所在今浙江紹興市。

[3]輪文大形：輪指錢的圓廓，文指錢上銘文，大形指比當時的錢大。按：圓錢首先出現在戰國秦時，但戰國秦統治不及山陰，故出土的錢當爲西漢以後的錢。鑿地得船，證明該處原爲海港，晋時爲陸地，此次海陸變化當發生在西漢以後東晋以前。

[4]向莫：接近昏時。莫，通"暮"。指十二時制的昏時，當今十九至二十一時。

[5]旦：指十二時制的平旦，當今三至五時。

晋安帝義熙初，[1]東陽太守殷仲文照鏡不見其頭，[2]尋亦誅夷，占與甘同。[3]

[1]義熙：晋安帝司馬德宗年號（405—418）。

[2]殷仲文：人名。義熙三年，謀反被誅。《晋書》卷九九有傳。

[3]占與甘同：甘，《晋志上》作"甘卓"。見本志"元帝永昌元年"條。

宋後廢帝元徽四年，[1]義熙、晋陵二郡，[2]並有霹靂車墜地，如青石，[3]草木燋死。

[1]元徽：宋後廢帝劉昱年號（473—476）。

[2]義熙：本書《州郡志》無義熙郡，此次變異乃雷電導致的火團現象，應在晋陵郡及其鄰郡一帶。鄰郡有義興郡，治所在陽羨縣。故疑"義熙"乃"義興"之誤。　晋陵：郡名。西晋永嘉五年（311）置，治所在今江蘇鎮江市丹徒區，宋義熙九年（413）移治晋陵縣（今江蘇常州市）。

[3]霹靂車墜地，如青石：霹靂車在漢代原爲以機發石的戰車，因發石聲如霹靂而得名。此處指傳說中的雷車，其實當爲雷電導致的如青石一般的火團，擊下使草木燋死。

言之不從

魏齊王嘉平初，[1]東郡有訛言云，[2]白馬河出妖馬，[3]夜過官牧邊鳴呼，衆馬皆應。明日見其迹，大如斛，行數里，還入河。楚王彪本封白馬，[4]兖州刺史令狐愚以彪有智勇，[5]及聞此言，遂與王淩謀共立之。[6]遣人謂曰："天下事未可知，願王自愛。"彪答曰："知厚意。"事泄，淩、愚被誅，[7]彪賜死。此言不從之罰也。詩云："民之訛言，寧莫之懲。"[8]

[1]嘉平：三國魏齊王曹芳年號（249—254）。

[2]東郡：治所在今河南濮陽市西。

[3]白馬河：古漳水支流。《水經注》卷一〇："（漳水）又東北逕武隧縣……白馬河注之，水上承雩池，東逕樂鄉縣（今河北清苑縣）北、饒陽縣南，又東南逕武邑郡北，而東入衡水。"　出妖馬：此事見《搜神記》卷六，又見《三國志》卷二八裴松之注引《魏略》。

[4]楚王彪：即曹彪。字朱虎。《三國志》卷二〇有傳。　白馬：縣名。治所在今河南滑縣舊縣東。

[5]兗州：三國時治所在今山東鄆城縣西。　令狐愚：人名。王淩外甥。《三國志》卷二八有傳。

[6]王淩：人名。字彦雲，太原祁（今山西祁縣）人。因和令狐愚謀立曹彪爲帝，被族誅。《三國志》卷二八有傳。

[7]淩、愚被誅：中華本校勘記云："張森楷《校勘記》云：'案令狐愚先死，非與淩並誅。'"

[8]民之訛言，寧莫之懲：語出《詩·小雅·沔水》。鄭玄《箋》注："訛，僞也。言時不令，小人好詐僞，爲交易之言，使見怨咎，安然無禁止。"懲，止也。

劉禪嗣位，[1]譙周引晉穆侯、漢靈帝命子事譏之曰：[2]"先主諱備，其訓具也。[3]後主諱禪，其訓授也。若言劉已具矣，當授與人，甚於穆侯、靈帝之祥也。"[4]蜀果亡，此言之不從也。

　　[1]劉禪：人名。三國蜀漢後主，字公嗣，小字阿斗，繼劉備爲蜀漢皇帝。《三國志》卷三三有傳。

　　[2]譙周：人名。字允南，巴西西充國（今四川西充縣）人。《三國志》卷四二有傳。

　　[3]訓：對詞義的訓解。

　　[4]穆侯、靈帝之祥：此指譙周以前代之事譏諷劉備爲兒子劉禪取名不當。按“祥”，徵兆。如《左傳》僖公十六年：“是何祥也？吉凶焉在？”本不論吉凶，但此處偏指凶兆。穆侯，春秋時晉國國君，公元前 811 年至前 785 年在位。他爲長子取名爲“仇”，次子曰“成師”。當時大夫師服就以爲“始兆亂矣，兄其替乎”？替，衰敗。果然後來成師被封爲曲沃伯，號爲桓叔，其數代强勢，終於取代原國君而成爲晉侯。靈帝，東漢皇帝，公元 168 年至 189 年在位。其長子名“辯”，中子名“協”。辯，通“貶”。《周禮·秋官·士師》：“若邦兇荒，則以荒辯之法治之。”鄭玄注：“辯，當爲貶……有所貶損，作權時法也。”而“協”，和也。《尚書·堯典》：“協和萬邦。”果然靈帝死後，先是少帝劉辯即位，但僅六個月就被董卓廢貶爲弘農王，旋遇害。另立劉協爲漢獻帝，在位三十一年。譙周將此吉凶不同歸結爲其父給兒子取名的“靈帝之祥”。

　　劉備卒，劉禪即位，未葬，亦未踰月，而改元爲建興。[1]此言之不從也。習鑿齒曰：[2]“禮，國君即位踰年而後改元者，緣臣子之心，不忍一年而有二君也。今可謂亟而不知禮矣。[3]君子是以知蜀之不能東遷也。”[4]後又降晉。吳孫亮、晉惠帝、宋元凶亦然。[5]亮不終其位，惠帝號令非己，元凶尋誅。言不從也。

　　[1]建興：三國蜀後主劉禪年號（223—237）。
　　[2]習鑿齒：人名。字彦威，襄陽人。桓玄曾聘爲荆州從事，

轉西曹主簿、別駕治中，左遷户曹參軍，出爲東陽太守，尋罷歸。著有《漢晋春秋》四十七卷，已佚。現有輯本傳世。《晋書》卷八二有傳。

　　[3]亟而不知禮矣：不知禮儀，指備死未逾月而改元事。亟，急也。

　　[4]東遷：遷回東漢首都洛陽。指恢復漢室的目標。

　　[5]孫亮：人名。字子明，孫權少子，因被廢又稱吴廢帝。《三國志》卷四八有傳。　晋惠帝：即司馬衷。字正度，武帝司馬炎第三子。《晋書》卷四有紀。　宋元凶：即劉劭。字休遠，文帝劉義隆長子。本書卷九九有傳。

　　魏太和中，姜維歸蜀，[1]失其母。魏人使其母手書呼維令反，并送當歸以譬之。[2]維報書曰：“良田百頃，不計一畝。但見遠志，無有當歸。”[3]維卒不免。

　　[1]姜維：人名。字伯約，天水冀（今甘肅甘谷縣）人，原爲魏將而降蜀。《三國志》卷四四有傳。

　　[2]當歸：多年生草本植物，羽狀複葉，夏秋之間開小白花，莖葉有香味，根可入藥，有鎮静、補血、調經等功效。常用以寓“應當歸來”之意。

　　[3]“維報書曰”至“無有當歸”：《三國志》卷四四裴松之注引孫盛《雜記》曰：“初，姜維詣亮，與母相失，復得母書，令求當歸。維曰：‘良田百頃，不在一畝，但有遠志，不在當歸也。’”所記與本志異。

　　魏明帝景初元年，[1]有司奏帝爲烈祖，[2]與太祖、高祖並爲不毁之廟。[3]從之。按宗廟之制，祖宗之號，皆身没名成，乃正其禮。故雖功赫天壤，德邁前王，未有

豫定之典。此蓋言之不從，失之甚者也。後二年而宮車
晏駕，[4]於是統微政逸。

[1]景初：三國魏明帝曹叡年號（237—239）。

[2]有司：官吏和官署的泛稱。 烈：廟號。帝王死後在太廟
立室奉祀時特起的名號，例以一字加祖、宗構成。如太祖、高祖、
世祖、世宗等。

[3]太祖：魏武帝曹操廟號。 高祖：三國魏文帝曹丕廟號。

[4]宮車晏駕：指皇帝死亡。宮車，皇帝、后妃所乘之車。晏
駕，車駕晚出，常用作皇帝死亡的諱詞。

　　吳孫休世，[1]烏程民有得困疾，[2]及差，[3]能以響言
者，言於此而聞於彼。自其所聽之，不覺其聲之大也；
自遠聽之，如人對言，不覺聲之自遠來也。聲之所往，
隨其所向，遠者不過十數里。[4]其鄰人有責息於外，[5]歷
年不還。乃假之使爲責讓，[6]懼以禍福，負物者以爲鬼
神，即傾倒畀之。[7]其人亦不自知所以然也。[8]言不從之
咎也。

[1]孫休：人名。三國吳景帝。《三國志》卷四八有傳。

[2]烏程：縣名。治所在今浙江湖州市吳興區。

[3]差：《方言》：差，“愈也。南楚病愈者謂之差。”

[4]遠者不過十數里：《晋志中》作“遠者所過十數里”。

[5]責息：求取利息。

[6]責讓：斥責，譴責。

[7]即傾倒畀（bì）之：挑夫錯亂地把貨物付與在外經商的鄰
人。傾，顛倒，錯亂。畀，給予，付與。《晋志中》作“即慎倒畀

之”。《晉書斠注》引《晉書校文》曰：“殿本及兩監本則作‘傎顛倒畀之’，義皆不可解。疑本作‘傾倒畀之’。殿、監本衍‘顛’字，而‘傎’則皆‘傾’之訛也。”按：作“傾倒”“傎倒”皆可通。

［8］其人：指在外經商的鄰人。

魏世起安世殿，[1]晉武帝後居之。[2]安世，武帝字也。

晉武帝每延群臣，多說平生常事，未嘗及經國遠圖。此言之不從也。何曾謂子遵曰：[3]“國家無貽厥之謀，及身而已，後嗣其殆乎，此子孫之憂也。”[4]自永熙後，[5]王室漸亂。永嘉中，天下大壞。及何綏以非辜被誅，[6]皆如曾言。

［1］魏世：指三國曹魏時。《晉志中》作“魏時”。

［2］晉武帝：即司馬炎。字安世，河内溫縣（今河南溫縣）人，晉王朝創立者。《晉書》卷三有紀。

［3］何曾：人名。字穎考，陳國陽夏（今河南太康縣）人。《晉書》卷三三有傳。　遵：人名。即何遵。何曾子，字思祖。《晉書》卷三三有附傳。

［4］“國家無貽厥之謀”至“此子孫之憂也”：《晉書》卷三三《何遵傳》曰：“初，曾侍武帝宴，退而告遵等曰：‘……吾每宴見，未嘗聞經國遠圖，惟説平生常事，非貽厥孫謀之兆也。及身而已，後嗣其殆乎！此子孫之憂也。汝等猶可獲没。’指諸孫曰：‘此等必遇亂亡也。’”與此有異。

［5］永熙：晉惠帝司馬衷年號（290—291）。

［6］何綏：人名。字伯蔚，何曾孫。事見《晉書》卷三三《何遵傳》。東海王司馬越聽譖而殺綏，故曰非辜被殺。

趙王倫廢惠帝於金墉城，[1]改號金墉爲永安宮。帝尋復位而倫誅。

[1]趙王倫：即司馬倫。字子彝，司馬懿第九子。永康元年（300），其計殺賈后，廢惠帝自立。《晉書》卷五九有傳。　金墉城：三國魏明帝時在洛陽城西北角築的一個小城。魏晉時常用作廢帝、廢后、廢太子的被貶之所，故有"金墉之恥"之稱。

晋惠帝永興元年，詔廢太子覃還爲清河王，立成都王穎爲皇太弟，[1]猶加侍中，大都督，領丞相，[2]備九錫，[3]封二十郡，如魏王故事。案周禮，傳國以胤不以勳，故雖公旦之聖，[4]不易成王之嗣。所以遠絕覬覦，永壹宗祧。[5]後代遵履，改之則亂。今擬非其實，僭差已甚。且既爲國副，[6]則不應復開封土，兼領庶職。此言之不從，進退乖爽。故帝既播越，[7]穎亦不終，是其咎也。後猶不悟，又立懷帝爲皇太弟。懷終流弑，[8]不永厥祚，又其應也。語曰："變古易常，不亂則亡。"此之謂乎。

[1]成都王穎：即司馬穎。字章度，司馬炎第十六子。參與"八王之亂"，爲東海王越所殺。《晉書》卷五九有傳。
[2]侍中：官名。爲侍中省長官，職掌典內侍府、文武侍從、掌璽參乘，乃至封駁、平尚書奏事等。參與機密，位尊職顯。三品。　大都督：官名。在征戰時設置的主帥，地位極高，在都督中外諸軍事之上。曹魏末成爲常設職務，兩晉沿之，但不常置。　丞相：官名。兩晉不常置，但凡任之者多爲權臣，獨攬軍權，政由己

出，往往由此進帝位。一品。

[3]九錫：天子賜與諸侯、大臣的九種器物，有車馬、衣服、樂則、朱户、納陛、虎賁、弓矢、鈇鉞、秬鬯。是一種最高禮遇。

[4]公旦：即周公旦。周武王弟，又稱叔旦，因封地在周（今陝西岐山縣），史稱周公。武王死，子成王誦年幼，由其攝政。平三監，築洛邑，建立周朝典章制度，後歸政於成王。

[5]宗祧：即宗廟。引申指家族世系，宗嗣、嗣續。

[6]國副：國之儲君。《晋志中》作“國嗣”。

[7]帝：指晋惠帝。　播越：逃亡，流離失所。

[8]懷：即晋懷帝司馬熾。字豐度，司馬炎第二十五子。永嘉五年（313）爲成漢國劉曜所俘，流於平陽（今山西臨汾市西南），七月被殺，故曰流弑。《晋書》卷五有紀。

　　晋惠帝太安中，[1]周玘於陽羡起宅，[2]始成，而邊户有聲如人嘆咤者。玘亡後，家誅滅。此近言不從也。

[1]太安：晋惠帝司馬衷年號（302—304）。

[2]周玘：人名。字宣佩，義興陽羡（今江蘇宜興市）人。《晋書》卷五八有附傳。

　　晋元帝太興四年，[1]吴郡民訛言有大蟲在紵中及樗樹上，[2]嚙人即死。晋陵民又言曰，見一老女子居市，被髮從肆人乞飲，自言：“天帝令我從水門出，而我誤由蟲門。若還，天帝必殺我。如何？”於是百姓共相恐動，云死者已十數也。西及京都，諸家有樗紵者，伐去之。無幾自止。

[1]太興：晋元帝司馬睿年號（318—321）。

[2]吴郡：治所在今江蘇蘇州市。

晋元帝永昌元年，寧州刺史王遜遣子澄入質，[1]將渝、濮雜夷數百人。京邑民忽訛言寧州人大食人家小兒，親有見其蒸煮滿釜甑中者。[2]又云失兒皆有主名，婦人尋道，拊心而哭。於是百姓各禁録小兒，不得出門。尋又言已得食人之主，官當大航頭大杖考竟。[3]而日有四五百人晨聚航頭，以待觀行刑。朝廷之士相問者，皆曰信然，或言郡縣文書已上。王澄大懼，檢測之，事了無形，民家亦未嘗有失小兒者，然後知其訛言也。此二事，干寶云"未之能論"。[4]

[1]寧州：治所在今雲南晋寧縣東北晋城鎮。　王遜：人名。字邵伯，魏興（今湖北隕西縣）人。《晋書》卷八一有傳。　澄：人名。即王澄。王遜長子，歷魏興太守、散騎常侍。與《晋書》卷四三之王澄非一人。

[2]釜：鍋。　甑：底部有箅孔的蒸煮器，座在釜上使用。

[3]大航：東晋、南朝建康城南的浮橋，正對朱雀門，亦稱大桁。大航頭即浮橋的一端。

[4]干寶：人名。字令升，新蔡（今河南新蔡縣）人。勤學博覽，尤好陰陽術數，著《春秋左氏義外傳》，注《周易》《周官》，作《晋紀》，稱良史。又編《搜神記》等。《晋書》卷八二有傳。

永昌二年，[1]大將軍王敦下據姑孰。[2]百姓訛言行蠱病，食人大孔，[3]數日入腹，入腹則死。治之有方，當得白犬膽以爲藥。自淮、泗逐及京都，數日之間，百姓驚擾，人人皆自云已得蠱病。又云，始在外時，當燒鐵以灼之。於是翕然被燒灼者十七八矣。[4]而白犬暴貴，至相請奪，其價十倍。或有自云能行燒鐵者，賃灼百姓，日得五六萬，憊而後已。四五日漸靜。說曰，夫裸蟲人類，[5]而人爲之主，今云蟲食人，言本同臭類而相殘賊也。[6]自下而上，斯其逆也。[7]必入腹者，言害由中不由外也。犬有守禦之性，白者金色，[8]而膽用武之主也。帝王之運，五霸會於戌，[9]戌主用兵。[10]金者晉行，[11]火燒鐵以治疾者，言必去其類而來，火與金合德，共治蟲害也。[12]案中興之際，大將軍本以腹心受伊、呂之任，[13]而元帝末年，遂攻京邑，明帝諒闇，[14]又有異謀。是以下逆上，腹心內爛也。及錢鳳、沈充等逆兵四合，[15]而爲王師所挫，踰月而不能濟。[16]北中郎將劉遐及淮陵內史蘇峻率淮、泗之衆以救朝廷，[17]故其謠言首作於淮、泗也。朝廷卒以弱制強，罪人授首，是用白犬膽可救之效也。

[1]永昌二年：《晉書斠注》案："永昌無二年，是年明帝改太寧元年。《宋志》即作元年。"按：《宋志》此條作"永昌二年"，而前條作"永昌元年"，《晉書斠注》誤把前條年代作此條年代。周家祿《晉書校勘記》（以下簡稱"周校"）卷三："永昌二年當作明帝太寧元年……按帝紀，元帝以永昌元年閏月崩，明年明帝即位，改元太寧，則永昌二年即太寧元年也。惟太寧改元在三月，或當時史臣記載三月以前仍稱永昌，後雖改元，不及改正。"周說有理。

[2]大將軍：官名。典軍政，其位頗重。一品。　姑孰：城名。在今安徽當塗縣。

[3]大孔：據下文言"自下而上，斯其逆也"，大孔當指肛門。

[4]翕然：一致貌。

[5]裸蟲人類：裸蟲指蹄角裸現或無毛羽鱗甲蔽體的動物。人也無蔽體之物，所以亦用以指人。

[6]本同臭類：本質相同而氣味相類。

[7]斯其逆也：《晋志中》作“明其逆也”。

[8]白者金色：白，五行中屬金，故曰。

[9]帝王之運，五霸會於戌：《晋志中》“五霸”作“王霸”。中華本《晋志》校勘記：“李校：‘王霸’當作‘五霸’，《宋志》不誤。”戌，十二地支的第十一位，其配五行時屬土。帝王之運，即戰國鄒衍的歷史循環式的五德終始説，他以土、木、金、火、水爲次（相克順序）的五行之德配於各朝代，認爲帝王的更替就是五德相生相克的終始循環，土行既爲終又爲始，戌屬土，故曰“會於戌”。

[10]戌主用兵：用十二支配十二月，戌爲九月，屬秋，主用兵，爲殺、滅之象，故云。蕭吉《五行大義·論干支名》曰：“戌者，滅也，殺也。九月殺極，物皆滅也。”

[11]金者晋行：五行配帝王之德有兩種。一是鄒衍的相克序，黃帝土德，夏禹木德克土，商湯金德克木，周火德克金，“代火者必將水”（《吕氏春秋·有始覽·應同》）。依此推之，秦水德，漢土德，魏木德，晋金德克木。二是相生序，較晚起，皇甫謐《帝王世紀》以木火土金水爲序，認爲伏羲木，炎帝火，黃帝土，少昊金，顓頊水，帝嚳木，帝堯火，帝舜土，夏禹金，商湯水，周武王木，秦“不求五運，以水德王”。依此推之，周木生漢火，漢火生三國魏土，魏土生晋金。因此以五行相克或相生序都可推出“金者晋行”，祇是相生序除掉了秦德。據《晋志下》引干寶曰“魏土運”可知，此處用的是五行相生序推出晋德爲金。

[12]共治蟲害也：《晋志上》作“共除蟲害也”。

[13]伊、吕之任：指輔國重任。伊，商大臣伊尹。吕，周大臣吕尚。

[14]明帝諒闇：明帝正居元帝之喪。諒闇，亦稱諒陰，皇帝居喪時所住的房子。《禮記‧喪服四制》："《書》曰：'高宗諒闇，三年不言。'善之也。"鄭玄注："闇，謂廬也。"《論語‧憲問》引作"諒陰"。《文選》潘岳《閑居賦》李善注："諒闇，今謂凶廬裏寒涼幽闇之處，故曰諒闇。"

[15]錢鳳：人名。字世儀。王敦黨羽，怕周氏宗族强，勸王敦以"謀圖不軌"罪而滅之。後率兵攻建康，温嶠燒毀長江上浮橋以守，相據月餘。後被周光所殺。　沈充：人名。字士居。《晋書》卷九八有附傳。

[16]踰月而不能濟：《晋志中》"濟"後有"水"字。

[17]劉遐：人名。字正長，廣平易陽（今河北永年縣）人。《晋書》卷八一有傳。　淮陵：中華本《晋書》校勘記引《晋書校文》："'淮陵'當作'臨淮'，二人本傳及《帝紀》可證。"確。　蘇峻：人名。字子高，長廣掖人。咸和二年（327）十一月，反，三年三月，攻下建康，專擅朝政，旋敗而死。《晋書》卷一〇〇有傳。

　　晋海西時，[1]庾晞四五年中，喜爲挽歌，自摇大鈴爲唱，使左右齊和。又燕會，輒令倡妓作新安人歌儛離別之辭，其聲悲切。時人怪之，後亦果敗。[2]

[1]海西：指廢帝司馬奕。《晋書》卷八有紀。

[2]"庾晞四五年中"至"後亦果敗"：中華本《宋志》《晋志》並據《世説新語》注引《司馬晞傳》認爲是司馬晞事，確。庾晞，人名。本書僅一見。《世説新語‧黜免》注引《司馬晞傳》："晞字道升，元帝第四子。初封武陵王，拜太宰……太宗即位，新蔡王晃首辭，引與晞及子綜謀逆，有司奏晞等斬刑，詔原之，徙新安。晞未敗四五年中，喜爲挽歌，自摇大鈴，使左右習和之。又燕

會，倡妓作新安人歌舞離別之辭，其聲甚悲。後果徙新安。"按：
"晞字道升"，《晋書》卷六四《元四王傳》作"道叔"。徐震堮
《世說新語校箋》認爲："《詩·東方未明》'東方未晞'，傳：'晞，
明之始升。'晞字道升，取義於此。作'叔'者，隸書形近之誤。"
因此，沈約《宋志》誤在前，《晋志》襲誤在後，"庾晞"當改作
"武陵王晞"。

　　晋海西公太和以來，[1]大家婦女，緩鬢傾髻，以爲
盛飾。用髮既多，不恒戴。[2]乃先作假髻，施於木上，[3]
呼曰"假頭"。人欲借，名曰"借頭"。[4]遂布天下。自
此以來，人士多離事故，[5]或亡失頭首，或以草木爲之。
假頭之言，此其先兆也。

　　[1]太和以來：《晋志上》、《御覽》卷七六四引《晋中興書·
徵祥説》（以下簡稱《徵祥説》）此條年代均作"太元中"。
　　[2]緩鬢傾髻，以爲盛飾。用髮既多，不恒戴：《晋書斠注》：
"《御覽》卷七百十五引《晋中興書·徵祥説》'傾髻'作'假
髻'，'用髮既多'作'用髮豐多'。又卷七百六十四引《徵祥説》
'緩鬢'上有'束髮'二字。"按：緩鬢傾髻，鬢角頭髮鬆緩，髮
髻傾危，即高髻。高髻用髮多，己髮不够，用假髮替代，故高髻又
有"假髻"之説。
　　[3]先作假髻，施於木上：《晋志上》作"乃先於木及籠上裝
之，名曰假髻"。假髻，即在木模或籠模上做的假髮髻，也稱作
假頭。
　　[4]人欲借，名曰"借頭"：《晋志上》、《御覽》卷七六四引
《徵祥説》並作"至於貧家，不能自辦，自號無頭，就人借頭。遂
布天下，亦服妖也"。
　　[5]多離事故：即多次遭遇禍患事故。離，同"罹"。遭遇。

晋孝武太元中，[1]立内殿名曰清暑，少時而崩。時人曰，"清暑"者，反言楚聲也。果有哀楚之聲。有人曰："非此之謂，豈可極言乎？讖云，代晋者楚，其在兹乎？"及桓玄篡逆，[2]自號曰楚。

[1]太元：晋孝武帝司馬曜年號（376—396）。

[2]桓玄：人名。一名靈寶，字敬道，譙國龍亢（今安徽懷遠縣）人。元興元年（402），舉兵攻入建康，此年底，代晋自立，國號楚，年號建始，旋改永始，後被劉裕所滅。《晋書》卷九九有傳。

太元中，小兒以兩鐵相打於土中，名曰"鬭族"。後王國寶、王孝伯一姓之中，[1]自相攻擊也。

[1]王國寶：人名。《晋書》卷七五有附傳。　王孝伯：人名。即王恭。字孝伯。《晋書》卷八四有傳。

桓玄出鎮南州，[1]立齋名曰蟠龍。後劉毅居此齋。[2]蟠龍，毅小字也。

[1]南州：東晋、南朝時以姑孰（今安徽當塗縣）爲南州。

[2]劉毅：人名。字希樂，彭城沛人。《晋書》卷八五有傳。

桓玄初改年爲大亨，遐邇謹言曰："二月了。"故義謀以仲春發也。[1]玄篡立，又改年爲建始，以與趙王倫同。[2]又易爲永始。永始，復是王莽受封之年也。[3]始徙司馬道子于安成，[4]晋主遜位，[5]出永安宮，封晋主爲平固王，琅邪王德文爲石陽公，[6]並使住尋陽城。[7]識者皆以爲言不從之妖也。厥咎僭。

[1]義謀以仲春發：指劉裕於元興二年（403）春舉兵伐桓玄。

[2]與趙王倫同：趙王倫篡位，改元建始，桓玄代晉自立，年號也爲“建始”，故曰同。

[3]永始，復是王莽受封之年：《漢書》卷九九上《王莽傳上》：漢成帝永始元年（前16），“封莽爲新都侯，國南陽新野之都鄉，千五百户”。當指此事。

[4]司馬道子：人名。簡文帝子，初封琅邪王，後改會稽王。太元十年（385）進位丞相，元興元年（402），桓玄破建康，徙安成郡，杜竹林承桓玄旨“鴆殺之”。《晉書》卷六四有傳。　安成：郡名。治所在今江西安福縣東南。

[5]晉主遜位：《晉志中》作“安帝遜位”。

[6]琅邪王德文：即晉恭帝司馬德文。《晉書》卷一〇有紀。

[7]尋陽城：今江西九江市西南。

晉興，[1]何曾薄太官御膳，[2]自取私食，子劭又過之，[3]而王愷又過劭。[4]王愷、羊琇之疇，[5]盛致聲色，窮珍極麗。至元康中，[6]夸恣成俗，轉相高尚，石崇之侈，[7]遂兼王、何而儷人主矣。崇既誅死，天下尋亦淪喪。僭踰之咎也。

[1]晉興：《晉志中》作“武帝初”。

[2]太官：官名。主御膳，秦漢屬少府，兩晉隸光禄勳，設令、丞。七品。

[3]劭：人名。即何劭。字敬祖。《晉書》卷三三有附傳。

[4]王愷：人名。字君夫，晉室外戚，性侈。《晉書》卷九三

有附傳。

　　[5]羊琇：人名。字稚舒，晉室外戚，性豪侈。《晉書》卷九三有傳。

　　[6]元康：晉惠帝司馬衷年號（291—299）。

　　[7]石崇：人名。字季倫。《晉書》卷三三有附傳，載有與王愷鬥富事。

恒暘[1]

　　[1]恒暘：久旱不雨，有旱災。古人以爲君王淫奢無度，臣下僭越等均可引起恒暘之罰。

　　魏明帝太和二年五月，大旱。元年以來，崇廣宮府之應也。又是春，晉宣帝南禽孟達，置二郡；[1]張郃西破諸葛亮，斃馬謖。[2]亢陽自大，[3]又其應也。京房《易傳》曰：[4]“欲德不用，茲謂張。[5]厥災荒。其旱陰雲不雨，變而赤煙四際。[6]衆出過時，茲謂廣。[7]其旱不生。上下皆蔽，茲謂隔。[8]其旱天赤三月，時有雹殺飛禽。上緣求妃，茲謂僭。[9]其旱三月大溫亡雲。君高臺府，茲謂犯。陰侵陽。[10]其旱萬物根死，數有火災。庶位踰節，茲謂僭。[11]其旱澤物枯，爲火所傷。”

　　[1]晉宣帝：指司馬懿。　　孟達：人名。扶風（今陝西興平市）人。《三國志》卷三《魏書·明帝紀》裴松之注附記其事。置二郡：《三國志·魏書·明帝紀》：“二年春正月，宣王攻破新城，斬達，傳其首。分新城之上庸、武陵、巫縣爲上庸郡，錫縣爲錫郡。”

［2］張郃：人名。字儁乂，河間鄭（今河北任丘市）人。《三國志》卷一七有傳。　諸葛亮：人名。字孔明，琅邪陽都（今山東沂南縣）人。《三國志》卷三五有傳。　馬謖：人名。字幼常，襄陽宜城（今湖北宜城市）人。《三國志》卷三九有附傳。

［3］亢陽自大：古人以爲陽剛高盡，必然自大而走向其反面。亢，高也，盡也。陽，陽剛之氣。

［4］京房《易傳》：京房解易的著作。《四庫全書》有《京氏易傳》，諸書《五行志》所引京房《易傳》多不見此書，疑爲另一書。京房，人名。字君明，東郡頓丘（今河南浚縣）人。《漢書》卷七五有傳。

［5］欲德不用，兹謂張：《漢志中之上》孟康注曰：“欲得賢者而不用，人君徒張此意。”

［6］變而赤煙四際：《晋志中》作“變而赤，因四際”，《漢志中之上》作“變而赤，因而除”。按：此句言雖有雲而不下雨，過了一會兒，天色變赤，雲如煙散，天放晴。故本志以“因”作“煙”確；《漢志》以“際”作“除”確，均屬形近而誤例。全句當作“變而赤，煙而除”，應據改。

［7］衆出過時，兹謂廣：《晋志中》“衆”作“師”，《漢志中之上》同，似應作“師”。《漢志》李奇注：“廣音曠。”韋昭注：“謂怨曠也。”

［8］上下皆蔽，兹謂隔：言上下不通，故爲隔。蔽，遮蔽。

［9］上緣求妃，兹謂僭：《漢志中之上》顏師古注：“緣，歷也。言歷衆處而求妃妾也。”僭，差失，過分。《廣雅·釋詁》：“僭，差也。”

［10］君高臺府，兹謂犯。陰侵陽：此句斷句應作“君高臺府兹謂犯，陰侵陽。”犯，《廣韻》：“犯，干也，侵也。”君主臺府過於高大，稱作干犯，陰犯陽而有萬物根死的嚴重旱灾。

［11］庶位：低位。　僭：僭越。

太和五年三月，自去冬十月至此月不雨，辛巳，大雩。[1]是春，諸葛亮寇天水，[2]晉宣王距却之，亢陽動衆。又是時三隅分據，衆出多過時也。《春秋説》曰："傷二穀，謂之不雨。"

[1]大雩：古代求雨的祭祀。《漢志中之上》曰："其夏旱雩祀，謂之大雩。"《説文·雨部》："雩，夏祭樂於赤帝以祈甘雨也。"《左傳》桓公五年："秋，大雩，書不時也。凡祀，啓蟄而郊，龍見而雩。"

[2]天水：郡名。西晉時治所在今甘肅天水市。

魏齊王正始元年二月，[1]自去冬十二月至此月不雨。去歲正月，明帝崩。二月，曹爽白嗣主，[2]轉晉宣王爲太傅，[3]外示尊崇，內實欲令事先由己。是時宣王功蓋魏朝，欲德不用之應也。[4]

[1]齊王：即曹芳。《三國志》卷四有紀。　正始：三國魏齊王曹芳年號（240—249）。

[2]曹爽：人名。字昭伯，譙（今安徽亳州市）人。曹芳即位，輔政，與司馬懿爭權，被懿所殺。《三國志》卷九有附傳。嗣主：指曹芳。

[3]轉晉宣王爲太傅：《晉志中》作"轉宣帝爲太傅"。《三國志·魏書·曹爽傳》："轉宣王爲太傅。"宣王，即司馬懿。其孫司馬炎追謚爲宣帝。太傅，官名。三公之一，位在太師下，太保上，名義隆重，無具體職掌。一品。

[4]欲德不用之應也：天長期不雨，是曹爽不用有德之應。

魏高貴鄉公甘露三年正月，[1]自去秋至此月旱。時晉文王圍諸葛誕，[2]衆出過時之應也。初，壽春秋夏常雨潦，常淹城，[3]而此旱踰年，城陷乃大雨，咸以爲天亡。[4]

[1]高貴鄉公：即曹髦。字彥士，曹丕孫，嘉平六年（254），司馬師廢曹芳，立其爲帝。後不甘作傀儡，率宿衞數百攻司馬昭，被殺。死後無號，史稱高貴鄉公。《三國志》卷四有紀。　甘露：三國魏高貴鄉公曹髦年號（256—260）。

[2]文王：即司馬昭。其子司馬炎追謚爲文帝。《晉志中》作"晉文帝"。　諸葛誕：人名。字公休，琅邪陽都人。據壽春叛魏歸吳，司馬昭平之。《三國志》卷二八有傳。

[3]壽春：縣名。治所在今安徽壽縣。　秋夏常雨潦，常淹城：《晉志中》作"秋夏常雨淹城"。

[4]咸以爲天亡：《晉志中》作"咸以誕爲天亡"。

吳孫亮五鳳二年，[1]大旱，民饑。是歲閏月，[2]魏將文欽以淮南衆數萬口來奔；[3]孫峻又破魏將曹珍于高亭。[4]三月，朱異襲安豐，[5]不克。七月，城廣陵、東海二郡。[6]十二月，以馮朝爲監軍使者，[7]督徐州諸軍，軍士怨叛。此亢陽自大，勞民失衆之罰也。其役彌歲，故旱亦竟年。

[1]五鳳：三國吳會稽王孫亮年號（254—256）。

[2]是歲閏月：吳曆此年閏正月甲申。

[3]文欽：人名。字仲若，譙郡人。事見《三國志》卷二八《毌丘儉傳》。　淮南：郡名。治所在今安徽壽縣。

　　[4]孫峻：人名。字子遠，孫堅弟孫靜曾孫。《三國志》卷六四有傳。　曹珍：人名。《三國志》二見，其事不詳。

　　[5]朱異：人名。字季文，吳郡吳人。《三國志》卷五六有附傳。　安豐：郡名。治所在今安徽霍邱縣西南。

　　[6]廣陵：郡名。治所在今江蘇揚州市西北蜀崗上。　東海：郡名。治所在今山東郯城縣北。

　　[7]馮朝：人名。《三國志》二見，其事不詳。

　　吳孫晧寶鼎元年春夏旱。[1]是時晧遷都武昌，勞民動衆之應也。

　　[1]孫晧：人名。字元宗，孫權孫。死後無號，史稱末帝。《三國志》卷四八有傳。　寶鼎：三國吳末帝孫晧年號（266—269）。

　　晋武帝泰始七年五月閏月，[1]旱，大雩。是春，孫晧出華里，[2]大司馬望帥衆次于淮北。[3]四月，北地胡寇金城西平，[4]凉州刺史牽弘出戰，[5]敗没。

　　[1]泰始：晋武帝司馬炎年號（265—274）。

　　[2]華里：地名。在今江蘇南京市東。《晋書》卷三《武帝紀》：“（泰始七年）三月，孫晧帥衆趨壽陽，遣大司馬望屯淮北以距之。”與此條所記異。

　　[3]大司馬望：即義陽成王司馬望。字子初。《晋書》卷三七有附傳。

　　[4]北地胡：指今甘肅、寧夏一帶的胡人。　金城：治所在今甘肅蘭州市西北黃河南岸。　西平：郡名。治所在今青海西寧市。

　　[5]牽弘：人名。觀津（今河北武邑縣）人。在曹魏任隴西太守，隨鄧艾伐蜀，有功，拜振威護軍，入晋官至凉州刺史。

泰始八年五月，旱。是時帝納荀勖邪説，[1]留賈充不復西鎮，[2]而任愷稍疏，[3]上下皆蔽之應也。又李憙、魯芝、李胤等並在散職，[4]近欲德不用之謂也。[5]

[1]荀勖：人名。字公曽，潁川潁陰（今河南許昌市）人。《晋書》卷三九有傳。 邪説：指賈充將出鎮長安，荀勖怕失勢於朝廷，勸晋武帝納賈充女（賈后）爲太子妃。事見《晋書·荀勖傳》。

[2]賈充：人名。字公閭，平陽襄陵（今山西襄汾縣）人。《晋書》卷四〇有傳。

[3]任愷稍疏：《晋志中》作“任愷漸疏”。任愷，字元褒，樂安博昌（今山東博興縣）人，性忠正。《晋書》卷四五有傳。

[4]李憙：人名。字季和。《晋書》卷四一有傳。 魯芝：人名。字世英。《晋書》卷九〇有傳。 李胤：人名。字宣伯，遼東襄平（今遼寧遼陽市）人。《晋書》卷四四有傳。 散職：此處指有官名而無實際職掌的官員，與南北朝以後指内官等級的散職有别。

[5]欲德不用：《晋志中》作“厭德不用”，下文“太熙元年二月”條也作“欲德”。

泰始九年，自正月旱，至于六月，祈宗廟社稷山川，癸未雨。去年九月，吴西陵督步闡據城來降，[1]遣羊祜統楊肇等衆八萬救迎闡。[2]十二月，陸抗大破肇軍，[3]攻闡滅之。

[1]步闡：人名。降晋後拜衞將軍，封宜都公。《三國志》卷五二有附傳。

[2]羊祜：人名。字叔子，泰山南城（今山東平邑縣）人。《晋書》卷三四有傳。　楊肇：人名。宛陵（今安徽宣城市）人，字季初，官至折衝將軍、荆州刺史。

[3]陸抗：人名。字幼節，陸遜次子。《三國志》卷五八有附傳。

　　泰始十年四月，旱。去年秋冬，采擇卿校諸葛沖等女，[1]是春五十餘人入殿簡選。又取小將吏女數十人，母子號哭於宮中，聲聞于外，行人悲酸。是殆積陰生陽之應也。[2]

[1]諸葛沖：人名。字茂長，琅邪陽都人，武帝諸葛夫人之父，官至廷尉卿。

[2]是殆積陰生陽之應也：《晋志中》作“是殆積陰生陽，上緣求妃之應也”。

　　晋武帝咸寧二年五月，[1]旱，大雩，及社稷山川。至六月，乃澍雨。[2]

[1]咸寧：晋武帝司馬炎年號（275—280）。　五月：《晋書斠注》：“《晋書校文》二曰：帝紀自春旱至於六月乃雨，則不得專屬五月。”確。

[2]澍（shù）雨：及時的雨。

　　晋武帝太康二年，自去冬旱，至此春平吴，亢陽動衆自大之應也。[1]太康三年四月，旱。乙酉，[2]詔司空齊王攸與尚書、廷尉、河南尹録訊繫囚，[3]事從蠲宥。

［1］"晋武帝太康二年"至"亢陽動衆自大之應也"：丁福林《校議》云："晋之平吴不在太康二年，此云'至此春平吴'，非是。蓋標點誤也。上文應改標作：'晋武帝太康二年，自去冬旱至此春，平吴亢陽動衆自大之應也。'……《晋書·五行志中》云：'太康二年旱，自去冬旱至此春。'乃爲明證。"

［2］乙酉：四月丙午朔，無乙酉。但此年閏四月，丙子朔，乙酉爲閏四月十日，故乙酉前應加"閏月"二字。

［3］司空：官名。三公之一，爲大臣加官，無職掌。一品。齊王攸：即司馬攸。字大猷。《晋書》卷三八有傳。 尚書：官名。尚書省屬官，上有尚書令，下有郎曹屬官，納奏出令，執行政務。三品。 廷尉：官名。掌司法刑獄，政令仰承尚書省。三品。 河南尹：官名。西晋時爲京都洛陽長官。三品。

太康五年六月，旱。此年正月，天陰，解而復合。劉毅上疏曰："必有阿黨之臣，姦以事君者，當誅而不赦也。"帝不答。是時荀勖、馮紞僭作威福，[1]亂朝尤甚。

［1］馮紞：人名。字少胄。《晋書》卷三九有傳。

太康六年三月，青、梁、幽、冀郡國旱。[1]太康六年六月，濟陰、武陵旱，[2]傷麥。太康七年夏，郡國十三旱。太康八年四月，冀州旱。太康九年夏，郡國三十三旱。太康九年六月，扶風、始平、京兆、安定旱，[3]傷麥。太康十年二月，旱。

[1]青、梁、幽、冀：皆州名。青，治所在今山東淄博市臨淄鎮。梁，治所在今陝西漢中市東。“梁”原作“涼”，據《晋志中》改。幽，治所在今北京城西南。冀，治所在今河北高邑縣西南。

[2]濟陰：治所在今山東定陶縣西北。　武陵：郡名。治所在今湖南常德市。

[3]扶風：國名。治所在今陝西涇陽縣西北。　始平：郡名。治所在今陝西興平市東南南佐村。　京兆：郡名。治所在今陝西西安市西北。　安定：郡名。治所在今甘肅涇川縣北涇河北岸。

晋武帝太熙元年二月，[1]旱。自太康以後，雖正人滿朝，不被親仗；而賈充、荀勖、楊駿、馮紞等，[2]迭居要重。所以無年不旱者，欲德不用，上下皆蔽，庶位踰節之罰也。

[1]太熙：晋武帝司馬炎年號（290）。

[2]楊駿：人名。字文長，弘農華陰（今陝西華陰市）人。《晋書》卷四〇有傳。

晋惠帝元康元年七月，雍州大旱，[1]殞霜疾疫。關中飢。米斛萬錢。

[1]元康元年七月：此條有誤。《晋書》卷四《惠帝紀》元康元年（291）七月無旱事，而元康七年七月則有：“雍、梁州疫。大旱，隕霜，殺秋稼。關中饑。米斛萬錢。”《晋志中》與其略同。疑“元年”乃“七年”之誤。　雍州：治所在今陝西西安市。

元康七年七月，秦、雍二州大旱。[1]故其年氐羌反叛，雍州刺史解系敗績。[2]是年正月，周處、盧播等復敗，[3]關西震亂。交兵彌歲，至是飢疫荐臻，[4]戎、晋並困，朝廷不能振，詔聽相賣鬻。[5]

[1]秦、雍二州大旱：《晋書》卷四《惠帝紀》作："雍、梁州疫，大旱。"秦，州名。治所在今甘肅甘谷縣。

[2]解系：人名。字少連，濟南著（今山東濟陽縣）人。《晋書》卷六〇有傳。

[3]周處：人名。字子隱，義興陽羨人。《晋書》卷五八有傳。

盧播：人名。字景宣，陳留（今河南開封市祥符區陳留鎮）人，初爲本州別駕，元康中遷梁王肜征西長史，升振威將軍，後官至尚書。

[4]飢疫荐臻：飢餓、疾病、瘟疫接連來到。

[5]詔聽相賣鬻：聽任百姓自賣爲奴以求生。

元康七年九月，郡國五旱。晋惠帝永寧元年，[1]自夏及秋，青、徐、幽、并四州旱。[2]是年春，三王討趙王倫，[3]六旬之中，大小數十戰，死者十餘萬人。十二月，郡國十二又旱。

[1]永寧：晋惠帝司馬衷年號（301—302）。

[2]徐：州名。治所在今江蘇徐州市。　并：州名。治所在今山西太原市。

[3]三王：按《晋書》卷四《惠帝紀》，永寧元年三月齊王冏起兵討倫，成都王穎、河間王顒、常山王乂等"舉兵應之"，故當爲四王。

晋懷帝永嘉三年五月，大旱。襄平縣梁水淡淵竭，[1]河、洛、江、漢皆可涉。是年三月，司馬越歸京都，遣兵入宮，收中書令繆播等九人殺之。[2]此僭踰之罰也。又四方諸侯，多懷無君之心，劉淵、石勒、王彌、李雄之徒，[3]賊害民命，流血成泥，又其應也。

[1]襄平縣梁水淡淵竭：襄平：縣名。治所在今遼寧遼陽市。梁水淡淵：他史無載，存疑。《晋志中》“淡”作“池”。

[2]中書令：官名。中書省長官之一，掌詔命發布。三品。繆播：人名。字宣則，蘭陵（今山東蒼山縣）人。《晋書》卷六〇有傳。

[3]劉淵：人名。字元海，匈奴人，創立前趙政權。《晋書》卷一〇一有載記。　石勒：人名。字世龍，上黨武鄉（今山西武鄉縣，一說在榆社縣）羯族人，創立後趙政權。《晋書》卷一〇四、一〇五有載記。　王彌：人名。東萊（今山東萊州市）人。惠帝末，聚衆數萬，後爲石勒所殺。《晋書》卷一〇〇有傳。　李雄：人名。字仲儁，巴西宕渠（今四川渠縣）蠻人。繼其父李特爲成漢皇帝。《晋書》卷一二一有載記。

永嘉五年，自去冬旱至此春。去歲十二月，[1]司馬越棄京都，以大衆南出，多將王公朝士，及以行臺自隨，[2]斥黜禁衛，代以國人。[3]宮省蕭然，無復君臣之節矣。

[1]去歲十二月：《晋志中》作“去歲十一月”，《晋書》卷五《孝懷帝紀》作“十一月甲戌……丁丑”。十一月庚申朔，甲戌、丁丑爲十五、十八日，故《晋志》確。

[2]行臺：皇帝出征時臨時設置的代行尚書臺職權的機構，僅

管理軍務。北魏以後，成爲常設地方行政機構，又理民事。

  [3]斥黜禁衛，代以國人：即用東海國的衛隊代替宮中禁衛軍。

  《晋陽秋》云："愍帝在西京，旱傷荐臻。"無注記年月也。晋元帝建武元年六月，[1]揚州旱。去年十二月，淳于伯冤死，[2]其年即旱，而太興元年六月又旱。干寶曰："殺伯之後旱三年。"[3]是也。案前漢殺孝婦則旱，後漢有囚亦旱，見謝見理，並獲雨澍，[4]此其類也。班固曰："刑罰妄加，群陰不附，則陽氣勝，故其罰恒暘。"建武元年四月，麴允等悉衆禦寇。[5]五月，祖逖攻譙。[6]其冬，周訪討杜曾。[7]又衆出之應也。

  [1]晋元帝建武元年六月："元"原作"愍"，中華本《晋書》校勘記："'元帝'原誤作'愍帝'，而'建武'爲元帝年號，今據《搜神記》改。" 建武：晋元帝司馬睿年號（317—318）。

  [2]淳于伯冤死：淳于伯任丞相府督運令史，因受小賄，罪不至死，但爲丞相王導所殺。《晋書》卷六九《劉隗傳》載其行刑時"血著柱，遂逆上終極柱末二丈三尺，旋復下流四尺五寸。百姓諠譁，士女縱觀，咸曰其冤"此事又見《搜神記》卷七、王隱《晋書》卷一、《晋書》卷七二《郭璞傳》。

  [3]殺伯之後旱三年：《搜神記》卷七作"淳于伯冤死，遂頻旱三年"。

  [4]自"案前漢"至"並獲雨澍"：對殺孝婦、囚人的行爲感到慚愧，懂得造成天旱的緣由，上天就會下及時雨。殺孝婦，指漢東海郡太守誤殺孝婦，枯旱三年，後因于公（于定國父）而平反昭雪，天乃大雨。事見《漢書》卷七一《于定國傳》。謝，認錯、慚愧。

[5]建武元年四月，麴允等悉衆禦寇：據《晋書》卷五《孝愍帝紀》，事在愍帝建興四年秋七月，此年十一月壬寅（十一月十七日）麴允不堪劉曜辱帝自殺。而建武元年當建興五年，故“建武元年四月”誤，當作“建興四年七月”。麴允，人名。金城豪族。《晋書》卷八九有傳。

[6]五月，祖逖攻譙：據《晋書》卷六《元帝紀》建武元年六月己巳詔“（石季龍圍譙城）平西將軍祖逖帥衆討擊”語，“五月”前應加“建武元年”四字。祖逖，人名。字士稚，范陽遒（今河北淶水縣）人。《晋書》卷六二有傳。

[7]周訪：人名。字士達，汝南安城（今河南汝南縣）人。《晋書》卷五八有傳。　杜曾：人名。新野（今河南新野縣）人，本爲小官，趁永嘉之亂，割據自立。《晋書》卷一〇〇有傳。

晋元帝太興四年五月，旱。是時王敦强僭之釁漸著。又去歲蔡豹、祖逖等，[1]並有征役。

[1]蔡豹：人名。字士宣，陳留人。《晋書》卷八一有傳。

晋元帝永昌元年，[1]大旱。是年三月，王敦有石頭之變，[2]二宮陵辱，大臣誅死。僭踰無上，故旱尤甚也。

[1]永昌元年：《晋志中》“元年”後有“夏”字。《晋書》卷六《元帝紀》亦曰“六月，旱”。

[2]石頭之變：永昌元年（322）元月戊辰，王敦據武昌反。四月，攻入石頭（建康，今江蘇南京市）。殺大臣刁協、戴淵等。旋自任丞相，回屯武昌，遥制朝政。史稱石頭之變。

永昌元年閏十一月，京都大旱，川谷並竭。晋明帝太寧三年,[1]自春不雨,至于六月。去年秋,滅王敦,亢陽動眾自大之應也。

[1]太寧:晋明帝司馬紹年號(323—326)。

晋成帝咸和元年秋,旱。[1]是時,庾太后臨朝稱制,[2]群臣奏事稱"皇太后陛下"。此婦人專王事,言不從而僭踰之罰也。與漢鄧太后同事。[3]

[1]咸和:晋成帝司馬衍年號(326—334)。《晋志中》作"咸和元年,夏秋旱"。
[2]庾太后:即明穆庾皇后。名文君,鄢陵人。《晋書》卷三二有傳。
[3]漢鄧太后:即和熹鄧皇后。名綏,鄧禹之孫女。《後漢書》卷一〇上有傳。

咸和二年夏,旱。咸和五年五月,旱。去年殄蘇峻之黨,此春又討郭默,[1]滅之。亢陽動眾之應也。

[1]郭默:人名。河內懷(今河南武陟縣)人。咸和五年叛亂。《晋書》卷六三有傳。

咸和六年四月,旱。去年八月,石勒遣郭敬寇襄陽,[1]南中郎將周撫奔武昌。[2]十月,李雄使李壽寇建平,[3]建平太守楊謙奔宜都。[4]此正月,劉徵略婁縣,[5]於是起眾警備。

[1]郭敬：人名。字季子，鄔縣（今山西介休市）人。石勒微時，多次瞻濟之。勒襲攻乞活於上白，將坑其降卒，見郭敬而識之，署敬上將軍，悉免降者以配之。後爲勒荆州刺史。勒死投前秦，後爲桓温所獲。　襄陽：郡名。治所在今湖北襄陽市襄城區。

[2]中郎將：官名。秦漢置，爲管理宫禁警衛的高級武職。南北朝置諸名號，中郎將爲統兵將領，位在將軍之下、校尉之上。周撫：人名。字道和。《晉書》卷五八有附傳。

[3]李壽：人名。字武考。《晉書》卷一二一有載記。　建平：郡名。治所在今重慶巫山縣北。

[4]楊謙：人名。成帝咸和三年（328），任督護，攻蘇峻於石頭。任巴東太守，爲李壽所逼，退守宜都。建元二年（344）九月，擊敗李勢，獲其將樂高。穆帝永和中任征虜將軍，守成都。永和三年（347）四月，蜀人鄧定反，占成都，其退保德陽。十二月，爲振威護軍蕭敬文所害。　宜都：郡名。治所在今湖北宜都市。

[5]劉徵：人名。石勒初起時的十八騎之一，成帝咸和五年（330）寇南沙，都尉許儒遇害，進入海虞，六年復寇婁縣，遂掠武進。官至後趙青州刺史。　婁縣：治所在今江蘇昆山市。

咸和八年七月，旱。咸和九年，自四月不雨，至于八月。晉成帝咸康元年六月，[1]旱。是時成帝沖弱，不親萬機，[2]内外之政，委之將相。[3]此僭踰之罰，故連歲旱也。至四年，王導固讓太傅，[4]復子明辟，是後不旱，殆其應也。時天下普旱，會稽、餘姚特甚，[5]米斗直五百，民有相鬻。

[1]咸康：晉成帝司馬衍年號（335—342）。

[2]不親萬機：《晉志中》作“未親萬機”。

[3]委之將相：《晉志中》作“決之將相”。

[4]王導：人名。字茂弘，琅琊臨沂人。《晋書》卷六五有傳。

[5]餘姚：縣名。治所在今浙江餘姚市。

咸康二年三月，旱。咸康三年六月，旱。晋康帝建元元年五月，[1]旱。是時宰相專政，方伯擅重兵，又與咸康初同事也。晋穆帝永和元年五月，[2]旱。有司奏依董仲舒術，[3]徙市開水門，遣謁者祭太社。是時帝在繈抱，褚太后臨朝如明穆太后故事。[4]

[1]建元：晋康帝司馬岳年號（343—344）。

[2]永和：晋穆帝司馬聃年號（345—356）。

[3]董仲舒術：董仲舒求雨之術。《漢書》卷五六《董仲舒傳》："仲舒治國，以《春秋》災異之變推陰陽所以錯行，故求雨，閉諸陽，縱諸陰，其止雨反是；行之一國，未嘗不得所欲。"顏師古注："謂若閉南門，禁舉火。及開北門，水灑人之類是也。"

[4]褚太后：即康獻褚皇后。名蒜子，河南陽翟（今河南禹州市）人。《晋書》卷三二有傳。 明穆太后故事：指成帝咸和元年庾太后臨朝稱制事。

永和五年七月，不雨，至于十月。是年二月，征北將軍褚裒遣軍伐沛，[1]納其民以歸。六月，又遣西中郎將陳逵進據壽陽，[2]自以舟師二萬至于下邳，[3]喪其前驅而還，逵亦退。

[1]征北將軍：官名。東漢置。兩晋南朝時多爲持節都督，出鎮一方。三品。若持節進爲二品。 褚裒（póu）：人名。字季野。《晋書》卷九三有傳。 沛：郡名。治所在今江蘇沛縣。

　　[2]陳逵：人名。字林道，潁川許昌人。永和中爲西中郎將，卒，追贈衛將軍。事見《三國志》卷二二《魏書·陳群傳》裴松之注。

　　[3]下邳：城名。在今江蘇睢寧縣西北古邳鎮東，地處沂、泗兩水交匯處。

　　永和六年閏月，[1]旱。是春，桓温以大衆出夏口，[2]上疏欲以舟軍北伐，朝廷駭之。蕭敬文盜涪，[3]西蠻校尉采壽敗績。[4]

　　[1]六年閏月：按：六年閏二月壬申朔。

　　[2]桓温：人名。字元子，譙國龍亢人。其曾北伐，入函谷關進抵關中。《晋書》卷九八有傳。　夏口：城名。三國吴黄武二年（223）築，在今湖北武漢市黄鵠山上。

　　[3]蕭敬文盜涪：蕭敬文原爲振威護軍、征西都護。永和三年（347）十二月殺楊謙，自號益州牧，據涪城。永和八年八月，周撫平涪城，蕭被斬。涪，縣名。治所在今四川綿陽市東。

　　[4]西蠻校尉：官名。掌益、寧、梁等州少數民族事務，領兵，有時兼任刺史。　采壽：人名。本書一見，其事不詳。

　　晋穆帝升平三年十二月，[1]大旱。此冬十月，北中郎將郗曇帥萬餘人出高平，[2]經略河、兗；又遣將軍諸葛悠以舟軍入河，[3]敗績。西中郎將謝萬次下蔡，[4]衆潰而歸。

　　[1]升平：晋穆帝司馬聃年號（357—361）。

　　[2]郗曇：人名。字重熙。《晋書》卷六七有附傳。　高平：郡名。治所在今山東巨野縣南。

　[3]諸葛悠：人名。升平三年十月，以晋泰山太守率軍伐慕容儁，敗績。奔於淮南，魯、高平等數郡皆没。本書《天文志二》、《晋書》均作“諸葛攸”。

　[4]謝萬：人名。字萬石。《晋書》卷七九有附傳。　下蔡：縣名。治所在今安徽鳳臺縣。

　　升平四年十二月，大旱。晋哀帝隆和元年夏，[1]旱。是時桓温强恣，權制朝廷，僭踰之罰也。又去年慕容恪圍冀州刺史吕護，[2]桓温出次宛陵，[3]范汪、袁真並北伐，[4]衆出過時也。

　[1]隆和：晋哀帝司馬丕年號（362—363）。

　[2]慕容恪：人名。字玄恭，時爲太原王。《晋書》卷一一一有載記。　吕護：人名。原爲冀州刺史守野王，前燕慕容暐來攻，護退保滎陽，後叛奔慕容暐，暐任護爲寧南將軍、河内太守。但護仍暗通東晋，穆帝任護爲前將軍、冀州刺史。慕容暐派慕容恪攻野王，護南奔晋，不久又叛歸前燕，在攻洛陽的戰役中，中箭身亡。

　[3]宛陵：縣名。治所在今安徽宣城市。

　[4]范汪：人名。字玄平，武興縣侯。《晋書》卷七五有傳。袁真：人名。東晋將領，歷任尋陽廬江太守、西中郎將、監護司豫并冀四川軍事、豫州刺史、都督司冀并三州軍事等職。桓温北伐，使袁真通糧運。慕容暐敗桓温於襄邑，桓温歸罪於袁真，免真爲庶人。袁真遂據壽陽降慕容暐，不久病死。

　　晋海西太和四年十二月，[1]涼州春旱至夏。[2]

　[1]太和：晋廢帝司馬奕年號（366—371）。

　[2]涼州：治所在今甘肅武威市。時前涼政權“稱晋正朔”，

故《晋書》記之。

晋簡文帝咸安二年十月，[1]大旱民飢。是時嗣主幼沖，桓温陵僭。

[1]咸安：晋簡文帝司馬昱年號（371—372）。

晋孝武帝寧康元年二月，[1]旱。是時桓温入覲高平陵，[2]闖朝致拜，踰僭之應也。

[1]寧康：晋孝武帝司馬曜年號（373—375）。 二月：寧康元年二月，《晋志中》作“三月”。《晋書》卷九《孝武帝紀》云：“二月，大司馬桓温來朝。”與“入覲”合，故當爲“二月”。
[2]高平陵：晋簡文帝陵，在江寧府上元縣，今江蘇南京市。《建康實録》卷八：“高平陵在今縣城東北十五里鍾山之陽，不起墳。”

寧康三年冬，旱。先是，氐賊破梁、益州，[1]刺史楊亮、周仲孫奔退。[2]明年，威遠將軍桓石虔擊姚萇墊江，[3]破之，退至五城。[4]益州刺史竺瑶帥衆戌巴東。[5]

[1]氐賊：指前秦苻堅。 破梁、益州：據《晋書》卷九《孝武帝紀》：“（寧康元年）十一月，苻堅將楊安陷梓潼及梁、益二州，刺史周仲孫帥騎五千南遁。”
[2]楊亮：人名。太和中，爲梁州刺史，隴西人李高詐稱李雄子，破涪城，楊亮失守。太元八年（383）以輔國將軍伐蜀，拔五城，擒苻堅將魏光。十一年爲西戎校尉、雍州刺史，鎮衛山陵。周仲孫：人名。義興陽羡人。《晋書》卷五八有附傳。

［3］桓石虔：人名。字鎮惡，封作塘侯。《晋書》卷七四有附傳。　姚萇：人名。字景茂，羌族人，後秦政權建立者。《晋書》卷一一六有載記。　墊江：縣名。治所在今重慶合川市。

［4］五城：縣名。治所在今四川中江縣西南。

［5］竺瑶：人名。哀帝興寧三年（365）爲寧朔將軍守洛陽，慕容恪陷洛奔襄陽。後爲桓温部將、益州刺史。　巴東：郡名。治所在今重慶奉節縣。

晋孝武帝太元四年六月，大旱。去歲，氐賊圍南中郎將朱序於襄陽，[1]又圍揚威將軍戴遁於彭城。[2]桓嗣以江州之衆次都援序，[3]北府發三州民配何謙救遁。[4]是春，襄陽、順陽、魏興城皆没。[5]賊遂略淮南，向廣陵。征虜將軍謝石率水軍次涂中。[6]兗州刺史謝玄督諸將破之。[7]

［1］朱序：人名。字次倫，義陽（今河南信陽市南）人。《晋書》卷八一有傳。

［2］戴遁：人名。本書一見。　彭城：城名。在今江蘇徐州市。

［3］桓嗣：人名。字恭祖。《晋書》卷七四有附傳。　江州：治所在今江西南昌市。　都：周代國名。據《左傳》僖公二十五年"秦晋代都"杜預注，本在商密（今河南淅川縣丹陽故城），後移南郡都縣，故城在今湖北宜城市東南。

［4］北府：東晋軍府名。府治設在建康之北的京口（今江蘇鎮江市），故稱北府。謝玄招募了徐兗等州的驍勇充作北府兵主力，爲當時善戰的精兵。　何謙：人名。字恭子。東海人。太元初，以驍勇應選北府兵。淝水之戰中解彭城之圍，屢立戰功。後爲庾希部將，破慕容暐將劉則於檀丘。《晋書》卷一一三《苻堅載記上》作"何謙之"。

[5]順陽：縣名。治所在今河南淅川縣南。　魏興：郡名。治所在今陝西安康市西北漢江北岸。

[6]謝石：人名。字石奴。《晋書》卷七九有附傳。　涂中：指今安徽、江蘇境内滁水流域。

[7]謝玄：人名。字幼度。《晋書》卷七九有附傳。

太元八年六月，旱。夏初，桓沖征襄陽，[1]遣冠軍將軍桓石虔進據樊城。朝廷又遣宣城内史胡彬次峽石爲沖聲勢也。[2]

[1]桓沖：人名。字幼子。《晋書》卷七四有附傳。

[2]胡彬：人名。《晋書》四見，其事不詳。

太元十年七月，旱饑。初，八年，破苻堅；[1]九年，諸將略地，有事徐、豫；楊亮、趙統攻討巴、沔。[2]是年正月，謝安又出鎮廣陵，[3]使子琰進次彭城。[4]

[1]八年，破苻堅：指太元八年（383）淝水之戰破前秦苻堅事。苻堅，人名。一名文玉，字永固，略陽臨渭（今甘肅秦安縣）氐族人。前秦皇帝。《晋書》卷一一三、一一四有載記。

[2]趙統：人名。太元九年四月以竟陵太守伐襄陽，克之。沔：即沔水（今漢水）。此處指漢水上游的襄陽一帶。　巴：此處指蜀。

[3]謝安：人名。字安石，陳郡陽夏人。《晋書》卷七九有傳。廣陵：郡名。東晋時治所在今江蘇揚州市西北蜀崗上。

[4]琰：人名。即謝琰。字瑗度。《晋書》卷七九有附傳。

太元十三年六月，旱。去歲，北府遣戍胡陸，[1]荆州經略河南。^[2]是年,^[3]郭銓置戍野王,^[4]又遣軍破黃淮。

[1]遣戍胡陸:派軍隊駐守胡陸。胡陸,地名。疑爲胡墅,在今江蘇南京市六合區。

[2]荆州:東晋軍府重鎮,又爲州治,治所在今湖北荆州市荆州區。　河南:泛指黃河、洛陽以南的地區。

[3]是年:《晋志中》作"是年夏"。

[4]郭銓:人名。桓玄黨,歷任南平太守、竟陵太守、益州刺史、梁州刺史、鷹揚將軍等。桓玄敗亡後,降。《晋書》卷九《孝武帝紀》作"郭洽"。　野王:縣名。治所在今河南沁陽市。

太元十五年七月,旱。是春,丁零略兗、豫,^[1]鮮卑寇河上。^[2]朱序、桓不才等北至太行,^[3]東至滑臺,^[4]踰時攻討,又戍石門。^[5]

[1]丁零:古代民族名。漢時爲匈奴屬國,游牧於中國北部、西北部廣大地區。

[2]鮮卑:古代民族名。屬東胡族一支,秦漢附於匈奴,漢末分東西中三部,各置大人統領。魏晋南北朝時期先後建立了前燕、後燕、南燕、西秦、南涼、北魏、東魏、西魏、北齊、北周諸國。

[3]桓不才:人名。初爲江夏相,曾破慕容永部將王次於太行。隆安四年(400),爲冠軍將軍,擊孫恩,迫其又退還海上。　太行:指今山西、河北、河南交界地區的太行山一帶。

[4]滑臺:城名。在今河南滑縣東舊滑縣城。東晋爲軍事重鎮,南燕慕容德曾建都於此。

[5]石門:古關口。在今陝西漢中市西北褒城鎮北褒谷口。

太元十七年秋,旱,至冬。是時茹千秋爲驃騎諮議，[1]竊弄主相威福；又丘尼乳母親黨及婢僕之子，階緣近習，[2]臨民領衆。[3]又在所多上春竟囚，不以其辜，建康獄吏枉暴尤甚。[4]此僭踰不從，冤濫之罰也。

[1]茹千秋：人名。《晋書》卷六四《司馬道子傳》載："茹千秋本錢塘捕賊吏，因賂諂進，道子以……千秋驃騎諮議參軍……賣官販爵，聚資貨累億。"

[2]丘尼：《晋志中》作"比丘尼"，佛教出家受具足戒的女僧通稱。 階緣近習：接近皇宮而習知禮儀。

[3]臨民領衆：《晋志中》作"臨部領衆"。

[4]枉暴尤甚：《晋志中》作"枉暴既甚"。

晋安帝隆安四年五月，[1]旱。去冬桓玄迫殺殷仲堪，[2]而朝廷即授以荆州之任；司馬元顯又諷百僚悉使敬己。[3]此皆陵僭之罰也。

[1]隆安：晋安帝司馬德宗年號（397—401）。

[2]殷仲堪：人名。陳郡人。《晋書》卷八四有傳。

[3]司馬元顯：人名。會稽王司馬道子世子。《晋書》卷六四有附傳。

隆安五年夏秋，大旱，十二月不雨。去年夏，孫恩入會稽，[1]殺内史謝琰；此年夏，略吳，又殺内史袁山松。[2]軍旅東討，衆出過時。

[1]孫恩：人名。字靈秀，琅邪（今山東諸城市）人。五斗米道教主，起兵反晋。《晋書》卷一〇〇有傳。

[2]袁山松：人名。陳郡陽夏人。《晋書》卷八三有附傳。

晋安帝元興元年七月，[1]大饑，九月十月不雨。是年正月，司馬元顯以大衆將討桓玄，既而玄至，殺元顯。五月，又遣東征孫恩餘黨，十月，北討劉軌。[2]

[1]元興：晋安帝司馬德宗年號（402—404）。
[2]劉軌：人名。冀州刺史，叛晋而投慕容德。

元興二年六月，不雨，冬，又旱。是時桓玄奢僭，十二月，遂篡位。元興三年八月，不雨。是時王旅四伐，西夏未平。[1]

[1]西夏：指今甘肅河西走廊一帶，還有南涼、北涼、西涼等割據政權。

·晋安帝義熙六年九月，不雨。是時王師北討廣固，[1]疆理三州。[2]

[1]廣固：城名。在今山東青州市西北，南燕的都城。
[2]三州：即青州、冀州、兗州。

義熙八年十月，不雨。是秋，王師西討劉毅；分遣伐蜀。義熙十年九月，旱，十二月，又旱。井瀆多竭。宋文帝元嘉二年夏，[1]旱。

[1]元嘉：宋文帝劉義隆年號（424—453）。

元嘉四年秋，京都旱。元嘉八年五月，揚州諸郡旱。元嘉十九年、二十年，南兗、豫州旱。元嘉二十七年八月，不雨，至二十八年三月。時索虜南寇。[1]

[1]索虜：南北朝時期南朝對北朝的蔑稱。鮮卑族頭上有髮辮，故稱。此處指北魏。

孝武帝大明七年、八年，[1]東諸郡大旱，民飢死者十六七。先是江左以來，[2]制度多闕，孝武帝立明堂，[3]造五輅。[4]是時大發徒眾，南巡校獵，盛自矜大，故致旱災。後廢帝元徽元年八月，京都旱。

[1]大明：宋孝武帝劉駿年號（457—464）。
[2]江左：也稱江東。魏禧《日録雜説》：“江東稱江左，江西稱江右，蓋自江北視之，江東在左，江西在右耳。”其地本指今安徽蕪湖市、江蘇南京市長江河段以東地區。因東晉、南朝皆都建康（今江蘇南京市），故時人又稱其統治下的全部地區爲江左。
[3]明堂：古代帝王宣明政教的地方。凡朝會、祭祀、慶賞、選士、養老、教學等大典都在此舉行。
[4]五輅：亦稱五路，古代帝王所乘的五種車子。即玉路、金路、象路、革路、木路。詳見《周禮·春官·巾車》。

詩妖

魏明帝太和中，京都歌“兜鈴曹子”，[1]其唱曰：“其奈汝曹何。”此詩妖也。其後曹爽見誅，曹氏遂廢。

[1]京都：指洛陽。

魏明帝景初中，[1]童謠曰："阿公阿公駕馬車，不意阿公東渡河。阿公東還當奈何！"[2]及宣王平遼東，歸至白屋，[3]當還鎮長安。會帝疾篤，[4]急召之。乃乘追鋒車東渡河，[5]終蹙魏室，如童謠之言也。

[1]景初中：《晋志中》作"景初初"。

[2]阿公：指司馬懿。　東還：《晋志中》作"來還"。

[3]宣王平遼東，歸至白屋：《晋志中》作"宣帝遼東歸，至白屋"。按：時司馬懿爲魏宣王，宣帝是其孫司馬炎追上的諡號，故"宣王"確。白屋，無考。《晋書》卷一《宣帝紀》"自白屋（至洛陽）四百餘里，一宿而至"，當在遼東到洛陽以東的某地。

[4]會帝疾篤：值魏明帝病重。

[5]追鋒車：輕便疾速的驛車。《晋書·輿服志》："追鋒車，去小平蓋……如軺車，駕二。追鋒之名，蓋取其迅速也，施於戎陣之間，是爲傳乘。"

魏齊王嘉平中，有謠曰："白馬素羈西南馳，其誰乘者朱虎騎。"[1]朱虎者，楚王彪小字也。[2]王淩、令狐愚聞此謠，[3]謀立彪。事發，淩等伏誅，彪賜死。

[1]素羈：素面的馬絡頭。此謠言又見《三國志》卷二八《魏書·王淩傳》裴松之注引《魏略》。

[2]楚王彪小字：《晋志中》作"楚王小字"。

[3]令狐愚：人名。字公治，爲王淩外甥。事見《三國志·魏書·王淩傳》。

　　吳孫亮初，童謠曰："吁汝恪，何若若，蘆葦單衣
筬鈎絡,[1]於何相求成子閤。"[2]成子閤者，反語石子堈
也。鈎落，鈎帶也。及諸葛恪死,[3]果以葦席裹身，筬
束其要,[4]投之石子堈。後聽恪故吏收斂，求之此堈云。

　　[1]鈎絡：《三國志》卷六四《吳書・諸葛恪傳》作"鈎落"，
並云"鈎落者，校飾革帶，世謂之鈎絡帶"。"鈎絡"與"鈎落"
同，"絡""落"通。
　　[2]於何相求成子閤：《晋志中》作"於何相求常子閤"。《三
國志・吳書・諸葛恪傳》記此童謠爲："諸葛恪，蘆葦單衣筬鈎落，
於何相求成子閤。"《晋書斠注》引《三國志考證》曰："成當讀若
常……古成、常字同音。《晋書・五行志》竟作常字，亦通讀成
爲常。"
　　[3]諸葛恪：人名。字元遜，諸葛瑾長子。《三國志》卷六四
有傳。
　　[4]筬：竹筬。　要：通"腰"。

　　孫亮初，公安有白鼉鳴。[1]童謠曰："白鼉鳴，龜背
平，南郡城中可長生，守死不去義無成。"[2]南郡城可長
生者，有急，易以逃也。明年，諸葛恪敗，弟融鎮公
安,[3]亦見襲。融刮金印龜，服之而死。[4]鼉有鱗介，甲
兵之象。又白，兵祥也。[5]

　　[1]公安：縣名。治所在今湖北公安縣西北。　白鼉：白色的
爬行動物，體長丈餘，背、尾有鱗甲。又稱鼉龍、猪婆龍，今稱揚
子鰐。
　　[2]"童謠曰"至"義無成"：又見《三國志》卷五二裴松之

注引《江表傳》。

　　[3]融：人名。即諸葛融。字叔長。《三國志》卷五二裴松之注引《吳書》有傳。

　　[4]刮金印龜，服之而死：《三國志》卷五二《吳書·諸葛瑾傳》曰："恪既誅，遣無難督施寬就將軍施績、孫壹、全熙等取融。融卒聞兵士至，惶懼猶豫，不能決計，兵到圍城，飲藥而死。"明融飲毒藥而死。此説其刮掉金印的龜把手吞之而死，未知孰是。

　　[5]又白，兵祥也：《晋志中》作"又曰，白祥也"。術數意義不通。當據改。

　　孫休永安二年，[1]將守質子群聚嬉戲，[2]有異小子忽來，言曰："三公鋤，司馬如。"又曰："我非人，熒惑星也。"[3]言畢上升，仰視若曳一匹練，有頃没。干寶曰，後四年而蜀亡，[4]六年而魏廢，二十一年而吳平，於是九服歸晋。[5]魏與吳、蜀，並爲戰國，"三公鋤，司馬如"之謂也。

　　[1]永安二年：中華本《晋志中》校勘記云："'二年'，各本作'三年'，今從宋本。《册府》八九四、《吳志·孫晧傳》引《搜神記》、《宋志》二俱作'二年'。"按：下云"四年而蜀亡，六年而魏廢，二十一年而吳平"，推之，亦當作"二年"。永安，三國吳景帝孫休年號（258—264）。

　　[2]將守質子：作爲人質的屯邊守將的兒子。是吳采取的"保質"政策。《搜神記》卷八曰："吳以草創之國，信不堅固，邊屯守將，皆質其妻、子，名曰'保質'。"這種人質亦稱任子，《建康實録》："（吳）時諸將屯戍，並留任其子，爲立一館，名任子館。"

　　[3]熒惑星：即火星。星占家認爲它是南方火德之精，主司法，察妖孽。因此把散布妖言的童子，傳爲熒惑的使者。《論衡·訂

鬼》：“世謂童謠，熒惑使之。”

[4]後四年而蜀亡：《三國志》卷四八《吳書·孫晧傳》裴松之注引《搜神記》作“五年”，《晋志中》及本志作“四年”。永安二年（259）至蜀漢亡國（263）爲五年，故“四年”誤，當據改。

[5]九服：原指王畿以外的九等貢賦地區，此處指全國各地區。

　　孫晧初，童謠曰：“寧飲建業水，[1]不食武昌魚；寧還建業死，不止武昌居。”晧尋遷都武昌，民泝流供給，咸怨毒焉。

[1]建業：縣名。建安十七年（212），孫權以秣陵縣改名，治所在今江蘇南京市。吳黄龍元年（229）都於此。西晋太康三年（282）又分淮水（今秦淮河）以北爲建業縣，並改名建鄴。

　　孫晧遣使者祭石印山下妖祠。[1]使者因以丹書巖曰：[2]“楚九州渚，吳九州都。揚州士，作天子。四世治，太平矣。”晧聞之，意益張，曰：“從大皇帝至朕四世，[3]太平之主，非朕復誰？”恣虐踰甚，尋以降亡。近詩妖也。

[1]孫晧遣使者祭石印山下妖祠：此事發生於天璽元年（276）。石印山下妖祠，指因鄱陽郡的歷陽山石文理成字而修的祭山祠。《三國志》卷四八《吳書·孫晧傳》：“（天璽元年八月）鄱陽言歷陽山石文理成字，凡二十，云：‘楚九州渚，吳九州都，揚州士，作天子，四世治，太平始。’”裴松之注引《江表傳》曰：“時歷陽長表上言石印發，晧遣使以太牢祭歷山。”

[2]使者因以丹書巖：《三國志·吳書·孫晧傳》裴松之注引《江表傳》：“使者作高梯，上看印文，詐以朱書石作二十字，還以

啓晤。"可知"文理成字"乃詐言，"以朱書石作二十字"是真。

[3]大皇帝：指吳大帝孫權。

孫晧天紀中，[1]童謠曰："阿童復阿童，銜刀游渡江。不畏岸上虎，[2]但畏水中龍。"[3]晉武帝聞之，加王濬龍驤將軍。[4]及征吳，江西衆軍無過者，而王濬先定秣陵。[5]

[1]天紀：三國吳末帝孫晧年號（277—280）。

[2]岸上虎：指下文的"江西衆軍"。《晉志中》作"岸上獸"。《晉書斠注》曰："《樂府詩集》八十八獸作虎。案此亦唐臣避諱所改。"

[3]水中龍：指晉龍驤將軍王濬。字士治，弘農湖縣（今河南靈寶市）人。《晉書》卷四二有傳。

[4]龍驤將軍：官名。將軍名號。魏晉始置。三品。

[5]秣陵：縣名。東漢建安十七年（212）孫權以秣陵縣改名建業，西晉太康三年（282）分秦淮水以北爲建業，以南爲秣陵。即今江蘇南京市。

晉武帝太康後，[1]江南童謠曰："局縮肉，數橫目，中國當敗吳當復。"又曰："宮門柱，且莫朽，[2]吳當復，在三十年後。"又曰："雞鳴不拊翼，吳復不用力。"于時吳人皆謂在孫氏子孫，故竊發亂者相繼。按橫目者，"四"字，自吳亡至晉元帝興，幾四十年，皆如童謠之言。元帝懦而少斷，局縮肉，直斥之也。[3]干寶云"不知所斥"，諱之也。

[1]晋武帝太康後：《晋志中》作“武帝太康三年平吴後”。太康，晋武帝司馬炎年號（280—289）。

[2]宮門柱，且莫朽：《晋志中》作“宮門柱，且當朽”。言時間一長，宮柱必朽。

[3]局縮：畏縮。　直斥之也：直接諷刺了晋元帝的懦弱少斷。《晋志中》作“有所斥也”，本志確。

　　太康末，京洛始爲“折楊柳”之歌，[1]其曲始有兵革苦辛之詞，終以禽獲斬截之事。是時三楊貴盛而族滅，[2]太后廢黜而幽死。[3]

[1]京洛始爲“折楊柳”之歌：此事又見《搜神記》卷七、《水經注》卷一六及《御覽》卷七〇八引《搜神記》、王隱《晋書》等。按中華本於“京洛”二字之間加頓號，示爲二地。誤。徵諸史籍，“京洛”實爲一專有名詞，指洛陽，即今河南洛陽市東的漢魏故城。班固《東都賦》：“子徒習秦阿房之造天，而不知京洛之有制也。”此將秦都咸陽和漢魏晋都城洛陽對舉，即足以説明問題。

[2]三楊：指楊駿、楊珧、楊濟三兄弟。駿字文長，珧字文琚，濟字文通，弘農華陰（今陝西華陰市）人。《晋書》卷四〇有傳。

[3]太后：指武帝皇后楊芷。字季蘭，小字男胤，楊駿女。《晋書》卷三一有傳。

　　晋惠帝永熙中，河内温縣有人如狂，[1]造書曰：“光光文長，大戟爲牆，毒藥雖行，戟還自傷。”又曰：“兩火没地，哀哉秋蘭。歸形街郵，路人爲嘆。”[2]及揚駿居内府，以戟爲衛，死時，又爲戟所害。楊太后被廢，賈后絶其膳，八日而崩，葬街郵亭北，百姓哀之。兩火，武帝諱；蘭，楊后字也。

[1]河內：郡名。西晉治所在野王縣（今河南沁陽市）。 溫縣：治所在今河南溫縣西南。

[2]街郵：古代傳書的郵亭名。《漢志中之下》：“河南街郵樗樹生支如人頭。”顏師古注曰：“郵謂行書之舍。” 路人爲嘆：《晋志中》作“終爲人嘆”。

永熙中，童謠曰：“二月末，三月初，荊筆楊版行詔書，宮中大馬幾作驢。”[1]楊駿初專權，楚王尋用事，[2]故言“荊筆楊版”也。[3]二人不誅，則君臣禮悖，故云“幾作驢”。

[1]“二月末”至“幾作驢”：此謠似有脫誤。《書鈔》卷一〇四引王隱《晋書》爲：“二月盡，三月初，葉生襄藩柳葉舒，荊筆楊板行詔書，宮中大馬幾作驢。”《御覽》卷六〇六引王隱《晋書》“葉生襄藩”作“桑生裴雷”，“宮中大馬幾作驢”作“宮中大司馬作幾驢”。“葉生”句脫。

[2]楚王：即 楚王司馬瑋。《晋書》卷五九有傳。

[3]荊筆楊版：荊也稱楚，指楚王司馬瑋。楊指楊駿。版爲寫詔書的木牘。喻二人把持朝政。

晋惠帝元康中，京洛童謠曰：“南風起，吹白沙，遙望魯國何嵯峨，千歲髑髏生齒牙。”[1]又曰：“城東馬子莫嘲啕，比至三月纏汝鬃。”[2]南風，賈后字也。[3]白，晋行也。[4]沙門，太子小名也。[5]魯，賈謐國也。[6]言賈后將與謐爲亂，以危太子；而趙王因囂咀嚼豪賢，以成篡奪也。是時愍懷頗失衆望，卒以廢黜，不得其死。

　　[1]"童謠曰"至"生齒牙"：《晋書》卷五三《愍懷太子傳》作"南風起兮吹白沙，遙望魯國鬱嵯峨，千歲髑髏生齒牙"。《晋書》卷三一《惠賈皇后傳》作"南風烈烈吹黃沙"。

　　[2]"又曰"至"纏汝鬈"：《晋書·愍懷太子傳》作"東宮馬子莫聾空，前至臘月纏汝鬈"。《晋志中》作"比至來年纏女鬈"。

　　[3]賈后：即惠賈皇后。字南風，平陽襄陵（今山西襄汾縣）人，父賈充。《晋書》卷三一有傳。

　　[4]白，晋行也：晋朝五行屬金，金主西主白，故白代表晋的五行之德。

　　[5]太子：即愍懷太子司馬遹。字熙祖，晋惠帝長子，被賈后、賈謐和趙王倫冤殺。《晋書》卷五三有傳。

　　[6]賈謐：人名。字長深，父韓壽，本名韓謐，繼賈充嗣爲賈謐。襲魯公爵，故曰魯爲賈謐國。南陽堵陽（今河南方城縣）人。《晋書》卷四〇有附傳。

　　元康中，天下商農通著大鄆日，[1]童謠曰："屠蘇鄆日覆兩耳，當見瞎兒作天子。"[2]及趙王篡位，其目實眇焉。趙王倫既篡，洛中童謠曰："虎從北來鼻頭汗，[3]龍從南來登城看，[4]水從西來何灌灌。"[5]數月而齊王、成都、河間義兵同會誅倫。按成都西蕃而在鄴，[6]故曰"虎從北來"；齊東蕃而在許，[7]故曰"龍從南來"；河間水區而在關中，[8]故曰"水從西來"。齊留輔政，居宮西，有無君之心，故言"登城看"也。

[1]大郚日：有檐，一種形狀似屋頂的遮擋太陽的帽子。

[2]屠蘇郚日：屠蘇本爲草名，後把此草形狀畫於屋上，因以屠蘇名屋。楊慎《藝林伐山·屠蘇爲草名》："屠蘇本草名，畫於屋上，因草名以名屋。"因郚日形似屋頂，故有檐形似屋的帽子稱爲屠蘇障日，亦單稱郚日或屠蘇。《晋書斠注》："《御覽》六百八十七引《晋八王故事》'屠蘇障日'作'大栽郚日'，'當見'作'當有'。《三國志考證三》引《邵堂日考》：'……吳威結客，少年場行障日，錦屠蘇是也'。"

[3]虎：《晋志中》作"獸"。指成都王司馬穎。字章度。《晋書》卷五九有傳。

[4]龍：指齊王司馬冏。字景治。《晋書》卷五九有傳。

[5]水從西來何灌灌：《晋志中》"何"作"河"。水，指河間王司馬顒。字文載。《晋書》卷五九有傳。

[6]鄴：指鄴城。在今河北臨漳縣西南鄴鎮。

[7]許：指許昌縣。在今河南許昌市。

[8]河間水區而在關中：《晋志中》"水區"作"水源"。《樂府詩集》卷八八作"水匯"。河間國治所在樂成縣，即今河北獻縣東南，地處黃河下游；又河間王於元康九年代梁王爲平西將軍，鎮關中，並從關中起兵討在洛陽的趙王倫，故有"水從西來"之説。

　　晋惠帝太安中，童謡曰："五馬游度江，[1]一馬化爲龍。"後中原大亂，宗蕃多絶，唯琅邪、汝南、西陽、南頓、彭城同至江表，[2]而元帝嗣晋矣。[3]

[1]五馬游度江：《晋書斠注》："《類聚》十三引《晋陽秋》'游'作'浮'。"

[2]江表：《晋志中》作"江東"，都泛指長江以南地區。

[3]元帝：即司馬睿。時爲琅邪王，後爲東晉開國皇帝。《晋

書》卷六有紀。　嗣晋：《晋志中》作"嗣統"。

司馬越還洛，有童謡曰："洛中大鼠長尺二，若不蚤去大狗至。"[1]及苟晞將破汲桑，[2]又謡曰："元超兄弟大落度，上桑打椹爲苟作。"[3]由是越惡晞，奪其兗州，隙難遂構。

[1]大鼠：指東海王司馬越。《晋書斠注》："《樂府詩集》八十八'大鼠'作'二鼠'。"　大狗：指苟晞。字道將，河内山陽（今河南焦作市）人。原爲司馬越的通事令吏，後爲上將，奉旨討越。《晋書》卷六一有傳。

[2]苟晞：中華本校勘記云："'苟晞'各本並作'苟希'，據《晋書・五行志》及《晋書・苟晞傳》改。"　汲桑：人名。本爲鄴中故將，起兵迎司馬穎。穎敗，爲其復仇，載穎棺於軍中，"每事啓靈，以行軍令"。永嘉二年（308）十二月，被并州人田蘭等斬殺於樂陵。

[3]元超：司馬越之字。　苟：指苟晞。

晋愍帝建興中，江南歌謡曰："訇如白阬破，[1]合集持作甒。[2]揚州破換敗，[3]吳興覆瓴甄。"[4]按白者晋行，阬器有口，屬甕，瓦質剛，亦金之類也。"訇如白阬破"者，言二都傾覆，[5]王室大壞也。"合集持作甒"者，言元皇帝鳩集遺餘，以主社稷，未能克復中原，偏王江南，故其喻小也。[6]及石頭之事，六軍大潰，兵人抄掠京邑，爰及二宮。其後三年，[7]錢鳳復攻京邑，阻水而守，相持月餘日，焚燒城邑，井堙木刊矣。鳳等敗退，沈充將其黨還吳興，官軍踵之，蹈藉郡縣。充父子授首，[8]黨與誅者以百數。所謂"揚州破換敗，吳興覆瓿甊。"瓿甊，瓦器，又小於甂也。

[1]白阮破：喻西晉的江山像大甕一樣被打破。白，五行屬金，金是晉的五行之德。

[2]合集持作甂：以甂比甕小，喻元帝糾集遺餘，偏王江南一隅。甂，陶酒器，較甕小。《逸周書·器服》："甂逅膏侯屑。"朱右曾校釋："甂，酒器，中寬，下直，上銳，平底，陶瓦爲之，容五斗。"

[3]揚州破換敗：指石頭之變和錢鳳攻建康。

[4]吳興覆瓿甊：指錢鳳餘黨沈充爲亂吳興之事。瓿甊，小口、大腹、圈足的陶、木容器，較甂小。

[5]二都：指洛陽、長安。

[6]故其喻小也：《晉志中》"喻"後無"小"字。

[7]其後三年：指公元 322 年王敦攻入石頭後的第三年，即公元 325 年。

[8]充父子授首：《晉書斠注》："《晉書校文》二曰：'充子勁爲錢舉匿，免事。見《充傳》。不得云父子授首。'《宋書·五行志》誤與此同。"

晉明帝太寧初，童謠歌曰："惻力惻力，放馬山側。[1]大馬死，小馬餓，高山崩，石自破。"及明帝崩，成帝幼，爲蘇峻所逼，遷于石頭，御饍不足。[2]"高山崩"，言峻尋死；[3]"石"，峻弟蘇石也。[4]峻死後，石據石頭，尋爲諸公所破也。

[1]惻力惻力，放馬山側：《晉志》作"惻惻力力，放馬山側"，《世說新語·容止》劉峻注引《靈鬼志》作"側側力，放馬

出山側"。

　　[2]不足：《世説新語·容止》劉峻注引《靈鬼志》作"不具"。

　　[3]"高山崩"，言峻尋死：《晋志中》作"高山，峻也，又言峻尋死"。

　　[4]蘇石：人名。本書及《晋書》均一見。蘇峻弟無名"石"者，而名"逸"。《晋書》卷六六《陶侃傳》："侃督護竟陵太守李陽部將彭世斬峻於陣，賊衆大潰。峻弟逸復聚衆。侃與諸軍斬逸於石頭。"事與下文合。《晋書校文》二曰："蘇峻弟名逸，不作石。"故"蘇石"當作"蘇逸"。

　　晋成帝之末，民間謡曰：[1]"礚礚何隆隆，駕車入梓宫。"[2]少日而宫車晏駕。

　　[1]民間謡曰：《晋志中》作"又有童謡曰"。
　　[2]梓宫：本指皇帝、皇后的棺材，這裏指帝、后墓葬的地宫棺室。

　　晋成帝咸康二年十二月，河北謡語曰："麥入土，殺石虎。"後如謡言。

　　庾亮初出鎮武昌，[1]出石頭，百姓於岸上歌曰："庾公上武昌，翩翩如飛鳥。庾公還揚州，白馬牽旒旗。"[2]又曰："庾公初上時，翩翩如飛鳥。庾公還揚州，白馬牽流蘇。"[3]後連徵不入，及薨，還都葬。

　　[1]庾亮初出鎮武昌：《晋志中》作"庾亮初鎮武昌"。據下文"庾公上武昌"知其從石頭（今江蘇南京市）出鎮武昌。故"初"

字後當有"出"字，本志不誤。

[2]白馬牽旐旂：白馬（戴孝的馬）拉的車上插著銘旌。即送喪的車馬。旐旂，指銘旌，即把歌頌死者功德的誄詞銘於旌旗。

[3]流蘇：用彩色羽毛或絲綫製成的穗狀垂飾物。這裏指喪車上用麻編的穗狀物。《北史》卷二五《薛琡傳》："自制喪車，不加彫飾，但用麻爲旒蘇，繩網絡而已。"《晋書斠注》："《世説·傷逝篇》注引《靈鬼志·謡徵》'飛烏'作'飛鴉'；'流蘇'作'旒車'。《太平廣記》百四十一引《世説新書》'飛烏'亦作'飛鴉'；'流蘇'作'旒車'。"

　　庾羲在吳郡，[1]吳中童謡曰："寧食下湖荇，[2]不食上湖蓴。[3]庾吳没命喪，復殺王領軍。"無幾而庾羲、王洽相繼亡。[4]

[1]庾羲：人名。庾亮子，吳國内史。《晋書》卷七三有附傳。

[2]荇（xìng）：多年生草本植物，葉呈對生圓形，嫩時可食，也可入藥。

[3]蓴（chún）：即蓴菜。又名鳧葵，多年生水草，葉片橢圓形，浮水面，花暗紅色，嫩葉可做湯菜。

[4]王洽：人名。字敬和，王導子。《晋書》卷六五有附傳。

　　晋穆帝升平中，童子輩忽歌於道曰"阿子聞"，曲終輒云"阿子汝聞不"。無幾而穆帝崩，太后哭曰："阿子汝聞不？"

　　升平末，民間忽作廉歌。[1]有扈謙者聞之，[2]曰："廉者臨也。歌云'白門廉，[3]宮廷廉'，内外悉臨，[4]國家其大諱乎？"少時而穆帝晏駕。

［1］廉歌：據下“廉者臨也”，“廉”“臨”相通，廉歌當爲一種哭吊的哀歌。

［2］扈謙：人名。術士，善占卜。曾先後爲廢帝海西公、簡文帝筮占生子及國運事。

［3］白門：建康（今江蘇南京市）南門正陽門的俗稱。時以白爲孝色，不祥。

［4］内外悉臨：内外都哭，泛指全國都哭的國喪。故此哀歌是國家大諱。内，指宫廷。外，指白門。臨，哭也。

晋哀帝隆和初，童兒歌曰：[1]“升平不滿斗，隆和那得久！桓公入石頭，陛下徒跣走。”[2]帝聞而惡之，[3]復改年曰興寧。[4]民復歌曰：“雖復改興寧，亦復無聊生。”[5]哀帝尋崩。[6]升平五年，穆帝崩。不滿斗，不至十年也。[7]

［1］兒歌曰：《晋志中》作“童謠”。《開元占經》卷一一三引《徵祥説》作“隆和中謠曰”。

［2］徒跣走：光著腳跑。

［3］帝：《晋志中》作“朝廷”。

［4］興寧：晋哀帝司馬丕年號（363—365）。

［5］亦復無聊生：《開元占經》卷一一三引《徵祥説》作“只自無聊生”。《魏書》卷九六《僭晋司馬叡傳》“亦復”作“亦自”。

［6］哀帝尋崩：《開元占經》卷一一三引《徵祥説》作“哀皇中藥，不識萬機”。

［7］不滿斗，不至十年也：中華本《晋志中》校勘記：“《册府》八九四此下有‘無聊生，謂哀帝尋晏駕也。後桓温入朝廢海西公’十九字。‘不滿斗’，釋上隆和初一謠；‘無聊生’，釋改年後

一謡。本志及《宋志》二疑有脱文。"

晉海西公太和中，民歌曰：[1]"青青御路楊，白馬紫游韁，[2]汝非皇太子，那得甘露漿。"白者金行；馬者國族；紫爲奪正之色，明以紫間朱也。[3]海西公尋廢，三子非海西子，並死，縊以馬韁死之。明日，南方獻甘露。

[1]民歌曰：《開元占經》卷一一三引《徵祥説》作"童謡曰"，《晉志中》作"百姓歌曰"。

[2]游韁：《開元占經》卷一一三引《徵祥説》作"縷韁"。

[3]以紫間朱：朱在五行方色中爲正色，紫爲間色。以間色代正色喻海西公欲立不是其親子的兒子爲太子。《開元占經》卷一一三引《徵祥説》曰："是時海西公寵愛殿中常侍相龍等，因共爲亂，生子男三人。海西以爲己子，將欲立之。既而被廢，以馬韁殺三子。三子死之明日，南方獻甘露焉。"言三子不得甘露。

太和末，童謡云："犁牛耕御路，白門種小麥。"及海西被廢，處吳，民犁耕其門前，以種小麥，如謡言。晉海西公生皇子，百姓歌云："鳳皇生一雛，天下莫不喜。本言是馬駒，今定成龍子。"[1]其歌甚美，其旨甚微。海西公不男，[2]使左右向龍與內侍接，[3]生子以爲己子。

[1]今定成龍子：《開元占經》卷一一三引《徵祥説》作"何悟成龍子"。

[2]海西公不男：不能行房事。《晉書校文》二："史言海西廢

後，耽於内寵，有子不育。其非不男明矣。"此事當是桓温"因圖廢立""床第易誣"的誣衊之詞。見《晋書》卷八《廢帝海西公紀》。

[3]向龍：人名。又作"相龍"。官殿中常侍。

桓石民爲荆州，[1]鎮上明，[2]民忽歌曰"黄曇子"。曲終又曰：[3]"黄曇英，揚州大佛來上明。"頃之而石民死，王忱爲荆州。[4]"黄曇子"乃是王忱之字也。忱小字佛大，是"大佛來上明"也。

[1]桓石民：人名。譙國龍亢人。《晋書》卷七四有附傳。荆州：東晋時期軍事重鎮，又爲州治，治所在今湖北荆州市荆州區。

[2]上明：即上明城。在今湖北松滋市西北長江南岸。東晋太元二年（377）自江陵移荆州治於此。

[3]曲終：《晋志中》作"曲中"。

[4]王忱：人名。字元達，太原晋陽（今山西太原市）人。性嗜酒，故有"黄曇子"之號。《晋書》卷七五有附傳。

太元末，京口謡曰：[1]"黄雌雞，莫作雄父啼。一旦去毛衣，衣被拉颯抳。"[2]尋王恭起兵誅王國寶，旋爲劉牢之所敗也。[3]

[1]京口：地名。當時軍事重鎮，在今江蘇鎮江市。

[2]颯抳：被風吹跑。抳，同"遷"。《晋志中》作"颯栖"，誤。

[3]劉牢之：人名。字道堅，彭城人。北府名將。《晋書》卷八四有傳。

司馬道子於東府造土山，名曰靈秀山。無幾而孫恩作亂，再踐會稽。會稽，道子所封。靈秀，恩之字也。

庾楷鎮歷陽，[1]民歌曰：“重羅犁，[2]重羅犁，使君南上無還時。”[3]後楷南奔桓玄，爲玄所誅。

[1]庾楷：人名。庾亮之孫，庾羲之子。《晉書》卷八四有傳。

[2]重羅犁：《晉志中》“犁”均作“黎”。

[3]使君：對假節銜命、奉命出使之人的尊稱。漢代亦爲對州刺史尊稱，三國、晉代用爲對州郡長官之尊稱。此處指庾楷。

殷仲堪在荆州，童謠曰：“芒籠目，繩縛腹。殷當敗，桓當復。”[1]無幾而仲堪敗，桓玄有荆州。

[1]芒籠目，繩縛腹。殷當敗，桓當復：《晉書斠注》云：“《太平廣記》三百六十八《續齊諧記》曰：‘桓玄時，朱雀門下忽有兩小兒，通身如墨，相和作《芒籠歌》，路邊小兒從而和之，數十人歌云：芒籠首，繩縛腹。車無軸，倚孤木。’……案此歌文既互異，一以爲仲堪敗徵，一以爲桓玄死徵，疑即一事而所述不同也。”此說有理。

王恭鎮京口，舉兵誅王國寶，百姓謠云：“昔年食白飯，今年食麥麩。天公誅譴汝，教汝捻嚨喉。[1]嚨喉喝復喝，京口敗復敗。”“昔年食白飯”，言得志也。“今年食麥麩”，麩，粗穢，其精已去，明將敗也，天公將加譴譴而誅之也。“捻嚨喉”，氣不通，死之祥也。“敗復敗”，丁寧之辭也。恭尋死，京都大行咳疾，而喉並喝焉。

[1]捻嚨喉：《御覽》卷八五三引劉謙之《晉記》曰："王恭誅，童謠曰：'昔年食麥屑，今年食罋豆。罋豆不可食，使我枯嚨喉。'"此又一傳聞之謠。

王恭在京口，民間忽云："黃頭小人欲作賊，[1]阿公在城下，指縛得。"又云："黃頭小人欲作亂，賴得金刀作蕃扞。""黃"字上，"恭"字頭也。"小人"，"恭"字下也。尋如謠者言焉。

[1]小人：《晉志中》作"小兒"。

晉安帝隆安中，民忽作《懊惱歌》，[1]其曲中有"草生可擥結，女兒可擥抱"之言。[2]桓玄既篡居天位，義旗以三月二日掃定京都，玄之宮女及逆黨之家子女伎妾，悉爲軍賞。東及甌、越，北流淮、泗，皆人有所獲焉。時則草可結，事則女可抱，信矣。

[1]民忽作《懊惱歌》：《晉志中》作"百姓忽作《懊懷之歌》"。

[2]其曲中有：《晉志中》作"其曲曰"。 擥（lǎn）抱：《晉志中》作"攬擷"。

桓玄既篡，童謠曰："草生及馬腹，鳥啄桓玄目。"及玄敗走至江陵，[1]五月中誅，如其期焉。

[1]江陵：縣名。治所在今湖北荆州市荆州區。

桓玄時，民謡語云："征鐘落地桓迸走。"征鐘，[1]至穢之服，桓，四體之下稱。玄自下居上，猶征鐘之厠歌謡，下體之詠民口也。而云"落地"，墜地之祥，迸走之言，其驗明矣。

[1]征鐘：衷衣，貼身小褲。

司馬元顯時，民謡詩云："當有十一口，當爲兵所傷。木亘當北度，走入浩浩鄉。"又云："金刀既以刻，娓娓金城中。"此詩云襄陽道人竺曇林所作，[1]多所道，行於世。孟顗釋之曰，[2]"十一口"者，玄字象也。"木亘"，桓也。桓氏當悉走入關、洛，故云"浩浩鄉"也。"金刀"，劉也，倡義諸公，皆多姓劉。"娓娓"，美盛貌也。

[1]竺曇林：人名。晉時高僧。本書一見。
[2]孟顗：人名。字彦重，平昌安丘（今山東安丘市）人，孟昶之弟，起家東陽太守。歷官吳郡、會稽、丹陽三郡及侍中、僕射、太子詹事等職，復爲會稽太守，卒官。本書卷六六有附傳。

桓玄得志，童謡曰："長干巷，巷長干。今年殺郎君，明年斬諸桓。"及玄走而諸桓悉誅焉。郎君，司馬元顯也。

晋安帝義熙初，童謡曰："官家養蘆化成荻，[1]蘆生不止自成積。"其時官養盧龍，[2]寵以金紫，奉以名州，養之已極，而不能懷我好音，舉兵内伐，遂成讎敵也。
“蘆生不止自成積”，及盧龍作亂，時人追思童謠，惡其
有成積之言。識者曰：“芟夷蘊崇之，[3] 又行火焉，是草
之窮也。伐斫以成積，又以爲薪，亦蘆荻之終也。其盛
既極，亦將芟夷而爲積焉。”龍既窮其兵勢，盛其舟艦，
卒以滅亡，僵屍如積焉。

　　[1]官家：指東晉政權。　蘆：蘆葦，喻指盧循。　荻：與蘆
同類，長在水邊，根莖都有節似竹，葉抱莖生，秋天生紫、白或草
黄色花穗，莖可以編蓆箔。
　　[2]官養盧龍：指盧循。字于先，小字元龍，稱盧龍者，蓋
“盧元龍”之省。《晉書》卷一〇〇有傳。《御覽》卷一〇〇〇引
《晉中興書·徵祥説》曰：“義（興）〔熙〕初，童謠曰：‘官家養
蘆化作荻，蘆生不止自成積。’是時盧循竊據廣州，國未能討，因
而用之，是官養蘆也。荻猶敵也。”
　　[3]芟夷：除草、鏟除。　蘊崇之：把除下的草堆得很高以
成積。

　　盧龍據有廣州，[1]民間謠云：“蘆生漫漫竟天半。”
後擁有上流數州之地，内逼京輦，[2]應“天半”之言。

　　[1]廣州：治所在今廣東廣州市。
　　[2]京輦：指京師建康。

　　義熙三年中，[1]小兒相逢於道，輒舉其兩手曰“盧
健健”，次曰“鬭嘆，鬭嘆”，末復曰“翁年老，翁年
老”。當時莫知所謂。其後盧龍内逼，舟艦蓋川，“健

健”之謂也。既至查浦，[2]屢剋期欲與官鬭，“鬭嘆”之應也。“翁年老”，群公有期頤之慶，[3]知妖逆之徒，自然消殄也。其時復有謠言曰：“盧橙橙，逐水流，東風忽如起，那得入石頭。”盧龍果敗，不得入石頭。

[1]義熙三年：《晋志中》作“二年”。
[2]查浦：地名。在今江蘇南京市清凉山南。
[3]期頤：百歲。《禮記·曲禮上》：“百年曰期頤。”

昔温嶠令郭景純卜己與庾亮吉凶。景純云“元吉”。嶠語亮：“景純每筮，當是不敢盡言。吾等與國家同安危而曰元吉，事有成也。”於是協同討滅王敦。[1]

[1]“昔温嶠令郭景純卜”至“同討滅王敦”：中華本校勘記云：“按本條五十六字，除局本外，各本均錯簡，插在前條‘鬭嘆之應也’句下。今據局本及《晋書·五行志》，仍別爲一條。”温嶠，人名。字太真，太原祁人。《晋書》卷六七有傳。郭景純，人名。名郭璞，字景純。河東聞喜（今山西聞喜縣）人。善術數，精卜筮。《晋書》卷七二有傳。庾亮，人名。字元規，潁川鄢陵（今河南鄢陵縣）人。《晋書》卷七三有傳。

苻堅中，[1]童謠曰：“阿堅連牽三十年，後若欲敗時，當在江湖邊。”後堅敗於淝水，在僞位凡三十年。苻堅中，謠語云：“河水清復清，[2]苻詔死新城。”[3]堅爲姚萇所殺，死於新城。[4]苻堅中，歌云：“魚羊田斗當滅秦。”[5]“魚羊”，鮮也。“田斗”，卑也。堅自號秦，言滅之者鮮卑也。其群臣諫堅，令盡誅鮮卑。堅不從。

及淮南敗還，爲慕容沖所攻，[6]亡奔姚萇，[7]身死國滅。

[1]苻堅中：《晋志中》作"苻堅初"。

[2]河水清復清：《開元占經》卷一一三引《異苑》作"河水濁復清"。按：由濁變清，喻示了苻堅的由盛到衰，較"清復清"文義通順，當據改。

[3]苻詔死新城：三朝本作"苻詔"，北監本、毛本、殿本、《晋志》均作"苻堅"。《晋書》卷一一四《苻堅載記下》作"苻詔死新城"。《晋書》卷九九《桓玄傳》："唯聞北虜以苻堅爲'苻詔'耳。"可證苻堅又名苻詔，二者皆不誤。

[4]新城：有二地，一是春秋新城，秦邑，在今陝西澄城縣；一是漢元年（前206）以咸陽縣改名，在今陝西咸陽市東北二十二里的矗家溝，七年（前200）尋廢。故前秦時長安附近並無新城之名。《晋書·苻堅載記下》："先是，又謡曰：'堅入五將山長得。'堅大信之……率騎數百（自長安）出，如五將……姚萇遣將軍吳忠圍之……執堅以歸新平……萇乃縊堅於新平佛寺中。"由此可知，苻堅死地必在長安周圍，且地名新平而非新城。新平時爲郡名，治所在今陝西彬縣。"新城"當爲"新平"之訛傳。

[5]田斗：《晋志中》作"田升"，《樂府詩集》卷八九作"田斗"。若以此二字喻"卑"，則"田斗"爲是。

[6]慕容沖：人名。字鳳皇，鮮卑族。前燕慕容儁時封中山王，苻堅統一北方任爲平陽太守，苻堅敗於淝水，慕容沖起兵反堅，建立西燕後進長安，爲其部將許木末所殺。

[7]亡奔姚萇：《晋志中》作"又爲姚萇所殺"。《晋書·苻堅載記下》載姚萇擒堅、逼其玉璽事，不遂而殺堅。作"亡奔"欠妥。

毛蟲之孽

晋武帝太康六年，南陽送兩足虎，[1]此毛蟲之孽也。識者爲其文曰：“武形有虧，金虎失儀，聖主應天，斯異何爲。”言非亂也。[2]京房《易傳》曰：“足少者，下不勝任也。”干寶曰：“虎者陰精，而居于陽。金，獸也。[3]南陽，火名也。金精入火，而失其形，[4]王室亂之妖也。六，水數，[5]言水數既極，火愿得作，而金受其敗也。至元康九年，始殺太子，距此十四年。[6]二七十四，火始終相乘之數也。[7]自帝受命，至愍懷之廢，凡三十五年。”[8]

[1]南陽送兩足虎：《類聚》卷九九引王隱《晉書》：“太康六年，荊州送兩足虎。”蓋南陽郡當時屬荊州而致。虎，《晋志中》均作“獸”，唐人避諱改“虎”爲“獸”。

[2]言非亂也：《晋志中》作“言兆亂也”。改“非”作“兆”，意義相反，但均釋得通。非亂，言“聖主應天”，此孽不能爲亂；兆亂，言虎而闕足，晋祚有虧，兆示後世之亂。

[3]金，獸也：五行西方屬金，其神爲虎、爲獸，故曰“金，獸也”。

[4]金精入火，而失其形：五行中火克金，金虎入火地南陽，被克失形，兆示金德的晋朝有妖變。

[5]六，水數：古人認爲，十以内的十個數爲天地之數，陰偶陽奇。《禮記·月令》：“孟冬之月……其數六。”鄭注曰：“水，生數一，成數六。”故六爲成數之水，水數爲六。六在筮數表示老陰，是陰之極。五行之水爲北，主冬，也爲陰之極。陰極而反，故火愿得作。火盛對金不利，故金受其敗也。

[6]始殺太子：指元康九年（299）賈后之亂、殺愍懷太子事。
距此十四年：太康六年（285）至元康九年爲十四年。

[7]二七十四，火始終相乘之數：《禮記·月令》：“孟夏之月……其數七。”鄭注曰：“火，生數二，成數七。”故七爲火數，兩個火數周期爲十四年。依此解釋自太康六年金虎出現至元康九年火盛於金愍懷太子被殺事。

[8]凡三十五年：從武帝建立晉朝（265）到愍懷太子被殺凡三十五年。按古人看法，晉德爲金，而爲火乘，故有亂事。

太康九年，荊州獻兩足玃。[1]

[1]兩足玃：祗有兩足的大猴子。《説文·犬部》：“玃，母猴也。”《文選》司馬相如《上林賦》李善注引張揖曰：“玃，似獼猴而大。”

太康七年十一月丙辰，[1]四角獸見于河間，[2]河間王顒獲以獻。角，兵象也。董仲舒以四角爲四方之象。[3]後河間王數連四方之兵，作爲亂階，殆其應也。

[1]太康七年十一月丙辰：上條記太康九年事，此條記太康七年事，前後次序恐有誤。

[2]河間：郡國名。治所在今河北獻縣。

[3]董仲舒：人名。廣川（今河北棗强縣，一説在景縣）人。《漢書》卷五六有傳。　四角爲四方之象：《晉志中》作“四者，四方之象”。

晉懷帝永嘉五年，[1]偃鼠出延陵，[2]此毛蟲之孽也。郭景純筮之曰：[3]“此郡東之縣，當有妖人欲稱制者，亦尋自死矣。”其後吳興徐馥作亂，[4]殺太守袁琇，[5]馥亦時滅，是其應也。

[1]永嘉五年:《搜神記》卷七作"永嘉五年十一月"。

[2]偃鼠:《晋志中》作"鼴鼠",即鼸鼠。傳説中一種大獸。《太平廣記》卷四四〇引前蜀杜光庭《録異記·鼠》:"鼸鼠首尾如鼠,色青黑,短足有指,形大,重千餘斤。出零陵郡界,不知所來。民有災及爲惡者,鼠輒入其田中,振落毛衣,皆成小鼠,食其苗稼而去。"故此句下云"此毛蟲之孽也"。 延陵:縣名。治所在今江蘇丹陽市西南延陵鎮。

[3]筮之:用易卦占卜稱筮。

[4]徐馥:人名。官吳興郡功曹,以討王導、刁協爲名,聚衆數千,殺太守袁琇,尋爲同黨所殺。

[5]袁琇:人名。建興三年(315)官吳興太守。

晋成帝咸和六年正月丁巳,會州郡秀孝於樂賢堂,有麏見於前,[1]獲之。[2]孫盛曰:"夫秀孝,[3]天下之彦士,樂賢堂,所以樂養賢也。晋自喪亂以後,風教凌夷,秀無策試之才,孝乏四行之實。[4]麏興於前,或斯故乎。"

[1]麏:即麇。獐子。

[2]獲之:《御覽》卷九〇七引《建武故事》曰:"咸和六年,計貢合集於樂〔賢〕堂,有野麏走至堂前。左右逐之,於池中而獲之。"

[3]孫盛曰:《晋志中》作"孫盛以爲吉祥"中華本校勘記云:"《宋志》作'孫盛曰:夫秀孝'云云,無'以爲吉祥'四字。玩下文義,盛固不以爲吉祥也。疑此處'以爲吉祥'四字本在'孫盛'上,而'盛'下脱一'曰'字。"此説有理。孫盛,人名。字安國,太原中都(今山西平遥縣)人。《晋書》卷八二有傳。

[4]秀無策試之才，孝乏四行之實：《晋志中》作"秀孝策試，乏四科之實"。四科指舉士的四種科目。包括德行高潔、學通行修、明習法令、剛毅多略等。四行，指孝、忠、信、悌。

晋哀帝隆和元年十月甲申，有塵入東海第。[1]百姓謹言曰："主入東海第。"[2]識者怪之。及海西廢爲東海王，先送此第。

[1]塵：即駝鹿，俗稱四不像。

[2]主入東海第：《晋志中》作"塵入東海第"。"主""塵"音同，百姓以此諷刺廢帝海西公。故"塵"喻"主"。

晋孝武太元十三年四月癸巳，袝祠畢，[1]有兔行廟堂上。兔，野物也，而集宗廟之堂，不祥莫甚焉。

[1]袝祠畢：《晋志中》作"祠廟畢"。袝祠，夏商兩代春祭曰袝，周代夏祭曰袝。此處祭在四月，明用周制。

宋文帝元嘉二十四年二月，雍州送六足麕，刺史武陵王表爲祥瑞。此毛蟲之孽。宋順帝昇明元年，象三頭度蔡洲，[1]暴稻穀及園野。

[1]蔡洲：洲名。在建康西南長江中。

犬禍

公孫淵家有犬冠幘絳衣上屋，[1]此犬禍也。屋上亢陽高危之地。天戒若曰，淵亢陽無上，偷自尊高，狗而冠者也。及自立爲燕王，果爲魏所滅。京房《易傳》曰：“君不正，臣欲篡，厥妖狗出朝門。”

[1]公孫淵：人名。字文懿。三國時割據遼東，景初二年（238）滅於曹魏。《三國志》卷八有附傳。　幘：本爲包扎髮髻的巾，此處指以巾做的冠。　絳衣：深紅色的衣服。

魏侍中應璩在直廬，[1]欻見一白狗，[2]問衆人無見者。踰年卒。近犬禍也。

[1]應璩：人名。字休璉。《三國志》卷二一有傳。　直廬：宮廷侍臣値宿之處。
[2]欻見一白狗：《晋志中》作“欻見一白狗出門”。

諸葛恪征淮南歸，將朝會，[1]犬銜引其衣。恪曰：“犬不欲我行乎？”還坐，有頃復起，犬又銜衣。乃令逐犬。遂升車入而被害。

[1]將朝會：《搜神記》卷九作“將朝會之夜”。

晋武帝太康九年，幽州有犬，鼻行地三百餘步。
晋惠帝元康中，吳郡婁縣民家聞地中有犬聲，[1]掘視得雌雄各一。[2]還置窟中，覆以磨石，宿昔失所在。[3]元帝太興中，吳郡府舍又得二物頭如此。其後太守張茂爲吳興兵所殺。[4]案《夏鼎志》曰：“掘地得狗名曰賈。”[5]《尸子》曰：“地中有犬，名曰地狼。”[6]同實而異名也。

　　[1]吳郡婁縣民家：《搜神記》卷一二作"吳郡婁縣懷瑤家"。婁縣，治所在今江蘇昆山市西北。　　有犬聲：《晉志中》作"有犬子聲"。

　　[2]掘視：《晉志中》作"掘之"。明本志隱括《搜神記》而著，《晉志》又抄本志稍有改動。

　　[3]宿昔失所在：《晉志中》作"經宿失所在"。《搜神記》卷一二記此事甚詳："吳郡婁縣懷瑤家，忽聞地中有犬聲隱隱，視聲發處，上有小竅，大如蟺穴。瑤以杖刺之，入數尺，覺有物。乃掘視之，得犬子，雌雄各一，目猶未開，形大於常犬。哺之而食。左右咸往觀焉。長老或云：'此名犀犬，得之者，令家富昌。宜當養之。'以目未開，還置竅中，覆以磨礱，宿昔發視，左右無孔，遂失所在。"

　　[4]"元帝太興中"至"其後太守張茂爲吳興兵所殺"：《晉志中》作"元帝太興中，吳郡太守張懋聞齋內牀下犬聲，求而不得。既而地自坼，見有二犬子，取而養之，皆死。尋而懋爲沈充所害"。太守，《晉書》卷六《元帝紀》、《晉中興書》作"吳國內史"。按：晉制，王國相稱內史，國改爲郡，稱太守。元興時吳王司馬晏已死，應稱太守。張茂，人名。字偉康。《晉書》卷八六有附傳。《晉書·元帝紀》、《宋志二》、《晉書》卷九六《張茂妻陸氏傳》、《晉中興書》、《列女傳》均作"張茂"。《開元占經》卷一一九引《晉中興書》、《晉志中》、《搜神記》卷一二均作"張懋"。沈充，人名。字士居。官吳興太守，故云"張茂爲吳興兵所殺"。

　　[5]《夏鼎志》曰："掘地得狗名曰賈"：《搜神記》卷一二引《夏鼎志》曰："掘地而得狗，名曰賈；掘地而得豚，名曰邪；掘地而得人，名曰聚。聚，無傷也。此物之自然，無謂鬼神而怪之。然則賈與地狼，名異，其實一物也。"

　　[6]《尸子》曰："地中有犬，名曰地狼"：《搜神記》卷一二引《尸子》曰："地中有犬，名曰地狼；有人，名曰無傷。"

晋惠帝永興元年，丹陽内史朱逵家犬生三子，[1]皆無頭。後逵爲揚州刺史曹武所殺。[2]

[1]丹陽：國名。治所在今安徽當塗縣東北。　内史：諸國國相稱内史。　朱逵：人名。本書、《晋書》均一見。

[2]曹武：人名。永興年間任揚州刺史，永嘉三年（309）爲平北將軍討劉聰、石勒，餘事不詳。

晋孝懷帝永嘉五年，吴郡嘉興張林家狗人言云：[1]"天下人餓死。"[2]

[1]嘉興：縣名。治所在今浙江嘉興市。　張林：人名。本書、《晋書》均一見，其事不詳。

[2]天下人餓死：《搜神記》卷七作"天下人俱餓死"。《太平廣記》卷一三九引《廣古今五行記》記此事甚詳："晋懷帝永嘉中，嘉興張林有狗名阿永。時天下飢荒，狗行欲倒。林言：'阿永汝言得肉故健，今餓不復行耶？'狗忽語云：'我道天下人饑死。'狗語不已，聞者怖走。時天下荒亂，帝没於胡。"

晋安帝隆安初，吴郡治下狗恒夜吠，聚高橋上。人家狗有限，而吠聲甚衆。或有夜出覘之者，云一狗假有兩三頭，皆前向亂吠。無幾，孫恩亂於吴會。[1]

[1]吴會：吴郡、會稽郡的合稱。

桓玄將拜楚王，已設拜席，群官陪位，玄未及出，有狗來便其席，萬衆眐候，莫不驚怪。玄性猜暴，竟無言者，逐狗改席而已。

宋武帝永初二年，京邑有狗人言。

文帝元嘉二十九年，吳興東遷孟慧度婢蠻與狗通好，[1]如夫妻彌年。

[1]吳興：郡名。治所在今浙江湖州市吳興區。　東遷：縣名。治所在今浙江湖州市吳興區東東遷鎮。　孟慧度：人名。本書一見，其事不詳。

孝武孝建初，[1]顏竣爲左衛，[2]於省内聞犬子聲在地中，掘焉得烏犬子。養久之，後自死。

[1]孝建：宋孝武帝劉駿年號（454—456）。
[2]顏竣：人名。字士遜，琅邪臨沂（今山東費縣）人。本書卷七五有傳。　左衛：官名。左衛將軍的簡稱。護衛皇宮主要將領之一。四品。

明帝初，晉安王子勛稱僞號於尋陽，[1]柴桑有狗與女人交，三日不分離。

[1]晉安王子勛：即劉子勛。字孝德，宋孝武帝第二子。本書卷八〇有傳。　尋陽：郡名。治所在今江西九江市。

明帝泰始中，[1]秣陵張僧護家犬生豕子。[2]

[1]泰始：宋明帝劉彧年號（465—471）。

[2]張僧護：人名。本書一見，其事不詳。

白眚白祥

晋武帝太康十年，洛陽宮西宜秋里石生地中，[1]始高三尺，如香鑪形，後如傴人，盤薄不可掘。案劉向説，此白眚也。明年，宮車晏駕，王室始騷，卒以亂亡。京房《易傳》曰：“石立如人，庶人爲天下雄。”[2]此近之矣。

[1]洛陽宮西宜秋里石生地中：杜公瞻《編珠一》引王隱《晋書》作“洛陽宮西宜秋里門東向南壁石生地中。始高三尺，如香爐形。人多祀之”。宜秋里，西晋洛陽城中里坊之一，在洛陽宮城之西。

[2]庶人：《晋志中》作“庶士”。

晋成帝咸康初，地生毛，近白眚也。[1]孫盛以爲民勞之異。[2]是後胡滅而中原向化，[3]將相皆甘心焉。於是方鎮屢革，邊戍仍遷，皆擁帶部曲，[4]動有萬數，其間征伐徵賦，役無寧歲，天下擾動，民以疲怨。

[1]白眚：《晋志中》作“白祥”。

[2]民勞之異：人民苦於勞役賦税而生的變異。《晋志中》作“人勞之異”。

[3]胡滅：《晋志中》作“石季龍滅”。

[4]部曲：魏晋時豪門大族擁有的私人軍隊。平時訓練、耕種，戰時打仗，有較强的人身依附性。

咸康三年六月，地生毛。晉孝武太元二年五月，京都地生毛。至四年而氐賊攻襄陽，[1]圍彭城，向廣陵，征戍仍出，兵連不解。

[1]氐賊：指苻堅。　攻襄陽：《晉志中》作"次襄國"。據《晉書》卷九《孝武帝紀》，太元四年（379）二月，苻丕攻陷襄陽。

太元十四年四月，京都地生毛。是時苻堅滅後，經略多事。太元十七年四月，地生毛。晉安帝隆安四年四月乙未，地生毛，或白或黑。晉安帝元興三年五月，江陵地生毛。是後江陵見襲，交戰者數矣。晉安帝義熙三年三月，地生白毛。義熙十年三月，地生白毛。[1]明年，王旅西討司馬休之。[2]又明年，北掃關、洛。

[1]地生白毛：《晉志中》作"地生毛"。
[2]司馬休之：人名。字季預，晉宗室。《晉書》卷三七有附傳。

魏明帝青龍三年正月乙亥，[1]隕石于壽光。[2]按《左氏傳》，[3]隕石，星也。劉歆說曰：[4]"庶民，惟星隕於宋者，象宋襄公將得諸侯而不終也。"[5]秦始皇時有隕石。班固以爲石陰類，又白祥，臣將危君。是後司馬氏得政。

[1]青龍：三國魏明帝曹叡年號（233—237）。　三年正月乙亥：三年正月辛巳朔，無乙亥。按：《三國志》卷三《魏書·明帝

紀》載："三年春正月戊子……己亥……丁巳，皇太后崩。乙亥，隕石于壽光縣。三月庚寅，葬文德郭后。"戊子至乙亥爲四十八日，其間或有閏月，或"丁巳"上脫"二月"兩字。據三月有庚寅，可知此間無閏，故疑"二月"兩字脫漏。據陳垣《二十史朔閏表》，二月庚戌朔，丁巳爲八日，乙亥爲二十六日。故"正月乙亥"當作"二月乙亥"。

　　[2]壽光：縣名。治所在今山東壽光市東北。

　　[3]《左氏傳》：編年體史書。亦稱《左傳》《左氏春秋》《春秋左氏傳》。作者傳爲春秋時魯國太史左丘明，清今文學家認爲是劉歆改編，現在認爲是戰國初時學者據各國史料編成。

　　[4]劉歆：人名。字子駿。《漢書》卷三六有傳。

　　[5]"庶民"至"不終也"：《漢志下之下》載劉歆語與此大同小異。《晉志中》"庶民"作"庶衆"。

　　晋武帝太康五年五月丁巳，隕石于温及河陽各二。[1]

　　[1]河陽：縣名。治所在今河南孟州市。

　　太康六年正月，隕石于温三。

　　晋成帝咸和八年五月，星隕于肥鄉一。[1]咸和九年正月，隕石于涼州。[2]

　　[1]肥鄉：縣名。治所在今河北肥鄉縣。

　　[2]隕石于涼州：《晉志中》作"隕石于涼州二"。　涼州：治所在今甘肅武威市。

　　吳孫亮五鳳二年五月，[1]陽羨縣離里山大石自立。

按京房《易傳》曰："庶士爲天子之祥也。"其説曰："石立於山，同姓。平地，異姓。"干寶以爲孫晧承廢故之家得位，其應也。[2]或曰孫休見立之祥也。

[1]二年五月：《三國志》卷四八《吳書·孫亮傳》記此事在二年七月。

[2]孫晧承廢故之家得位，其應也：此句不通。《搜神記》卷六作"孫晧承廢故之家，得復其位之應也"。應據改。

晋惠帝元康五年十二月，有石生于宜年里。晋惠帝永康元年，[1]襄陽郡上言得鳴石，撞之，聲聞七八里。[2]

[1]永康：晋惠帝司馬衷年號（300—301）。

[2]襄陽：郡名。治所在今湖北襄陽市襄城區。　得鳴石，撞之，聲聞七八里：《御覽》卷五一引王隱《晋書·瑞異記》作"得鳴石鍾，聞七八里"。《書鈔》卷一六〇引王隱《晋書》作"得石鼓之聲"。

晋惠帝太安元年，丹陽湖熟縣夏架湖有大石浮二百步而登岸。[1]民驚譟相告曰："石來！"干寶曰："尋有石冰入建業。"[2]

[1]丹陽：郡名。治所在今江蘇南京市。　湖熟：縣名。治所在今江蘇南京市江寧區東南湖熟鎮。

[2]尋有石冰入建業：《晋志中》、《搜神記》卷七、《建康實錄》卷五引曹憲《揚州記》均記此事。曹憲《揚州記》云："晋惠永寧二年，有石浮來建鄴，自入秦淮，夏架湖登岸二百餘步。百姓

咸曰：'石來，石來。'至明年，石冰果入揚州，遂據此地。"永寧二年改元太安，石冰先入揚州，後據建鄴。石冰，人名。義陽蠻張昌於太安二年（303）五月起義，國號漢，石冰乃其將軍，占領揚州諸郡，遂入建鄴。十二月被鎮壓。

晉武帝泰始八年五月，蜀地雨白毛。[1]此白祥也。是時益州刺史皇甫晏冒暑伐汶山胡，[2]從事何旅固諫，[3]不從。牙門張弘等因衆之怨，[4]誣晏謀逆，害之。京房《易傳》曰："前樂後憂，厥妖天雨羽。"又曰："邪人進，賢人逃，天雨毛。"其《易妖》曰："天雨毛羽，貴人出走。"三占皆應也。

　　[1]蜀地雨白毛：《華陽國志》卷八："太始八年，蜀地生毛，如白毫。三夕長七八寸，生數里。"
　　[2]益州刺史皇甫晏冒暑伐汶山胡：《晉志中》"伐"字上無"冒暑"二字。益州，治所在今四川成都市。皇甫晏，人名。曹魏甘露中爲雍州故吏。晉泰始八年（272）六月任益州刺史時，冒暑伐汶山胡，激起衆怨，被其牙門張弘誣作謀反，被殺。
　　[3]從事：州郡僚屬。　何旅：人名。本書一見，其事不詳。
　　[4]牙門：官名。牙門將的省稱。統兵，銀章青綬，冠服與將軍同。魏晉皆五品。　張弘：人名。晉泰始中，爲益州牙門將，因衆之怨，誣殺刺史皇甫晏。旋伏誅，夷三族。

晉惠帝永寧元年，齊王冏舉義軍。[1]軍中有小兒出於襄城繁昌縣，[2]年八歲，髮體悉白，頗能卜。於《洪範》，則白祥也。

[1]齊王冏舉義軍：永康元年（300），趙王倫計殺賈后，旋廢惠帝自立。齊王冏首先討倫，故曰義軍。

[2]繁昌：縣名。治所在今河南臨潁縣。

晋車騎大將軍東嬴王騰自并州遷鎮鄴，[1]行次真定。[2]時久積雪，而當門前方數尺獨消釋，[3]騰怪而掘之，得玉馬高尺許，口齒缺。騰以馬者國姓，上送之以爲瑞。然論者皆云馬而無齒，則不得食，妖祥之兆，衰亡之徵。案占，此白祥也。是後騰爲汲桑所殺，而晋室遂亡。

[1]車騎大將軍東嬴王騰：即司馬騰。字元邁。《晋書》卷三七有附傳。中華本校勘記據《晋書·司馬騰傳》，"騰永嘉初，遷車騎將軍，無'大'字。又嬴初封東嬴公，後進爵東燕王，又改封新蔡王。此云'東嬴王'，蓋沈約原文之誤。" 鄴：軍鎮名。治所在今河北臨漳縣西南鄴鎮。

[2]真定：縣名。治所在今河北正定縣。

[3]數尺：《晋志中》作"數丈"。《晋書·司馬騰傳》作"數尺"。

宋文帝元嘉中，徐湛之爲丹陽尹。[1]夜西門内有氣如練，西南指，長數十丈。又白光覆屋，良久而轉駛乃消。[2]此白祥也。

[1]徐湛之：人名。字孝源，宋高祖外孫。歷國子博士、秘書監、中書令、尚書僕射等。本書卷七一有傳。

[2]轉駛：速度轉快。

前廢帝景和元年，[1]鄧琬在尋陽，[2]種紫花皆白，白眚也。

[1]景和：宋前廢帝劉子業年號（465）。

[2]鄧琬：人名。字元琬，豫章南昌人。本書卷八四有傳。

木沴金

魏齊王正始末，河南尹李勝治聽事，[1]有小材激墮，[2]檛受符吏石虎項斷之。[3]此木沴金也。勝後旬日而敗。

[1]河南尹：官名。河南郡行政長官。曹魏時以洛陽爲都，地處河南郡，置長官尹，主京都。三品。　李勝：人名。曹魏時任河南尹，能“毀常法以收一時之聲”。懿、爽之爭時爲爽黨，任尚書。嘉平元年（249），曹爽敗，收而誅之，夷三族。　聽事：即廳堂，官府治事之所。

[2]小材：零星木料。

[3]檛：擊、打。　受符吏：掌符印的小吏。中華本校勘記云：“各本並脫‘吏’字，據《三國志·魏志·曹真傳》裴注引《魏略》補。”　石虎項：《晋志中》作“石彪頭”。

晋惠帝元康八年三月，[1]郊禖壇石中破爲二。[2]此木沴金也。郊禖壇者，求子之神位，無故而自毀，太子將危之妖也。[3]明年，愍懷廢死。

[1]元康八年三月：《御覽》卷五二九引束晳《高禖壇石議》作“元康六年”，《搜神記》卷七作“七年”，《晋書》卷四《惠帝

紀》、《晉志中》作“五月”。中華本校勘記云：“‘三月’《晉書·惠帝紀》及《五行志》並作‘五月’。”

[2]郊禖壇石：《御覽》卷五二九引束晳《高禖壇石議》作“高禖壇上石”。《搜神記》作“高禖石”。高禖，即郊禖。郊禖，帝王求子所祭之神，其祠在郊，故稱。

[3]太子將危之妖也：《搜神記》卷七認爲是將誅賈后之應：“高禖，宮中求子祠也。賈后妬忌，將殺懷愍，故天怒賈后，將誅之應也。”

晉孝武帝太元十年四月，謝安出鎮廣陵，始發石頭，金鼓無故自破。此木沴金之異也。天意若曰，安徒揚經略之聲，終無其實，鉦鼓不用之象也。八月，以疾還，是月薨。[1]

[1]八月，以疾還，是月薨：《晉志中》作“月餘，以疾還而薨”。據《晉書》卷九《孝武帝紀》、《建康實錄》卷九《孝武皇帝》，謝安自太元十年四月甲子發石頭，在廣陵的步丘築新城而鎮之，又造泛海之具，沿江而東。途中遇疾而還都，八月丁丑死。築城造具，非“月餘”之事，故“月餘”當從《宋志》改作“八月”。

宋書　卷三二

志第二十二

五行三

　　《五行傳》曰：[1]“棄法律，逐功臣，殺太子，以妾爲妻，則火不炎上。”謂火失其性而爲災也。又曰：“視之不明，是謂不哲。[2]厥咎舒，厥罰恒燠，厥極疾。[3]時則有草妖，[4]時則有嬴蟲之孽，[5]時則有羊禍，[6]時則有目痾，[7]時則有赤眚、赤祥。[8]惟水沴火。”[9]嬴蟲，劉歆傳以爲羽蟲。

　　[1]《五行傳》：由《續漢書·五行志一》（《續漢書·五行志》以下簡稱《續漢志》）鄭玄注引《尚書大傳》文可知，《五行傳》指伏生《尚書大傳·洪範五行傳》。
　　[2]不哲：不智。
　　[3]厥咎舒：《漢書·五行志中之下》（《漢書·五行志》以下簡稱《漢志》）：“言上不明，暗昧蔽惑，則不能知善惡。親近習，長同類，亡功者受賞，有罪者不殺，百官廢亂，失在舒緩，故其咎舒也。”舒，緩。　恒：常。　燠：溫暖。　極疾：發展到極點就

會有傷病疾人的天罰。《漢志中之下》：“盛夏日長，暑以養物，政弛緩，故其罰常奥也。奥則冬溫，春夏不和，傷病民人，故極疾也。”

[4]草妖：指冬季桃李開花、伐木出血、稗草化爲稻、桑化爲柏等植物類的變異。《漢志中之下》：“誅不行則霜不殺草，縱臣下則殺不以時，故有草妖。凡妖，貌則以服，言則以詩，聽則以聲。視則以色者，五色物之大分也，在於眚祥。故聖人以爲草妖，失秉之明者也。”

[5]蠃蟲之孽：《晋書·五行志中》（《晋書·五行志》以下簡稱《晋志》）及本志下文均從劉歆説作“羽蟲之孽”。《漢志中之下》：“溫奥生蟲，故有蠃蟲之孽，謂螟螣之類（食苗的害蟲。食心曰螟，食葉曰螣。）當死不死，未當生而生，或多於故而爲災也。”羽蟲，指有羽毛的鳥類。孽，惡事、惡因。這裏指關於會飛動物造成的災異之事，如群鳥大集、燕生鷹等。蠃蟲，指蜾蠃，蜂類的一種，在墻上或樹枝上作窩，捕捉螟蛉蟲等作爲將來幼蟲的食物。《晋志中》“蠃”作“蠃”。

[6]羊禍：指羊缺足多角等怪異。

[7]目痾：眼睛的病態、畸形之疾。《漢志中之下》：“及人，則多病目者，故有目痾。”

[8]赤眚、赤祥：赤色五行中屬火，此指赤色之物（五行中屬火的事物）所產生的能預兆災禍發生的怪異現象。眚，本義爲目疾，隱疼。引申爲由内產生的怪異。祥，凶災、妖異。由外產生的怪異。

[9]惟水沴火：即五行的火氣病弱時，水能傷之，出現赤眚、赤祥的怪異。沴，相傷，不和。《漢志中之下》：“凡視傷者病火氣，火氣傷則水沴之。”

火不炎上

魏明帝太和五年五月，[1]清商殿災。初，帝爲平原王，納河南虞氏爲妃。[2]及即位，不以爲后，更立典虞車工卒毛嘉女，[3]是爲悼皇后。后本仄微，非所宜升。以妾爲妻之罰也。

[1]太和：三國魏明帝曹叡年號（227—233）。

[2]河南虞氏：《三國志》卷五《魏書·后妃傳》作"河内虞氏"，未知孰是。

[3]典虞車工卒：官名。三國魏設典虞都尉，掌田獵和馬牛的牧養。應爲典虞都尉下的製車工卒。六品。　毛嘉：人名。河内（今河南武陟縣）人，以后父封平鄉侯。女即明悼毛皇后，《三國志》卷五有傳。

魏明帝青龍元年六月，[1]洛陽宮鞠室災。[2]

[1]青龍：三國魏明帝曹叡年號（233—237）。

[2]鞠（jū）室：蹴鞠的場所。蹴，踢。鞠，古代的一種球，初用毛糾結爲球，後在皮囊内填以毛，宋以後出現充氣的皮球。原爲習武之具，後以爲踢球之戲。

二年四月，崇華殿災，延于南閣。繕復之。至三年七月，此殿又災。帝問高堂隆：[1]"此何咎也？於禮寧有祈禳之義乎？"對曰："夫災變之發，皆所以明教誡也。唯率禮修德，可以勝之。《易傳》曰：[2]上不儉，下不節，孽火燒其室。又曰：君高其臺，天火爲災。此人君苟飾宮室，不知百姓空竭，故天應之以旱，火從高殿起也。案舊占，災火之發，皆以臺榭宮室爲誡。今宜罷散民役，務從節約，[3]清掃所災之處，不敢於此有所營造。蓮莆嘉禾，[4]必生此地，以報陛下虔恭之德。”不從。遂復崇華殿，改曰九龍。以郡國前後言龍見者九，故以爲名。多棄法度，疲民逞欲，以妾爲妻之應也。

[1]高堂隆：人名。字升平，泰山平陽（今山東鄒城市）人。《三國志》卷二五有傳。

[2]《易傳》：當指京房《易傳》。《續漢志二》引京房《易傳》曰：“上不儉，下不節，盛火數起，燔宮室。”《續漢志一》引京房《傳》曰：“君高臺府，兹謂犯。陰侵陽，其旱萬物根死，有火災。”與本文略同，故《易傳》當指京房《易傳》。

[3]務從節約：《三國志·魏書·高堂隆傳》作：“宮室之制，務從約節。”

[4]蓮莆：亦作“箑脯”，一種大葉植物，葉可作扇。古人以爲是一種符瑞。《説文·艸部》：“蓮，蓮莆，瑞艸也。堯時生於庖厨，扇暑而凉。”《論衡·是應》認爲是厨中自生的肉脯，“儒者言箑脯生於庖厨者，言厨中自生肉脯，薄如箑形，搖鼓生風，寒凉食物，使之不臭”。　嘉禾：指一莖多穗的異禾。古人以爲是一種符瑞。《類聚·百穀部·禾》引《東觀漢記》：“光武生於濟陽縣，是歲有嘉禾，一莖九穗。”又引《孝經援神契》：“德下至地，則嘉禾生。”故嘉禾是有德帝王出世的祥瑞。又一説，《晋志下》引《瑞應圖》：“異畝同穎謂之嘉禾。”

吳孫亮建興元年十二月，[1]武昌端門災。[2]改作端門，又災内殿。案《春秋》魯雉門及兩觀災。[3]董仲舒以爲天意欲使定公誅季氏，若曰去其高顯而奢僭者也。[4]漢武帝世，遼東高廟災，其説又同。[5]今此與二事頗類也。且門者，號令所出，殿者，聽政之所。是時諸葛恪秉政，[6]而矜慢放肆，孫峻總禁旅，[7]而險害終著。武昌，孫氏尊號所始，天戒若曰，宜除其貴要之首者。恪果喪衆殄民，峻授政於綝，[8]綝廢亮也。[9]或曰孫權毀徹武昌，[10]以增太初宮，諸葛恪有遷都意，更起門殿，事非時宜，故見災也。京房《易傳》曰：“君不思道，厥妖火燒宮。”

[1]建興：三國吳會稽王孫亮年號（252—253）。

[2]武昌：郡名。治所在今湖北鄂州市。

[3]魯雉門及兩觀災：事見《春秋》定公二年：“五月壬辰，雉門及兩觀災。”《漢志上》：“董仲舒、劉向以爲此皆奢僭過度者也。”雉門，古代諸侯的宮門名。

[4]若曰去其高顯而奢僭者也：“若曰”乃“天戒若曰”的省詞，後者是《漢志》評論天人災異時的常用語，本志省略用之。因此，“曰”字後應斷句。《漢志上》作“天戒若曰，去高顯而奢僭者”。

[5]遼東：郡名。治所在今遼寧遼陽市老城區。　高：漢高祖劉邦廟號。　其説又同：《漢志上》“今高廟不當居遼東，高園殿不當居陵旁，於禮亦不當立，與魯所災同。”

[6]諸葛恪：人名。字元遜，琅邪陽都（今山東沂南縣）人。《三國志》卷六四有傳。

[7]孫峻：人名。字子遠，孫堅弟孫静曾孫。《三國志》卷六四有傳。

[8]綝：人名。即孫綝。字子通，孫堅弟孫静曾孫。《三國志》卷六四有傳。

[9]亮：人名。即吳廢帝孫亮。字子明，孫權少子。《三國志》卷四八有傳。

[10]孫權：人名。字仲謀，吳郡富春（今浙江富陽市）人。三國吳創立者，稱吳大帝。《三國志》卷四七有傳。

　　吳孫亮太平元年二月朔，[1]建業火。[2]人火之也。[3]是秋，孫綝始秉政，矯以亮詔殺呂據、滕胤，[4]明年，又輒殺朱異。[5]棄法律、逐功臣之罰也。

[1]太平：三國吳會稽王孫亮年號（256—258）。

[2]建業：縣名。東漢建安十七年（212）孫權以秣陵縣改名建業，西晉太康三年（282）分秦淮水以北爲建業，並改名建鄴，即今江蘇南京市。吳、東晉、宋、齊、梁、陳均都此。

[3]人火之也：《晉志上》作“人之火也”，本志用《左傳》宣公十六年文。

[4]呂據：人名。字世議，汝南細陽（今安徽太和縣）人。《三國志》卷五六有附傳。　滕胤：人名。字承嗣，北海劇（今山東壽光市）人。《三國志》卷六四有傳。

[5]朱異：人名。字季文，吳郡吳（今江蘇蘇州市）人。《三國志》卷五六有附傳。

　　吳孫休永安五年二月，[1]白虎門北樓災。[2]六年十月，石頭小城火，[3]燒西南百八十丈。是時嬖人張布專擅國勢，[4]多行無禮，而韋昭、盛沖終斥不用，[5]兼遣察戰等爲使，[6]驚擾州郡，致使交趾反亂。[7]是其咎也。

[1]孫休：人名。字子烈，孫權第六子，吳景帝。《三國志》卷四八有傳。　永安：三國吳景帝孫休年號（258—264）。

[2]白虎門北樓災：白虎是四象中的西方之象，故白虎門應爲西門。《晉志上》作“城西門”。北樓，靠北的門樓。災，即火災，

人火爲火，天火爲灾。

[3]石頭：城名。在今江蘇南京漢中門外清凉山後。孫權於公元212年用石頭建，城周圍七里一百步，依山傍江，十分險要。

[4]嬖人：身份卑下而受寵愛的人，指姬妾、侍臣、左右等。　張布：人名。孫休寵臣，封永康侯，驃騎將軍，加侍中。元興元年（264）被孫晧誅。

[5]韋昭：人名。字弘嗣，雲陽（今江蘇丹陽市）人。《三國志》卷六五有傳。　盛沖：人名。官郎中、博士，曾爲孫休師。

[6]察戰：《三國志·吳書·孫休傳》：“使察戰到交阯調孔爵、大豬。”裴松之注云：“察戰，吳官名號。今揚都有察戰巷。”中華本校勘記云：“‘察戰’三朝本、北監本、毛本、殿本並作‘蔡戰’，今據局本及《晋書·五行志》改。”　使：《晋志上》作“内史”。

[7]交阯反亂：永安六年（262）五月，交阯郡吏吕興送工徒千餘人去建業，後殺太守以反。交阯，郡名。治所在今越南北寧省仙遊縣東。

吳孫晧建衡二年三月，[1]大火，燒萬餘家，死者七百人。案《春秋》，齊火。劉向以爲桓公好内，聽女口，妻妾數更之罰也。[2]晧制令詭暴，蕩棄法度，勞臣名士，誅斥甚衆。後宫萬餘，女謁數行，[3]其中隆寵佩皇后璽者又多矣。故有大火。

[1]建衡：三國吳末帝孫晧年號（269—271）。

[2]“案《春秋》”至“妻妾數更之罰也”：見《漢志上》。齊火，《晋志上》作“齊大災”。《漢志上》記此事曰：“嚴公二十年‘夏，齊大災’。劉向以爲齊桓好色，聽女口，以妾爲妻，適庶數更，故致大災。桓公不寤，及死，適庶分争，九月不得葬。《公羊傳》曰，大災，疫也。董仲舒以爲魯夫人淫於齊……故天災所予

也。”注引李奇曰：“以爲疫殺其民人。”故《漢志》據《公羊傳》，以齊大災不當爲火而爲疫。《晉志》《宋志》均誤爲火災。中華本《晉志》據《春秋》莊公二十年經文及《漢志》上改。”“火”爲“大”。

［3］女謁：指受嬖寵的女子。

　　晉武帝太康八年三月乙丑，[1]震災西閣、楚王所止坊，[2]及臨商觀牕。[3]

　　［1］太康：晉武帝司馬炎年號（280—289）。
　　［2］楚王：指司馬瑋。字彦度，司馬炎第五子。《晉書》卷五九有傳。
　　［3］臨商觀：觀名。

　　十年四月癸丑，崇賢殿災。十月庚辰，[1]含章鞠室、脩成堂前廡、丙坊東屋、煇章殿南閣火。[2]時有上書者曰：“漢王氏五侯兄弟迭任，[3]今楊氏三公並在大位。[4]天變屢見，竊爲陛下憂之。”楊珧由是乞退。[5]是時帝納馮紞之間，[6]廢張華之功；[7]聽楊駿之讒，[8]離衛瓘之寵。[9]此逐功臣之罰也。明年，宮車晏駕。[10]其後楚王承竊發之旨，戮害二公，[11]身亦不免。震災其坊，又天意乎。

　　［1］十月庚辰：《晉書》卷三《武帝紀》作“十一月丙辰”。中華本《晉志上》校勘記云：“原無‘一’字，今據《武紀》補。蓋十月無庚辰，庚辰爲十一月十九。”按：十月壬辰朔，無庚辰，《武帝紀》雖繫此事在十一月丙辰，庚辰爲十一月十九，但十一月壬戌

朔，又無丙辰，故不宜貿然改十月爲十一月，存疑近是。

　　[2]丙坊：中華本校勘記云："'丙坊'各本作'内坊'，《晋書·五行志》作'景坊'。按唐人諱'昺'，'丙'爲兼諱，故唐修《晋書》襲《宋書》而改丙坊作'景坊'。是《宋書》本作'丙坊'，後又訛'丙'爲'内'。今改正。"

　　[3]漢王氏五侯兄弟迭任：《晋書》卷四〇《楊珧傳》："右軍督趙休上書陳：'王莽五公，兄弟相代。'"王氏五侯爲平阿侯王譚、成都侯王商、紅陽侯王立、曲陽侯王根、高平侯王逢時。

　　[4]楊氏三公：指楊駿、楊珧、楊濟三兄弟。

　　[5]楊珧：人名。字文琚，弘農華陰（今陝西華陰市）人。《晋書》卷四〇有附傳。

　　[6]馮紞：人名。字少胄，安平（今河北安平縣）人。《晋書》卷三九有傳。

　　[7]張華：人名。字茂先，范陽方城（今河北固安縣）人。《晋書》卷三六有傳。

　　[8]楊駿：人名。字文長。《晋書》卷四〇有傳。

　　[9]衛瓘：人名。字伯玉，河東安邑（今山西夏縣）人。《晋書》卷三六有傳。

　　[10]宮車晏駕：指皇帝死亡。宮車，皇帝、后妃所乘之車。晏駕，車駕晚出，常用來作皇帝死亡的諱詞。

　　[11]二公：指司馬亮、衛瓘。

　　晋惠帝元康五年閏月庚寅，[1]武庫火。張華疑有亂，先固守，然後救災。是以累代異寶，王莽頭，孔子履，漢高斷白蛇劍及二百萬人器械，一時蕩盡。是後愍懷見殺，[2]殺太子之罰也。天戒若曰，夫設險擊柝，[3]所以固其國，儲積戎器，所以戒不虞。今冢嗣將傾，[4]社稷將泯，禁兵無所復施，皇旅又將誰衛。帝后不悟，終喪四海，是其應也。張華、閻纂皆曰，[5]武庫火而氐、羌反，太子見廢，則四海可知矣。

[1]元康：晋惠帝司馬衷年號（291—299）。　閏月庚寅：此年閏十月丁亥朔，庚寅爲初四日。王隱《晋書·瑞異記》作"元康五年十月"。

[2]愍懷：即司馬遹。字熙祖，晋惠帝長子，被賈后、賈謐和趙王倫冤殺。《晋書》卷五三有傳。

[3]擊柝：敲梆子（巡夜）。

[4]冢嗣：嫡長子。這裏指儲君、太子。

[5]閻纂：人名。又稱閻纘，字續伯，巴西安漢（今四川南充市）人。《晋書》卷四八有傳。

元康八年十一月，高原陵火。[1]是時賈后凶恣，[2]賈謐擅朝，[3]惡積罪稔，宜見誅絶。天戒若曰，臣妾之不可者，雖親貴莫比，猶宜忍而誅之，如吾燔高原陵也。帝即眊弱，而張華又不納裴頠、劉卞之謀。[4]故后遂與謐誣殺太子也。干寶云："高原陵火，太子廢，其應也。"漢武帝世，高園便殿火，董仲舒對與此占同。

[1]高原陵：晋宣帝司馬懿陵名。陵址在今河南偃師市北邙首陽山，因無陵冢，故不確定其具體位置。

[2]賈后：即惠賈皇后。名南風，平陽襄陵（今山西襄汾縣）人，父賈充。《晋書》卷三一有傳。

[3]賈謐：人名。字長深，父韓壽，本名韓謐，繼賈充嗣爲賈謐。南陽堵陽（今河南方城縣）人。《晋書》卷四〇有附傳。

[4]裴頠：人名。字逸民，河東聞喜（今山西聞喜縣）人。《晋書》卷三五有附傳。　劉卞：人名。字叔龍，東平須昌（今山

東東平縣）人。《晋書》卷三六有附傳。二人諫張華與東宮合謀廢賈后，張華不納。

晋惠帝永康元年，[1]帝納皇后羊氏。[2]后將入宫，衣中忽有火，衆咸怪之。太安二年，[3]后父玄之以成都之逼，憂死。[4]永興元年，[5]成都遂廢后，處之金墉城，[6]而殺其叔父同之。[7]是後還立，立而復廢者四，又詔賜死，苟藩表全之。[8]雖末還在位，[9]然憂逼折辱，終古未聞。此蘖火之應。

[1]永康：晋惠帝司馬衷年號（300—301）。

[2]羊氏：即惠羊皇后。名獻容，羊玄之女，泰山南城（今山東平邑縣）人。《晋書》卷三一有傳。

[3]太安：晋惠帝司馬衷年號（302—304）。

[4]玄之：人名。即羊玄之。成都王穎攻長沙王乂時以討玄之爲名，憂懼而死。《晋書》卷九三有傳。

[5]永興：晋惠帝司馬衷年號（304—306）。

[6]金墉城：洛陽城（今河南洛陽市）西北角的一座小城。三國魏明帝時築，唐貞觀後廢。常作被廢帝、后囚禁之地。

[7]同之：人名。即羊同之。本書一見，《晋書》不見，其事不詳。

[8]苟藩：人名。字大堅，潁川潁陰（今河南許昌市）人。《晋書》卷三九有附傳。

[9]雖末還在位：《晋志上》"末"作"來"。

晋惠帝永興二年七月甲午，尚書諸曹火，[1]延崇禮闥及閣道。夫百揆王化之本，[2]王者棄法律之應也。清河王覃入爲晉嗣，[3]不終于位，又殺太子之罰也。

[1]尚書諸曹：尚書臺下設有尚書諸曹，諸曹各設尚書爲長官，治理政務，參與朝政。西晉設吏部、殿中、五兵、田、度支、左民六曹。

[2]百揆：百官。

[3]清河王覃：即司馬覃。晉武帝孫，惠帝時曾立爲皇太子，後又廢爲清河王。《晉書》卷六四有附傳。

晉孝懷帝永嘉四年十一月，[1]襄陽火，死者三千餘人。[2]是時王如自號大將軍、司雍二州牧，[3]衆四五萬，攻略郡縣，以爲己邑。都督力屈，嬰城自守，賊遂攻逼襄陽。此下陵上，陽失節，火災出也。

[1]永嘉：晉懷帝司馬熾年號（307—313）。

[2]襄陽火，死者三千餘人：未言大火，死三千餘人，令人懷疑。《晉書》卷五《孝懷帝紀》：“（永嘉四年十一月）襄陽大疫，死者三千餘人。”疑《晉志》《宋志》以“疫”訛“火”，《孝懷帝紀》正確。襄陽，郡名。治所在今湖北襄陽市襄城區。

[3]王如：人名。京兆新豐（今陝西西安市臨潼區）人。流移至宛（今河南南陽市），聚衆起兵，占領襄城。後歸降王敦，被殺。《晉書》卷一〇〇有傳。　司：州名。三國魏通稱司隸校尉部爲司州，晉時定此名，治所在洛陽縣，即今河南洛陽市。　雍：州名。治所在今陝西西安市西北。

晉元帝太興中，王敦鎮武昌。武昌火起，興衆救之。救於此而發於彼，東西南北數十處俱應，數日不

絕。[1]班固所謂濫炎妄起,[2]雖興師不能救之之謂也。干
寶曰:[3]“此臣而君行,亢陽失節之災也。”

[1]“晋元帝太興中”至“數日不絕”:此事又見《搜神記》
卷七。王敦,人名。字處仲,琅邪臨沂(今山東臨沂市)人。《晋
書》卷九八有傳。

[2]班固所謂:《晋志上》作“舊説所謂”,知舊説乃《漢志》
之辭。 濫炎妄起:《搜神記》卷七“炎”作“災”,應據改。

[3]干寶曰:《晋志上》作“干寶以爲”。

晋元帝永昌二年正月癸巳,[1]京都大火。[2]三月,饒
安、東光、安陵三縣火,[3]燒七千餘家,死者萬五千人。

[1]永昌二年正月:周家禄《晋書校勘記》卷三:“‘永昌二
年’當作‘明帝太寧元年’,‘明帝太寧元年正月,京都火’十一
字衍文。按帝紀,元帝以永昌元年閏月崩,明年明帝即位,改元太
寧,則永昌二年即太寧元年也。惟太寧改元在三月,或當時史臣記
載三月以前仍稱永昌,後雖改元,不及改正,以致一事重出,未可
知也。”永昌,晋元帝司馬睿年號(322—323)。

[2]京都:亦稱京師,指建康,即今江蘇南京市。三國吴、東
晋均建都於此,故稱京都。

[3]饒安:縣名。東漢改千童縣置,治所在今河北鹽山縣西南
舊縣。 東光:縣名。西漢置,治所在今河北東光縣。 安陵:縣
名。治所在今河北吴橋縣。

晋明帝太寧元年正月,[1]京都火。是時王敦威侮朝
廷,多行無禮,内外臣下,咸懷怨毒。極陰生陽,[2]故
有火災。與董仲舒説《春秋》陳火同事也。[3]

〔1〕太寧：晋明帝司馬紹年號（323—326）。

〔2〕極陰生陽：五行説用語。陰發展到極點，就會生陽。此處王敦凌上，臣强君弱的態勢爲陰，火爲陽，凌上到一定程度，就會起火灾，上升到五行理論，爲極陰生陽。

〔3〕與董仲舒説《春秋》陳火同事也：《春秋》陳火事見《春秋公羊傳》昭公九年，《穀梁傳》同。《左傳》“陳火”爲“陳灾”。董仲舒之説見《漢志上》，其云：“（因陳被楚滅）陳臣子尤毒恨甚，極陰生陽，故致火灾。”

晋穆帝永和五年六月，震灾石虎太武殿及兩厢、端門，[1]光爛照天，金石皆盡，火月餘乃滅。是年四月，石虎死矣。其後胡遂滅亡。

〔1〕震灾：由地震引起的火灾。　石虎：人名。字季龍，上黨武郷（今山西武郷縣，一説在榆社縣）人，羯族。後趙創立者石勒侄，勒死，廢其子弘自立。其窮兵黷武，刑罰苛暴，廢田地爲獵場，民不聊生。《晋書》卷一〇六、一〇七有載記。　太武殿及兩厢、端門：《晋志上》“厢”作“廟”，《晋書》卷一〇六《石季龍載記上》作：“太武、暉華殿灾，諸門觀閣蕩然，其乘輿服御燒者太半，火燄照天，金石皆盡，火月餘乃滅。”

晋海西太和中，[1]郗愔爲會稽。[2]六月大旱，灾，[3]火燒數千家。延及山陰倉米數百萬斛。[4]炎烟蔽天，不可撲滅。

〔1〕太和：晋廢帝司馬奕年號（366—371）。

〔2〕郗愔：人名。字方回，高平金郷人。《晋書》卷六七有傳。

爲會稽：即爲會稽太守。郡的最高行政長官，得自辟幕僚屬吏，掌郡之民政、司法、監察、軍事、財賦等。五品。

[3]六月大旱，災：指六月既大旱，又有天火之灾。

[4]山陰：縣名。秦置，治所在今浙江紹興市。

晋孝武帝寧康元年三月，[1]京都風，火大起。是時桓溫入朝，志在陵上，少主踐位，[2]人懷憂恐。此與太寧火同事。

[1]寧康：晋孝武帝司馬曜年號（373—375）。

[2]少主：指孝武帝司馬曜。因其十歲即位，故稱少主。《晋書》卷九有紀。

晋孝武帝太元十年正月，立國子學。學生多頑嚚，因風放火，[1]焚房百餘間。是後考課不屬，賞黜無章，有育才之名，無收賢之實。《書》云："知人則哲。"此不哲之罰先兆也。[2]

[1]太元十年正月，立國子學。學生多頑嚚，因風放火：《晋志上》作"國子學生因風放火"。《晋書》卷九《孝武帝紀》作："（十年）二月，立國學。"明本志、《晋志》都把"二月"誤作"正月"，"國學"誤作"國子學"。按：國子學立於晋武帝咸寧二年（276年，見《晋書》卷三《武帝紀》），不在此年。其設國子祭酒、博士各一，助教十五人，專收貴族子弟，與太學並立。國學則設於西周，有大學、小學兩級。秦以後，國學成爲京師官學的通稱。

[2]不哲之罰：指皇帝暗昧不明所帶來的種種災異之罰。《漢志中之下》引《傳》曰："視之不明，是謂不悊。厥咎舒，厥罰恒

奥，厥極疾。時則有草妖，時則有贏蟲之孽，時則有羊旤，時則有目痾，時則有赤眚赤祥。惟水沴火。”

太元十三年十二月乙未，延賢堂災。丙申，螽斯則百堂及客館、驃騎庫皆災。[1]于時朝多弊政，衰陵日兆。不哲之罰，皆有象類。主相不悟，終至亂亡云。

[1]螽（zhōng）斯則百：螽，一種褐色長寸許的小蟲，雄者前翅能發聲，雌者尾端有劍狀的産卵管。古人以爲此蟲不妒忌，繁衍衆多，故稱“螽斯則百”。常用此語指后妃、妻妾之間不嫉妒的婦德和多生子孫之道。《後漢書》卷一〇下《順烈梁皇后紀》：“夫陽以博施爲德，陰以不專爲義，螽斯則百，福之所由興也。”

晋安帝隆安二年三月，[1]龍舟二乘災。是水沴火也。[2]

[1]隆安：晋安帝司馬德宗年號（397—401）。
[2]水沴（lì）火：即水、火不和而水傷火所生的灾害。沴，謂天地、四時、陰陽、五行之氣不和而生的傷害。《漢志中之上》：“氣相傷，謂之沴。沴猶臨莅，不和意也。”

晋安帝元興元年八月庚子，[1]尚書下舍曹火。[2]

[1]元興：晋安帝司馬德宗年號（402—404）。
[2]尚書下舍曹火：《徵祥説》無“曹”字。

元興三年，盧循攻略廣州，[1]刺史吳隱之閉城固守。[2]是年十月壬戌夜，大火起。[3]時民人避寇，盈滿城内。隱之懼有應賊，但務嚴兵，不先救火，由是府舍焚燒蕩盡，死者萬餘人，因遂散潰，悉爲賊擒。殆與襄陽火同占也。

[1]盧循：人名。字于先，范陽涿縣（今河北涿州市）人。東晋末與孫恩起兵反晋。《晋書》卷一〇〇有傳。

[2]吳隱之：人名。字處默。《晋書》卷九〇有傳。

[3]大火起：《晋書·吳隱之傳》："循攻擊百有餘日，踰城放火，焚燒三千餘家，死者萬餘人，城遂陷。"此次火爲人火。

晋安帝義熙四年七月丁酉，[1]尚書殿中吏部曹火。

[1]義熙：晋安帝司馬德宗年號（405—418）。

義熙十一年，京都所在大行火災，吳界尤甚。[1]火防甚峻，猶自不絶。王弘時爲吳郡，[2]白日在聽事上，見天上有一赤物下，狀如信幡，徑集路南人家屋上，火即復大發。弘知天爲之災，不罪火主。

[1]大行：大路。 吳界：指吳郡（今江蘇蘇州市）界。此次火爲天災，範圍在今江蘇南京市到蘇州一綫。

[2]王弘：人名。字休元，琅邪臨沂人。本書卷四二有傳。

宋文帝元嘉五年正月戊子，[1]京邑大火。[2]

[1]元嘉：宋文帝劉義隆年號（424—453）。

[2]京邑：地名。即京師建康。在今江蘇南京市。

元嘉七年十二月乙亥，京邑火，延燒太社北牆。元嘉二十九年三月壬午，京邑大火，風雷甚壯。後廢帝元徽三年正月己巳，[1]京邑大火。

[1]元徽：宋後廢帝劉昱年號（473—476）。

元徽三年三月戊辰，京邑大火，燒二岸數千家。

恒燠

庶徵之恒燠，[1]劉向、班固以冬亡冰及霜不殺草應之。[2]京房《易傳》又曰："夏則暑殺人，冬則物華實。"[3]

[1]庶徵：各種徵候。《尚書·洪範》："八，庶徵：曰雨、曰暘、曰燠、曰寒、曰風。"孔傳："雨以潤物，暘以乾物，暖以長物，寒以成物，風以動物，五者各以其時，所以爲眾驗。"　恒燠：冬而無冰常溫，夏而長期酷暑。

[2]劉向、班固以冬亡冰及霜不殺草應之：以冬無冰常溫和霜小不能殺草爲應。即劉向、班固認爲"恒燠"的徵候表現是《左傳》記載的"春，亡冰"。

[3]夏則暑殺人，冬則物華實：《晋志中》引《易傳》作"禄不遂行兹謂欺，厥咎燠。其燠，雨雲四至而溫。臣安禄樂逸兹謂亂，燠而生蟲。知罪不誅兹謂舒，其燠，夏則暑殺人，冬則物華實"。

　　吳孫亮建興元年九月，桃李華。[1]孫權世，政煩賦重，民彫於役。是時諸葛恪始輔政，息校官，[2]原逋責，除關梁，崇寬厚。此舒緩之應也。[3]一說桃李寒華爲草妖，或屬華孽。[4]

　　[1]桃李華：深秋九月桃李開花。謂"冬則物華實"，是由人事引起的不正常現象。
　　[2]息校官：精簡官員。校官，即校事。吳國皇帝爲控制臣下而設置的具有特務性質的監察官。
　　[3]舒緩之應：《漢志中之下》云"知罪不誅兹謂舒"，政令寬舒就會有"桃李華"的應驗。
　　[4]華孽：不時之花的灾異。華，通"花"。

　　魏元帝景元三年十月，[1]桃李華。自高貴弑死之後，[2]晋文王深樹恩德，事崇優緩，此其應也。[3]

　　[1]魏元帝景元三年十月：中華本《晋志中》校勘記："'少帝'原作'文帝'。《晋書校文》：景元爲陳留王年號。今據《宋志》三改'文'爲'少'。"按：本志作"魏元帝"，又《三國志》卷四《魏書·陳留王奐紀》裴松之注引《魏世譜》曰："封帝爲陳留王。年五十八，太安元年（302）崩，謚曰元皇帝。"據此，爲"元""少"皆不誤，爲"文"則謬。
　　[2]高貴：指高貴鄉公曹髦。字彥士，曹丕孫。嘉平六年（254），司馬師廢曹芳，立其爲帝。後不甘作傀儡，率宿衛數百攻司馬昭，被殺。死後無帝號，史稱高貴鄉公。
　　[3]晋文王深樹恩德，事崇優緩，此其應也：《晋志中》則以爲是魏少帝之應："時少帝深樹恩德，事崇優緩，此其應也。"説明天人灾異的附會，隨人而異，不足憑信。晋文王，指司馬昭。死後

謚文王，晋武帝受魏禪，追尊爲文皇帝。

晋穆帝永和九年十二月，[1]桃李華，是時簡文輔政，[2]事多弛略，舒緩之應也。

[1]永和：晋穆帝司馬聃年號（345—356）。
[2]簡文：指晋簡文帝司馬昱。

宋順帝昇明元年十月，[1]於潛桃、李、柰結實。[2]

[1]昇明：宋順帝劉準年號（477—479）。
[2]於潛：縣名。治所在今浙江臨安市西於潛。　柰：果樹名。有素柰、朱柰、緑柰三種，皆夏熟。

草妖

漢獻帝建安二十五年春正月，[1]魏武帝在洛陽，[2]將起建始殿，伐濯龍祠樹而血出，[3]又掘徙梨，根傷亦血出。[4]帝惡之，遂寢疾，是月崩。蓋草妖，又赤祥也。是歲，魏文帝黄初元年也。

[1]建安：漢獻帝劉協年號（196—220）。按：建安二十五年三月改元延康，故正月還稱建安。
[2]魏武帝：即曹操。字孟德，小字阿瞞，沛國譙（今安徽亳州市）人。《三國志》卷一有紀。
[3]伐濯龍祠樹而血出：《晋志中》“龍”下無“祠”字。《三國志》卷一《魏書·武帝紀》裴松之注引《世語》“龍”下有“祠”字，故本志是。

[4]又掘徙梨，根傷亦血出：《三國志·魏書·武帝紀》裴松之引《曹瞞傳》曰：“王使工蘇越徙美梨，掘之，根傷盡出血。越白狀，王躬自視而惡之，以爲不祥，還遂寢疾。”

吳孫亮五鳳元年六月，[1]交趾稗草化爲稻。昔三苗將亡，[2]五穀變種。[3]此草妖也。其後亮廢。

[1]五鳳：三國吳會稽王孫亮年號（254—256）。

[2]三苗：五帝至夏時的古國名，其地在今湖北、江西、湖南一帶。

[3]五穀：所指不一。《周禮·天官·疾醫》鄭玄注：“五穀，麻、黍、稷、麥、豆。”《素問·藏氣法時論》：“五穀爲養。”王冰注：“五穀謂粳米、小豆、麥、大豆、黃黍也。”或曰五穀泛指穀物，不限五種。

蜀劉禪景耀五年，[1]宮中大樹無故自折。譙周憂之，[2]無所與之言，乃書柱曰：“衆而大，其之會。[3]具而授，若何復。”言曹者衆也；魏者大也；衆而大，天下其當會也；具而授，如何復有立者乎。蜀果亡，如周言。此草妖也。

[1]景耀：三國蜀後主劉禪年號（258—263）。

[2]譙周：人名。字允南，巴西西充國（今四川西充縣）人。《三國志》卷四二有傳。

[3]衆而大：衆、大指曹魏，曹魏當天下之會，即由曹魏統一中國。 其之會：《搜神記》卷六作“期之會”。

吳孫皓天璽元年，[1]吳郡臨平湖自漢末穢塞，是時一夕忽開除無草。長老相傳，此湖塞，天下亂，此湖開，天下平。吳尋亡，而九服爲一。[2]

[1]天璽：三國吳末帝孫皓年號（276）。

[2]"吳郡"至"九服爲一"：《三國志》卷四八《吳書·孫皓傳》載此事，但視作孫皓的祥瑞，因此"改年、大赦"。吳郡，治所在今江蘇蘇州市。此湖開，天下平，"天下平"《建康實録》卷四作"天下靜"。又曰："至是湖忽開通，或云當太平，青蓋入洛。後主以問奉禁都尉陳訓，訓曰：'臣能望氣，不能達湖之開塞。'退而謂人曰：'青蓋入洛，將有輿櫬銜璧之事，非吉祥也。'"九服，本指王畿以外的九等地區，詳《周禮·夏官·職方氏》。此處泛指全國各地。

吳孫皓天紀三年八月，[1]建業有鬼目菜生工黃狗家，[2]依緣棗樹，長丈餘，莖廣四寸，厚三分。[3]又有賣菜生工吳平家，高四尺，[4]如枇杷形，上圓徑一尺八寸，下莖廣五寸，[5]兩邊生葉緑色。東觀案圖，[6]名鬼目作芝草，[7]賣菜作平慮。[8]遂以狗爲侍芝郎，平爲平慮郎，皆銀印青綬。[9]干寶曰："明年晋平吳，王濬止船，[10]正得平渚，姓名顯然，指事之徵也。黃狗者，吳以土運承漢，故初有黃龍之瑞，[11]及其季年，而有鬼目之妖，託黃狗之家，黃稱不改，而貴賤大殊。天道精微之應也。"

[1]天紀：三國吳末帝孫皓年號（277—280）。

[2]鬼目菜：《建康實録》卷四作"鬼目草"。《爾雅·釋草》："符，鬼目。"郭璞注："今江東有鬼目草，莖似葛，葉員而毛，子

如耳瑙也，赤色叢生。" 黃狗：《三國志》卷四八《吳書·孫晧傳》、《通鑑》卷八〇作"黃耇"。

[3]厚三分：《晉志中》作"厚二分"。本志、《三國志·吳書·孫晧傳》、《建康實錄》卷四均作"厚三分"，本志無誤。

[4]萯菜生工吳平家，高四尺：《三國志·吳書·孫晧傳》、《建康實錄》卷四此句下均有"厚三分"三字，當據補。萯菜，即莒萯菜。多年生草本植物。葉互生，廣披針形，邊緣有不整齊的鋸齒，花黃色。吳平，人名。本書、《晉書》均一見，其事不詳。

[5]下莖廣五寸：《晉志中》無"下"字。《三國志·吳書·孫晧傳》、《建康實錄》卷四均有"下"字。

[6]東觀：東漢洛陽南宮内的觀名。章、和二帝時爲皇宮藏書之府。後成爲皇宮藏書之所的通稱。

[7]芝草：即靈芝草。古以爲瑞草，服之能成仙。《御覽》卷八七三引孫氏《瑞應圖》："王者慈仁則芝草生，食之令人延年。"引《論衡》曰："芝草一莖三華，食之令人眉壽慶世，蓋仙人之所食。"以鬼目爲芝草，是因生黃狗家（吳土德，尚黃）附會的瑞稱。

[8]平慮：《晉書斠注》："《三國志考證七》曰：'揚雄《甘泉賦》注如淳曰：并閭，其葉隨時改，政平則平，政不平則傾'。顏師古曰：'如氏所説自是平慮耳。'今東觀以買菜爲平慮，亦以生於吳平家因附會爲瑞稱耳。然黃狗固土德（吳以土德承漢火德）之衰徵，而吳平亦歸命之惡讖。"按：平慮、并閭也即平露、平兩。《廣群芳譜·木譜十三》謂："平露一名平慮。"《御覽》卷八七三引孫氏《瑞應圖》曰："平露者，如蓋，生於庭，以知四方之政。王者不私人以官則生。若東方政不平則西低，北方政不平則南低，西方政不平則東低，南方政不平則北低，四方政不出其根若絲。一曰平兩。"又曰："平兩者如蓋，以知四方，王者政平則生。"據此，平慮、并閭、平露、平兩乃一事四名，皆驗證"政平"的一種符瑞草木。以萯菜爲平慮，是因生吳平家而生的附會。

[9]皆銀印青綬：秦漢制，吏比二千石以上皆銀印青綬，以後

用作高官名號。《漢書·百官公卿表上》：“御史大夫，秦官，位上卿，銀印青綬，掌副丞相。”

[10]明年晉平吳：《晋志中》“平吳”上無“晋”字。 王濬：人名。字士治，弘農湖（今河南靈寶市）人。《晋書》卷四二有傳。

[11]吳以土運承漢，故初有黄龍之瑞：吳以土德承漢火德，土德在五行中居中方，五色屬黄色，五龍屬黄龍，故土德有黄龍之瑞祥。

　　晋惠帝元康二年春，巴西郡界竹生花，[1]紫色，結實如麥，外皮青，中赤白，味甘。

[1]巴西郡界竹生花：《晋志中》作“巴西郡界草皆生華，結子如麥，可食”，以竹作草，未知孰是。巴西，郡名。治所在今四川閬中市。

　　元康九年六月庚子，有桑生東宫西廂，日長尺餘；甲辰，枯死。[1]此與殷太戊同妖。[2]太子不能悟，[3]故至廢戮也。班固稱“野木生朝而暴長，小人將暴居大臣之位，危亡國家，象朝將爲墟也”。[4]是後孫秀、張林尋用事，[5]遂至大亂。

[1]“元康”至“枯死”：此事又見《御覽》卷一四八引王隱《晋書》，“九年六月庚子”作“九年夏”。

[2]此與殷太戊同妖：《史記》卷三《殷本紀》：“亳有祥桑穀共生於朝，一暮大拱。帝太戊懼，問伊陟。伊陟曰：‘臣聞妖不勝德，帝之政其有闕與？帝其修德。’太戊從之，而祥桑枯死而去。”《漢志中之下》：“劉向以爲殷道既衰，高宗承敝而起，盡凉陰之哀，

天下應之，既獲顯榮，怠於政事，國將危亡，故桑穀之異見。桑猶喪也，穀猶生也，殺生之秉失而在下，近草妖也。"

[3]太子：指愍懷太子。

[4]危亡國家，象朝將爲墟也：不通。《晋志中》作"危國亡家之象，朝將爲墟也"，明"象"前脱"之"字，當據補。

[5]孫秀：人名。初爲琅邪外史，後爲趙王倫的親信，與倫共謀廢賈后逼惠帝禪位。倫稱帝後任爲中書令，操縱朝政，誅殺忠良，齊王冏起兵討倫，殺孫秀。　張林：人名。趙王倫的通事令史，升衛將軍。倫執政時用事，誅殺大臣張華等，因與孫秀爭權，被孫秀所殺。

晋惠帝永康元年四月丁巳，[1]立皇孫臧爲皇太孫。[2]五月甲子，就東宮，桑又生於西厢。明年，趙倫篡位，[3]鴆殺臧。此與愍懷同妖也。

[1]永康元年四月丁巳：《晋志中》"四月"下無"丁巳"二字。《晋書》卷四《惠帝紀》立太孫事在"五月己巳"，《晋書》卷五三《司馬臧傳》在"四月己巳"。此年四月辛卯朔，無己巳。若五月己巳，則在甲子後五日，甲子不可能"就東宮"，故當從本志作"四月丁巳"。

[2]臧：人名。即司馬臧，惠帝孫，愍懷第二子，字敬文。《晋書》卷五三有附傳。

[3]趙倫篡位：《晋志中》作"趙王倫篡位"，當據補。倫，人名。即司馬倫。字子彝，司馬懿第九子。永康元年（300），計殺賈后，廢惠帝自立，後被誅。《晋書》卷五九有傳。

永康元年四月，壯武國有桑化爲柏。[1]是月，張華遇害。

[1]壯武國：治所在今山東即墨市。

晋孝懷帝永嘉三年冬，[1]項縣桑樹有聲如解材，[2]民謂之桑林哭。[3]案劉向説，桑者喪也，又爲哭聲，不祥之甚。是時京師虛弱，胡寇交逼，司馬越無衛上國之心，[4]四年冬，委而南出，[5]至五年春，薨于此城。石勒邀其衆，[6]圍而射之，王公以下至庶人，死者十餘萬人，又剖越棺焚其尸。是敗也，中原無所請命，洛京尋没。桑哭之應也。

[1]永嘉三年冬：《晋志中》作“二年冬”。

[2]項縣：治所在今河南沈丘縣。

[3]民謂之桑林哭：《晋志中》作“人謂之桑樹哭”。

[4]司馬越：人名。字元超，封東海王，參加“八王之亂”。《晋書》卷五九有傳。　無衛上國之心：《晋志中》作“無衛國之心”，少“上”字。

[5]四年冬，委而南出：《晋志中》作“四年冬季而南出”。《晋書斠注》：“案‘季’當從《宋志》作‘委’。

[6]石勒：人名。字世龍，上黨武鄉人。羯族，創立後趙政權。《晋書》卷一〇四、一〇五有載記。

永嘉六年五月，[1]無錫縣有四株茱萸樹，[2]相樛而生，狀若連理。[3]先是，郭景純筮延陵偃鼠，[4]遇《臨》之《益》，[5]曰：“後當復有妖樹生，若瑞而非，辛螫之木也。儻有此，東南數百里必有作逆者。”[6]其後徐馥作亂。此草妖也，郭以爲木不曲直。[7]

[1]六年五月：《搜神記》卷七作“六年正月”。

[2]無錫：縣名。治所在今江蘇無錫市。 茱萸樹：植物名。香氣辛烈，可入藥。古俗重陽節佩茱萸能祛邪避惡。即下言“辛螫之木”也。

[3]連理：多株共本。

[4]郭景純筮延陵偃鼠：《晋志中》：“懷帝永嘉五年，鼴鼠出延陵。郭景純筮之曰：‘此郡東之縣，當有妖人欲稱制者，亦尋自死矣。’”

[5]遇《臨》之《益》：當《臨卦》九二爻筮數爲九時，由陽變陰；六五爻筮數爲六時，由陰變陽。即可得變卦《益卦》。之，到、變。此處《臨》是本卦，《益》是變卦。

[6]東南數百里：《晋志中》作“東西數百里”。《晋書》卷七二《郭璞傳》、《御覽》卷九九一引《廣古今五行記》均作“東南”。本志無誤。

[7]郭以爲木不曲直：《晋書·郭璞傳》：“或以問璞，璞曰：‘卯爻發而淹金，此木不曲直而成災也。’”

永嘉六年七月，豫章郡有樟樹久枯，[1]是月忽更榮茂。與昌邑枯社復生同占。[2]懷帝不終其祚，元帝由支族興之應也。

[1]豫章郡有樟樹久枯：《晋書斠注》：“《類聚》十《豫章記》曰：‘松陽門內有大梓樹，大四十五圍，舉樹盡枯死。永嘉中，一旦忽更榮茂。太興中元皇帝果繼大業。’”豫章，郡名。治所在今江西南昌市。

[2]與昌邑枯社復生同占：“枯社復生”不通。當作“漢昌邑國社枯樹復生”。《漢志中之下》：“昌邑王國社有枯樹復生枝葉。眭孟

以爲木陰類，下民象，當有故廢之家公孫氏從民間受命爲天子者。”
同占，指改換天子，對現天子爲灾，新天子爲祥。

　　晋明帝太寧元年九月，會稽剡縣木生如人面。[1]是
後王敦稱兵作逆，禍敗無成。漢哀、靈之世，並有此
妖，[2]而人貌備具，故其禍亦大。今此但人面而已，故
其變亦輕。

　　[1]剡縣：治所在今浙江嵊州市。
　　[2]漢哀、靈之世，並有此妖：《晋志中》“靈”作“成”。但
成帝（前32—前7）在哀帝（前6—前1）之前，“哀成”當稱
“成哀”。成哀此妖指《漢志中之下》記載的：“成帝永始元年二月，
河南街郵樗樹生支如人頭……哀帝建平三年十月，汝南西平遂陽鄉
柱仆地，生支如人形。”據此，本志之“哀靈”、《晋志中》之“哀
成”均應改作“成哀”。

　　晋成帝咸和六年五月癸亥，[1]曲阿有柳樹倒地六
載，[2]是月忽復起生。[3]咸和九年五月甲戌，〔吳縣〕吳
雄家有死榆樹，[4]是日因風雨起生。與漢上林斷柳起生
同象。[5]初，康帝爲吳王，[6]于時雖改封琅邪，而猶食吳
郡爲邑。是帝越正體饗國之象也。曲阿先亦吳地，象見
吳邑雄舍，又天意也。

　　[1]咸和：晋成帝司馬衍年號（326—334）。
　　[2]曲阿：縣名。治所在今江蘇鎮江市丹徒區。
　　[3]是月：《晋志中》作“是日”。《晋志》是，應據改。
　　[4]吳雄：人名。《晋書》一見，其事不詳。《晋志》中此句上

有"吳縣"二字，今據補。

[5]與漢上林斷柳起生同象：《漢志中之下》："昭帝時，上林苑中大柳樹斷僕地，一朝起立，生枝葉，有蟲食其葉，成文字，曰：'公孫病已立'……後昭帝崩，無子，徵昌邑王賀嗣位，狂亂失道，光廢之，更立昭帝兄衛太子之孫，是爲宣帝。帝本名病已。"

[6]康帝：即司馬岳。繼晉成帝。《晉書》卷七有紀。

晋哀帝興寧三年五月癸卯，盧陵西昌縣脩明家有死栗樹，[1]是日忽起生。時孝武年四歲，而簡文居蕃，四海宅心。及得位垂統，則祚隆孝武。識者竊曰西昌脩明之祥，帝諱實應之矣。[2]是與漢宣帝頗同象也。[3]

[1]盧陵：郡名。時治所在今江西吉水縣。　西昌：縣名。治所在今江西泰和縣。　脩明：人名。《晉書》一見，其事不詳。死：《晉志中》作"僵"。

[2]西昌脩明之祥，帝諱實應之矣：晉孝武帝名曜，字昌明，"西昌脩明"有"昌明"二字，故有此説。

[3]與漢宣帝頗同象：與漢昭帝時斷柳起生後，漢宣帝以"病已"之名立同象。

晋海西太和元年，涼州楊樹生松。[1]天戒若曰，松不改柯易葉，楊者柔脆之木，此永久之業，將集危亡之地。是後張天錫降氐。[2]

[1]涼州：治所在今甘肅武威市。

[2]張天錫：人名。字純嘏，小名獨活。《晉書》卷八六有附傳。

晋孝武太元十四年六月，建寧同樂縣枯木斷折，[1]忽然自立相屬。京房《易傳》曰："棄正作淫，厥妖木斷自屬。妃后有專，木仆反立。"是時治道方僻，多失其正。其後張夫人專寵，[2]及帝崩，兆庶歸咎張氏焉。

[1]建寧：郡名。治所在今雲南曲靖市西。　同樂：縣名。治所在今雲南陸良縣。《晋志中》作"銅樂縣"。"銅""同"通。
[2]張夫人：孝武帝貴人。有寵。太元二十一年（396），帝戲其年齡大當廢，"怒，向夕，帝醉，遂暴崩"。傳是其潛行大逆而致。

晋安帝元興三年，荆、江二界生竹實如麥。[1]

[1]荆、江二界：《晋志中》作"荆、江二州界"，當據補。荆，州名。東晋軍府重鎮，又爲州治，治所在今湖北荆州市荆州區。江，州名。治所在今江西南昌市。

晋安帝義熙二年九月，揚州營揚武將軍營士陳蓋家有苦蕒菜，[1]莖高四尺六寸，廣三尺二寸。[2]此殆與吳終同象也。[3]

[1]營士陳蓋：中華本校勘記云："各本並脱'營士'二字，據《晋書·五行志》補。"
[2]廣三尺二寸：《晋志中》此句下有"厚三寸，亦草妖也"七字。
[3]與吳終同象：見本志"天紀三年八月"條。

義熙中，宮城上御道左右皆生蒺藜。[1]草妖也。蒺藜有刺，不可踐而行，生宮牆及馳道，天戒若曰，人君拱默不能聽政，雖居宸極，猶若空宮，雖有御道，未嘗馳騁，皆生蒺藜若空廢也。

[1]宮城上御道左右：《晉志中》“御道”上有“及”字。《御覽》卷九九七引何法盛《晉中興書》同。

義熙八年，太社生薰樹于壇側。[1]薰於文尚黑，宋水德將王之符也。[2]

[1]薰樹：疑爲薰草，俗謂佩蘭。《山海經·西山經》：“（浮山）有草焉，名曰薰草，麻葉而方莖，赤華而黑實，臭如蘼蕪，佩之可以已癘。”

[2]薰於文尚黑，宋水德將王之符：薰作香可燃，燃後而黑，故曰於文尚黑。黑五行屬水，晉金德，按五行相生序，金生水，故曰薰是宋水德將王之符也。

羽蟲之孽

魏文帝黃初四年五月，[1]有鶏鵜鳥集靈芝池。[2]案劉向説，此羽蟲之孽，又青祥也。[3]詔曰：“此詩人所謂汙澤者也。《曹詩》刺恭公遠君子，近小人。[4]今豈有賢智之士，處于下位，否則斯鳥胡爲而至哉？其博舉天下儁德茂才，獨行君子，以答曹人之刺。”於是楊彪、管寧之徒，[5]咸見薦舉。此謂覩妖知懼者也，雖然不能優容亮直，而多溺偏私矣。京房《易傳》曰：“辟退有德，厥妖水鳥集于國井。”[6]

［1］黄初：三國魏文帝曹丕年號（220—226）。

［2］鵜（tí）鶘（hú）鳥：水鳥。體長可達兩米，大翼，長嘴，尖端彎曲，嘴下有皮囊，捕得的魚存在皮囊中。今生活於熱帶或亞熱帶沿海。

［3］青祥：指青色之物（五行中屬木的事物）所産生的能預兆灾禍發生的怪異現象。

［4］《曹詩》刺恭公遠君子，近小人：《曹詩》指《詩·曹風》。恭公，《晉志中》作“共公”，指曹國君共公襄。《詩·曹風·候人》序云：“候人，刺近小人也。共公遠君子而好近小人焉。”

［5］楊彪：人名。字文先，弘農華陰人，東漢末官至太尉，因反對董卓遷都被免官，卓死復官。魏文帝時欲徵太尉，固辭，乃待以賓禮，黄初中卒。《後漢書》卷五四有附傳。　管寧：人名。字幼安，北海朱虛（今山東臨朐縣）人，漢末避亂遼東三十七年，魏文帝時徵爲大中大夫，不就，後屢徵不出，年八十二歲卒。《三國志》卷一一有傳。

［6］國井：《晉志中》作“國中”。

黄初末，[1]〔未央〕宮中有鶖生鷹，[2] 口爪俱赤。此與商紂、宋隱同象。[3]

［1］黄初末：《晉志中》、《搜神記》卷六均作“黄初元年”。下引《三國志》卷二五《魏書·高堂隆傳》也作“黄初之際”，故爲“黄初元年”較近史實。

［2］宮中有鶖生鷹：《晉志中》作“未央宮中又有燕生鷹”。《搜神記》卷六作“未央宮中有鷹生燕巢中，口爪俱赤”。《三國志·魏書·高堂隆傳》：“臣觀黄初之際，天兆其戒，異類之鳥，育

長燕巢，口爪胸赤。”故“宮”字前當加“未央”二字，今據補。
又“鷰生鷹”當作“鷹生鷰巢中”。

　　[3]商紂：指商紂王。　　宋隱：指宋隱公。

　　景初元年，[1]又有鷰生鉅鷇於衛國洧桃里李蓋家。[2]
形若鷹，吻似燕。案劉向説，此羽蟲之孽，又赤眚
也。[3]高堂隆曰：“此魏室之大異，宜防鷹揚之臣於蕭牆
之内。”[4]其後晉宣王起，[5]遂有魏室。

　　[1]景初：三國魏明帝曹叡年號（237—239）。
　　[2]鉅鷇：《國語·魯語上》：“鳥翼鷇卵。”韋昭注：“生哺曰
鷇。”據此，鉅鷇是待母哺食的巨大幼鳥。　　衛國洧桃里李蓋家：
《晉志中》作“衛國李蓋家”，脱“洧桃里”三字。李蓋，人名。
本書、《晉書》各一見，其事不詳。
　　[3]赤眚：指赤色之物（五行中屬火的事物）所産生的能預兆
災禍發生的怪異現象。
　　[4]“高堂隆”至“蕭牆之内”：此語見高堂隆本傳，原是對
黄初元年的“鷰生鷹”而發的議論，此處繫在景初元年，又成了對
“鷰生巨鷇”的議論。可知“黄初元年”條與本條原爲一條。
　　[5]晉宣王起：《晉志中》“王”作“帝”，“起”字後有“誅
曹爽”三字。宣王，指司馬懿。時爲宣王，晉武帝司馬炎即帝位後
追諡爲宣帝。

　　漢獻帝建安二十三年，禿鶖鳥集鄴宮文昌殿後池。
明年，魏武王薨。[1]
　　魏文帝黄初三年，又集雒陽芳林園池。七年，又
集。其夏，文帝崩。景初末，又集芳林園池。前世再

至，[2]輒有大喪，帝惡之。其年，明帝崩。

[1]魏武王：指曹操。丁福林《校議》云：“據《三國志·魏武帝紀》，曹操卒於建安二十五年正月。此云‘明年’，蓋誤。”

[2]前世再至：《晋志中》作“已前再至”。

蜀劉禪建興九年十月，[1]江陽至江州有鳥從江南飛渡江北，[2]不能達，墮水死者以千餘。是時諸葛亮連年動衆，[3]志吞中夏，而終死渭南，[4]所圖不遂。又諸將分爭，頗喪徒旅。鳥北飛不能達，墮水死，皆有其象也。亮竟不能過渭，又其應乎。此與漢楚國烏鬪墮泗水恠類矣。[5]

[1]建興：三國蜀後主劉禪年號（223—237）。

[2]江陽：縣名。治所在今四川瀘州市。　江州：縣名。治所在今重慶市。

[3]諸葛亮：人名。字孔明，琅邪陽都人。《三國志》卷三五有傳。

[4]渭南：在今陝西渭南市北。

[5]與漢楚國烏鬪墮泗水恠類：“漢楚國”《晋志中》作“漢時楚國”。《漢志中之下》：“景帝三年十一月，有白頸烏與黑烏群鬪楚國呂縣，白頸不勝，墮泗水中，死者數千……烏群鬪者，師戰之象也。白頸者小，明小者敗也。墮於水者，將死水地。”

魏明帝青龍三年，戴鴬巢鉅鹿人張臶家。[1]臶博學有高節，不應袁紹、高幹之命，[2]魏太祖辟亦不至，[3]優游嘉遁，門徒數百，太守王肅雅敬焉。[4]時年百餘歲，謂門人曰："戴鵀陽鳥，而巢于門陰，此凶祥也。"乃援琴歌詠，作詩一首，旬日而卒。按占，羽蟲之孽也。

[1]戴鵀（rén）：鳥名。亦作"戴任""戴紝""戴勝"。狀似雀，頭有冠，五色如方勝，故名。　鉅鹿：郡縣名。在今河北平鄉縣。　張豜（jiàn）：人名。本書一見，其事不詳。

[2]袁紹：人名。字本初，汝南汝陽（今河南商水縣）人。《三國志》卷六有傳。　高幹：人名。字元才，高柔從兄，袁紹外甥。有才志，隨袁紹在河北與曹操相爭，後敗亡。謝承《後漢書》有《高幹傳》。

[3]魏太祖：指曹操。

[4]王肅：人名。字子雍。《三國志》卷一三有附傳。

魏明帝景初元年，陵霄閣始構，[1]有鵲巢其上。鵲體白黑雜色。此羽蟲之孽，又白黑祥也。帝以問高堂隆，對曰："《詩》云：'惟鵲有巢，惟鳩居之。'[2]今興起宮室，而鵲來巢，此宮室未成，身不得居之之象。天意若曰，宮室未成，[3]將有它姓制御之，不可不深慮。"於是帝改容動色。

[1]景初元年，陵霄閣始構：《搜神記》卷六："至青龍中，明帝爲凌霄閣，始搆，有鵲巢其上。"《三國志》卷三《魏書·明帝紀》："是時（青龍三年，235）大治洛陽宮，起昭陽、太極殿，築總章觀。"《三國志》卷二五《魏書·高堂隆傳》："青龍中，大治殿舍……陵霄闕始構，有鵲巢其上。"而景初元年（237）無建築事，據此，"景初元年"當改爲"青龍中"。又"陵霄閣"《晉志中》作"陵霄闕"。

[2]惟鵲有巢，惟鳩居之：見《詩·召南·鵲巢》。《鵲巢》序

云："鵲巢，夫人之德也。國君積行累功，以致爵位，夫人起家而居有之。"

　[3]宮室未成：中華本校勘記云："各本並脱'宮'字，據《三國志·魏志·高堂隆傳》補。"

　　　吳孫權赤烏十二年四月，[1]有兩烏銜鵲墮東館。權使領丞相朱據燎鵲以祭。[2]案劉歆説，此羽蟲之孽，又黑祥也。視不明，聽不聰之罰也。是時權意溢德衰，信讒好殺，二子將危，將相俱殆。覩妖不悟，加之以燎，昧道之甚者也。明年，太子和廢，[3]魯王霸賜死，[4]朱據左遷，[5]陸議憂卒，[6]是其應也。東館，[7]典教之府，鵲墮東館，又天意乎。

　[1]赤烏：三國吳大帝孫權年號（238—251）。
　[2]朱據：人名。字子範，吳郡吳人。《三國志》卷五七有傳。
　[3]和：人名。即孫和，字子孝，孫權第三子，赤烏五年立爲太子，十三年八月廢，後爲孫峻所殺。《三國志》卷五九有傳。
　[4]霸：人名。即孫霸。字子威，孫和的同母弟，讒毀太子，太子廢，霸也被賜死。《三國志》卷五九有傳。
　[5]左遷：貶官降職。朱據因支持太子，由領丞相降至新都郡丞。
　[6]陸議：人名。即陸遜。字伯言。《三國志》卷五八有傳。
　[7]東館：宮東側的學館。

　　　吳孫權太元二年正月，[1]封前太子和爲南陽王，遣之長沙。有鵲巢其帆檣。和故宮僚聞之，皆憂慘，以爲檣末傾危，非久安之象。[2]是後果不得其死。

[1]太元：三國吳大帝孫權年號（251—252）。按：太元二年二月改元神鳳，此事在正月，故稱太元二年。

[2]"遣之長沙"至"非久安之象"：此事又見《三國志》卷五九《吳書·孫和傳》裴松之注引《吳書》，但其對"鵲巢帆檣"事又有不同的解釋："或言《鵲巢》之詩有'積行累功以致爵位'之言，今王至德茂行，復受國土，儻神靈以此告寤人意乎！"

吳孫亮建興二年十一月，大鳥五見于春申。[1]吳人以爲鳳皇，明年，改元爲五鳳。漢桓帝時，有五色大鳥。司馬彪云：[2]"政治衰缺，無以致鳳，乃羽蟲孽耳。"孫亮未有德政，孫峻驕暴方甚，此與桓帝同事也。案《瑞應圖》，大鳥似鳳而爲孽者非一，疑皆是也。[3]

[1]春申：在今上海市黃埔區一帶。

[2]司馬彪：人名。字紹統，西晉皇族，作《續漢書》八十卷。《晉書》卷八二有傳。

[3]疑皆是也：《晉志中》作"宜皆是也"。

吳孫晧建衡三年，西苑言鳳皇集，以之改元，[1]義同於亮。

[1]以之改元：建衡三年時改明年爲鳳凰元年（272）。

晉武帝泰始四年八月，翟雉飛上閶闔門。[1]趙倫既篡，[2]洛陽得異鳥，莫能名。倫使人持出，周旋城邑匝以問人。積日，宮西有小兒見之，逆自言曰："服留鳥翳。"[3]持者即還白倫。倫使更求小兒。至，又見之，將入宮，密籠鳥，閉兒戶中。明日視，悉不見。此羽蟲之孽，又妖之甚者也。

[1]翟雉飛上閶闔門：《晋志中》對此事解釋説：“天戒若曰，閶闔門非雉所止，猶殷宗雉登鼎耳之戒也。”閶闔門，晋時洛陽城的偏西門。

[2]趙倫既篡：《晋志中》此句上有“惠帝永康元年”六字，“趙倫”作“趙王倫”。

[3]服留：《晋志中》解釋説：“時趙王倫有目瘤之疾，言服留者，謂倫留將服其罪也。尋而倫誅。”按：《太平廣記》卷三五九引《廣古今五行記》“服留”作“鵂鶹”。　瘱：目疾引起的障膜，可遮擋視綫。《搜神記》卷一七無“瘱”字。

趙倫篡位，有鵲入太極殿，雉集東堂。按太極、東堂，皆朝享聽政之所，而鵲、雉同日集之者，天意若曰，不當居此位也。[1]《詩》云“鵲之疆疆，鶉之奔奔。人之無良，我以爲君”。其此之謂乎[2]昔殷宗感雊雉，懼而修德，[3]倫覩二物，曾不知戒，[4]故至滅亡也。

[1]天意若曰，不當居此位也：《晋志中》無“天意若曰”四字，而作“趙王倫不當居此位也”。

[2]“《詩》云”至“其此之謂乎”：見《詩·鄘風·鶉之奔奔》。此詩諷刺了衛國宣姜與公子頑淫亂之事。認爲鵲疆疆、鶉奔奔，“言其居有常匹，飛則相隨”，不應結合而苟合，人無一善反而爲君。引此詩刺趙王倫不當爲君而篡君位。鵲之疆疆，《詩·鄘風·鶉之奔奔》作“鵲之彊彊”，《晋志中》作“鵲之强强”，當以“彊彊”爲是。

[3]昔殷宗感雊雉，懼而修德：《史記》卷三《殷本紀》：“帝

武丁祭成湯，明日，有飛雉登鼎耳而呴。武丁懼。祖己曰：‘王勿憂，先修政事。’……武丁修政行德，天下咸驩，殷道復興。”殷宗，指武丁。

[4]戒：即要修政行德。

　晋孝懷帝永嘉元年二月，[1]洛陽東北步廣里地陷，有鵝出，[2]蒼色者飛翔沖天，白者止焉。[3]此羽蟲之孽，又黑白祥也。董養曰：“步廣，周之狄泉，盟會地也。白者金色，蒼爲胡象，其可盡言乎。”[4]是後劉淵、石勒相繼擅華，懷、愍二帝淪滅非所。

　[1]永嘉元年二月：《晋書》卷九《孝懷帝紀》記此事作“五月”。

　[2]有鵝出：《晋志中》作“有蒼白二色鵝出”。

　[3]白者止焉：《書鈔》卷七九引王隱《晋書・石瑞記》記此事有不同：“洛城內東北角步廣里中，地陷，中有二鵝，其一蒼者飛去，其一白者不能飛。問之博士，不能對。”

　[4]“董養”至“其可盡言乎”：《石瑞記》作：“陳留前孝廉浚儀董養，字仲道，聞而嘆曰：‘昔周所盟會狄泉，即此地也。今有二鵝，蒼有胡象，後胡當入海，白者不能飛，此國諱也’。”董養，人名。字仲道，陳留浚儀（今河南開封市）人。《晋書》卷九四有傳。《晋志中》作“陳留董養”。狄泉，一作“翟泉”，在今河南洛陽市漢魏故城中，即古太倉西南之池水。《左傳》定公元年：“晋魏舒合諸侯之大夫於狄泉。”

　晋孝懷帝世，周玘家有鵝在籠中，[1]而頭斷籠外。玘亡後家誅。

[1]周玘：人名。字宣佩，義興陽羨人。《晉書》卷五八有附傳。

晉明帝太寧三年八月庚戌，有鳥二，[1]蒼黑色，翼廣一丈四尺。其一集司徒府，[2]射而殺之；其一集市北家人舍，亦獲焉。此羽蟲之孽，又黑祥也。閏月戊子，[3]帝崩。後有蘇峻、祖約之亂。[4]

[1]有鳥二：《晉志中》作“有大鳥二”。

[2]司徒：官名。三公之一，與太尉、司空同爲名譽宰相，魏晉時多爲大臣加官。一品。

[3]閏月戊子：是年閏八月，朔日甲子，戊子當二十五日。

[4]祖約：人名。字士少，祖逖之弟。參與蘇峻之反，被石勒所殺。《晉書》卷一○○有傳。

晉成帝咸和二年正月，有五鷗鳥集殿庭。[1]此又白祥也。是時庾亮苟違眾謀，將召蘇峻，有言不從之咎，[2]故白祥先見也。三年二月，峻果作亂，宮室焚毀，化爲汙萊，[3]其應也。

[1]五鷗鳥集殿庭：《御覽》卷九二五引《晉咸和起居注》：“二年正月，饗萬國。有五鷗集太極殿前。”引《徵祥説》：“鷗集太極殿，殿非鷗所處，湖澤鳥也。時蘇峻作逆，宮室被焚。”

[2]言不從之咎：《晉志上》引劉向《洪範五行傳論》：“言之不從，是謂不乂……時則有白眚白祥。”

[3]宮室：《晉志中》作“宮掖”。　汙萊：荒地。

晋成帝咸康八年七月，白鷺集殿屋。是時康帝始即位，此不永之祥也。後涉再朞而帝崩。[1]劉向曰："野鳥入處，宮室將空。"張瓘在涼州正朝，[2]放佳雀諸鳥，出手便死；左右放者悉飛去。

[1]後涉再朞而帝崩：康帝即位於咸康八年（342）六月甲午，死於建元二年（344）九月戊戌。再朞，第二年。此指其建元後第二年崩。

[2]張瓘：人名。原爲前涼枹罕鎮將。張祚嫌其勢盛，派兵伐之，反爲所敗，張瓘乘勢弒張祚，而立張玄靚爲王，自爲涼州牧後受前秦苻生的威脅而降晋。事見《晋書》卷八六《張祚傳》。

晋孝武帝太元十六年正月，[1]鵲巢太極東頭鴟尾，[2]又巢國子學堂西頭。[3]十八年，東宮始成，十九年正月，鵲又巢其西門。此殆與魏景初同占。學堂，風教所聚；西門，金行之祥也。[4]

[1]十六年正月：《晋志中》作"十六年六月"。《御覽》卷一八八引《晋中興書》云："十年，鵲巢太極殿東鴟尾。"

[2]鴟尾：古代宮殿屋脊正脊兩端形似鴟尾的建築構件，象徵辟除火災。《晋志中》作"蓋尾"。《晋中興書》作"鴟尾"。

[3]國子學：晋武帝咸寧中置，掌邦國儒學訓導。隸太常，有祭酒、博士各一人，助教十五人。

[4]西門，金行之祥：五行配五方，金配西方，故曰西門金行之祥。《晋志中》作"西頭，又金行之祥"。

晋安帝義熙三年，龍驤將軍朱猗戍壽陽。[1]婢炊飯，忽有群烏集竈，競來啄噉，婢驅逐不去。有獵狗咋殺烏鵲，[2]餘者因共啄狗即死，又噉其肉，唯餘骨存。五年六月，[3]猗死。

[1]朱猗：人名。本書、《晉書》均一見，其事不詳。
[2]烏鵲：《晉志中》作"兩鳥"。
[3]五年六月：《晉志中》作"明年六月"，即義熙四年（408）六月。

宋武帝永初三年，[1]臨軒拜徐羨之爲司空，[2]百僚陪位，有二野鸛集太極鴟尾鳴呼。

[1]永初：宋武帝劉裕年號（420—422）。
[2]徐羨之：人名。字宗文。本書卷四三有傳。

少帝景平二年春，[1]鸛巢太廟西鴟尾，驅去復還。

[1]景平：宋少帝劉義符年號（423—424）。

文帝元嘉二年春，有江鷗鳥數百，集太極殿前小階內。明年，誅徐羨之等。

羊禍

晉成帝咸和二年五月，司徒王導厩，羊生無後足。[1]此羊禍也。京房《易傳》曰："足少者，下不勝任也。"明年，蘇峻入京都，導與成帝俱幽石頭，僅乃免身。是其應也。

[1]晋成帝咸和二年五月，司徒王導厩，羊生無後足：《開元占經》卷一一八引《晋中興書》作“成帝咸和元年，司徒府羊産無後足，其後蘇峻作逆”。　王導：人名。字茂弘，琅邪臨沂人。《晋書》卷六五有傳。

宋孝武帝大明七年，[1]永平郡獻三角羊。[2]羊禍也。

[1]大明：宋孝武帝劉駿年號（457—464）。
[2]永平：郡名。治所在今廣西岑溪市。

赤眚赤祥

公孫淵時，[1]襄平北市生肉，長圍各數尺，有頭目口喙，無手足，而動搖。此赤眚也。[2]占曰：“有形不成，有體無聲，[3]其國滅亡。”淵尋爲魏所誅。

[1]公孫淵：人名。字文懿，遼東襄平（今遼寧遼陽市）人。《三國志》卷八有附傳。
[2]此赤眚也：《晋志中》“眚”作“祥”。
[3]有體無聲：《晋志中》“無”作“不”，《搜神記》卷九、《三國志·魏書·公孫淵傳》均作“有體無聲”。本志不誤。

吳成將鄧嘉殺猪祠神，[1]治畢縣之，忽見一人頭往食肉，嘉引弓射中之，咋咋作聲，繞屋三日。近赤祥也。後人白嘉謀北叛，闔門被誅。京房《易妖》曰：“山見葆，江于邑，邑有兵，狀如人頭赤色。”

[1]鄧嘉：人名。本書、《晉書》均一見，其事不詳。《晉志中》、《搜神記》卷九作"鄧喜"。

吳諸葛恪將見誅，盥洗水血臭；侍者授衣，衣亦臭。此近赤祥也。晉武帝太康七年十一月，[1]河陰有赤雪二頃。[2]此赤祥也。後涉四載而帝崩，王宮遂亂。[3]

[1]七年十一月：《晉志中》作"十月"。
[2]河陰：縣名。治所在今河南洛陽市東北。
[3]王宮：中華本校勘記云："張森楷《校勘記》云：'王宮疑王室之訛。'"

晉惠帝元康五年三月，[1]呂縣有流血，[2]東西百餘步。此赤祥也。元康末，窮凶極亂，僵尸流血之應也。干寶以為後八載而封雲亂徐州，[3]殺傷數萬人，[4]是其應也。

[1]五年三月：《晉書》卷四《惠帝紀》作"（六年）三月……彭城呂縣有流血，東西百餘步"。按：下云"後八載而封雲亂徐州"而推，"五年"當作"六年"。應據改。
[2]呂縣：治所在今江蘇銅山縣東南舊黃河北岸呂梁鄉。
[3]封雲：人名。臨淮人，太安二年（303）七月，響應義陽蠻張昌的起兵，旋被部將張統所殺。
[4]"晉惠帝"至"數萬人"：此事又見《搜神記》卷七、《晉志中》。

晉惠帝永康元年三月，尉氏雨血。夫政刑舒緩，則有常燠赤祥之妖。此歲正月，送愍懷太子幽于許宮。[1]
天戒若曰，不宜緩恣姦人，將使太子冤死。惠帝愚眊不
悟，是月愍懷遂斃。[2]於是王室釁成，禍流天下。淖齒
殺齊閔王日，[3]天雨血沾衣，天以告也，此之謂乎。京
房《易傳》曰：“歸獄不解，茲謂追非，厥咎天雨血，
茲謂不親，民有怨心，不出三年，無其宗人。”[4]又曰：
“佞人祿，功臣戮，天雨血。”

[1]許宮：即許昌宮。《晉書》卷五三《愍懷太子傳》：“明年
正月……遣澹以千兵防送太子，更幽于許昌宮之別坊。”

[2]是月愍懷遂斃：按上文“此月”當指“此歲正月”。《晉
書·愍懷太子傳》云：“三月，矯詔使黃門孫慮齎至許昌以害
太子。”

[3]淖齒殺齊閔王：淖齒，戰國楚將，將兵救齊。齊閔王，又
稱愍王，田氏，名地。齊國國君。公元前284年，燕將樂毅攻下齊
七十餘城，閔王奔莒。楚使淖齒將兵救齊，相閔王，旋殺齊閔王，
與燕分齊地。見《史記》卷四六《田敬仲完世家》。

[4]民有怨心，不出三年，無其宗人：《晉志中》作“下有惡
心，不出三年，無其宗”。《漢志中之下》同本志。

晋愍帝建興四年十二月丙寅，[1]丞相府斬督運令史
淳于伯，血逆流上柱二丈三尺。[2]此赤祥也。是時後將
軍褚哀鎮廣陵，[3]丞相揚聲北伐，伯以督運稽留及役使
臧罪，依征軍法戮之。[4]其息訴稱：[5]“伯督運事訖，無
所稽乏，受賕役使，罪不及死。兵家之勢，先聲後實，
實是屯戍，非爲征軍。[6]自四年以來，運漕稽停，皆不
以軍興法論。”[7]僚佐莫之理。及有此變，司直彈劾衆

官，元帝又無所問。[8]於是頻旱三年。干寶以爲冤氣之應也。[9]郭景純曰：“血者水類，同屬於《坎》，[10]《坎》爲法家。水平潤下，不宜逆流。[11]此政有咎失之徵也。”

[1]四年十二月丙寅：是年十二月乙卯朔，丙寅爲十三日。《搜神記》卷七，王隱《晋書》卷一，《晋書》卷七二《郭璞傳》、卷六九《劉隗傳》載此事均祇言“四年十二月”。

[2]血逆流上柱二丈三尺：《晋書·劉隗傳》曰：“謹按行督運令史淳于伯刑血著柱，遂逆上終極柱末二丈三尺，旋復下流四尺五寸。百姓諠譁，士女縱觀，咸曰其冤。”

[3]後將軍褚裒鎮廣陵：中華本本志、《晋志中》校勘記均認爲“褚裒”誤，“褚”字衍，“裒”當爲元帝子司馬裒。據《晋書》卷九三《褚裒傳》，褚裒時年僅十歲，不能領軍出鎮；據《晋書》卷四九《阮孚傳》云：“琅邪王裒爲車騎將軍，鎮廣陵。”因以同名“裒”而致誤。

[4]依征軍法戮之：《晋志中》“征軍法”作“軍法”。

[5]其息：指淳于伯子淳于忠。淳于忠所訴冤詞，見《晋書·劉隗傳》隗之奏章。

[6]實是屯戍，非爲征軍：《晋書·劉隗傳》云：“軍是戍軍，非爲征軍。以乏軍興論，於理爲枉。”戍軍，駐守之軍。征軍，戰時之軍。

[7]自四年以來，運漕稽停，皆不以軍興法論：《晋書·劉隗傳》作：“四年之中，供給運漕，凡諸徵發租調百役，皆有稽停，而不以軍興論，至於伯也，何獨明之？”

[8]及有此變，司直彈劾衆官，元帝又無所問：“及有此變”指“伯有晝見，彭生爲豕，刑殺失中，妖眚並見”。時有司彈劾了法曹參軍劉胤、屬李匡等人，王導也上疏引咎解職。但元帝“一無所問”。事見《晋書·劉隗傳》。

[9]干寶以爲冤氣之應也:《搜神記》卷七曰:"刑罰妄加,群陰不附,則陽氣勝之。罰又冤氣之應也。"

[10]血者水類,同屬於《坎》:八卦大象中《坎卦》象爲水,占者以爲血者水類,故血屬《坎》。

[11]《坎》爲法家。水平潤下,不宜逆流:《晋志中》"法家"作"法象",《晋書·郭璞傳》也作"《坎》爲法象","法家"誤,當據改。法象,效法的象徵物。血屬坎,象爲水,故宜潤下,不宜逆流。若逆流,即有悔咎發生。

宋書　卷三三

志第二十三

五行四

　　《五行傳》曰：[1]“簡宗廟，不禱祠，廢祭祀，逆天時，則水不潤下。”[2]謂水失其性而爲災也。又曰：“聽之不聰，是謂不謀。厥咎急，[3]厥罰恒寒，[4]厥極貧。[5]時則有鼓妖，[6]時則有魚孽，[7]時則有豕禍，[8]時則有耳痾，[9]時則有黑眚、黑祥。[10]惟火沴水。”[11]魚孽，劉歆傳以爲介蟲之孽，謂蝗屬也。

　　[1]《五行傳》：《續漢志一》引《五行傳》曰：“田獵不宿。”鄭玄注《尚書大傳》曰：“不宿，不宿禽也。”可知《五行傳》指伏生《尚書大傳·洪範五行傳》。
　　[2]水不潤下：謂水失其性而爲災。《續漢志三》鄭玄注《五行傳》認爲：北方虛、危二宿爲宗廟，牽牛主祭祀，故曰：“君行此四者，爲逆天北宮之政也。北宮於地爲水。水性浸潤下流，人所用灌溉者也。無故源流竭絕，川澤以涸，是爲不潤下。其他變異皆屬沴。”

[3]聽之不聰，是謂不謀。厥咎急：《續漢志三》引鄭玄注曰：
"君聽不聰，則是不能謀其事也。""君臣不謀則急矣。"《晋志下》
解釋説："聽之不聰，是謂不謀，言上偏聽不聰，下情隔塞，則謀
慮利害，失在嚴急，故其咎急也。"言君主偏聽而不能謀急待處理
的政事，很快就會出現咎失。

[4]厥罰恒寒：陰氣盛而無以制爲恒寒，亦稱常寒，指不以時
出的連雨雪及霜、雹、霰、雷電等造成的灾禍。

[5]極：惡而困窘。　貧：恒寒則不生百穀，上下俱貧。

[6]鼓妖：《續漢志三》引鄭玄注曰："鼓，聽之應也。"《晋書
斠注》引《漢書補注》葉德輝曰："《南齊志》引《五行聽傳》曰：
'不聰之象，見則妖生於耳，以類相動，故曰有鼓妖也。一曰聲
屬'。"《晋志下》解釋説："君嚴猛而閉下，臣戰慄而塞耳，則妄聞
之氣發於音聲，故有鼓妖。"指"聲若牛""鼓鳴""石鳴"等特異
現象。

[7]魚孽：古人以爲是魚類動物脱水或見於武庫而造成的妖孽
灾禍。

[8]豕禍：《晋志下》解釋説："於《易》，《坎》爲水，爲豕，
豕大耳而不聰察，聽氣毀，故有豕禍也。"以八卦象動物則《坎
卦》象爲豕，豕耳大而聽力不聰，故屬"聽之不聰"的灾禍。豕
禍的先兆有豬入軍營或種種豬缺肢少腿的變異。豕，豬。

[9]耳痾：寒冷凍耳，故有耳的病態或畸形。

[10]黑眚、黑祥：指黑色之物（五行中屬水的事物）所產生
的能預兆灾禍發生的怪異現象。其表現有黑氣、黑霧等。眚，本義
爲目疾，隱疼。引申爲由内產生的怪異。祥，凶灾、妖異。由外產
生的怪異。

[11]惟火沴水：即五行的水氣病弱，故火能傷之，金水不和則
出現黑眚、黑祥的怪異。沴，相傷，不和。

水不潤下

魏文帝黃初四年六月，[1]大雨霖，伊、洛溢至津陽城門，[2]漂數千家，流殺人。初，帝即位，自鄴還洛，[3]營造宮室，而不起宗廟，太祖神主猶在鄴。[4]嘗於建始殿饗祭如家人之禮，終黃初不復還鄴，而圓丘、方澤、南北郊、社、稷等神位，[5]未有定所。此簡宗廟，廢祭祀之罰也。京房《易傳》曰：「顓事有知，[6]誅罰絕理，厥災水。其水也，雨殺人已隕霜，大風天黃。饑而不損，茲謂泰。厥災水殺人。[7]避遏有德，茲謂狂。[8]厥災水，[9]水流殺人也；已水則地生蟲。[10]歸獄不解，茲謂追非。[11]厥水寒殺人。追誅不解，茲謂不理。[12]厥水五穀不收。大敗不解，茲謂皆陰。[13]厥水流入國邑，隕霜殺穀。」

[1]黃初：三國魏文帝曹丕年號（220—226）。

[2]大雨霖：降雨量大而且久雨不止。　伊、洛：流經洛陽的伊水和洛水。　溢：漫出。　津陽城門：洛陽城南面最西一門。

[3]鄴：魏國、後趙、冉魏、前燕、東魏、北齊首都，在今河北臨漳縣西南。有南北相臨的兩個城。北城始建於春秋，曹操時擴建爲都。東西七里，南北五里，有七門，南三，北二，東西各一。南城東魏建。二城均毀於隋。　洛：漢以前稱雒陽，曹丕稱帝後改爲洛陽，其遺址稱漢魏故城，在今河南洛陽市東白馬寺東。南北九里，東西六里，故稱九六城。十二門，南四北二，東西各三。

[4]神主：古代爲已死的國君做的牌位。上有死者名諱、廟號、謚號等，用木或石製成。

[5]圓丘：即圜丘。古代帝王冬至祭天的地方，後亦用以祭天地。　方澤：即方丘。古代帝王夏至祭地祇的方壇，因壇設於澤

中，故名。　南北郊：即祭天地。郊，祭名。在南郊就陽之象以祭天，在北郊就陰之象以祭地。　社、稷：即祭土地神和穀神。由於土地和糧食是封建政權的命脉，故社稷又用作國家政權的代稱。社，土神。稷，穀神。

［6］顗事有知："知"各本作"加"，中華本據《漢志》改。按：《續漢志三》"加"亦引作"知"。

［7］厥災水殺人："災"各本作"大水"，中華本據《漢志》改。按：《續漢志三》作"厥水"。

［8］避遏有德：《晉志上》同，《漢志上》《續漢志三》均作"辟遏有德"。《漢志》應劭注曰："辟，天子也，有德者雍遏不見用也。"作"辟"文義通，應據改。

［9］厥災水：原各本及《晉志上》作"厥水"，中華本據《漢志》改。按：《續漢志三》亦作"厥災水"。

［10］巳水：即水止。此處引申爲大水過後。

［11］歸獄不解，兹謂追非：《漢志上》注引李奇曰："歸罪過於民，不罪己也。"張晏曰："謂釋有罪之人而歸無辜者也。解，止也。追非，遂非也。"

［12］不理：無視法紀，不治獄。理，法紀，治獄。

［13］大敗不解，兹謂皆陰：《漢志上》此句下有"解，舍也，王者於大敗，誅首惡，赦其衆，不則皆函陰氣"二十字。按京房《易傳》行文習慣推之，此二十字當爲漢人注文，竄入《漢志》。

吳孫權赤烏八年夏，[1]荼陵縣鴻水溢出，[2]流漂二百餘家；十三年秋，丹陽故鄣等縣又鴻水溢。[3]案權稱帝三十年，竟不於建業創七廟，[4]但有父堅一廟，遠在長沙，[5]而郊禋禮闕。嘉禾初，[6]群臣奏宜郊祀，又弗許。末年雖一南郊，而北郊遂無聞焉。且三江、五湖、衡、霍、會稽，[7]皆吳、楚之望，亦不見秩，[8]反禮羅陽妖神，[9]以求福助。天意若曰，權簡宗廟，不禱祠，廢祭祀，示此罰，欲其感悟也。

[1]赤烏：三國吳大帝孫權年號（238—251）。

[2]茶陵：縣名。西漢置，治所在今湖南茶陵縣東。

[3]丹陽：郡名。治所在今安徽當塗縣東北小丹陽。《晋志上》作“丹楊”。　故鄣：縣名。西漢以鄣縣改名，治所在今浙江安吉縣北。

[4]七廟：《禮記·王制》：“天子七廟，三昭三穆，與太祖之廟而七。”這裏指四親（父、祖、曾祖、高祖）廟、二祧（二遠祖）廟和始祖廟。有時也泛指帝王供奉祖先的宗廟。

[5]長沙：郡名。治所在今湖南長沙市。

[6]嘉禾：三國吳大帝孫權年號（232—238）。

[7]三江：説法很多，就三國吳地域而言，當以長江、吳淞江、錢塘江爲是。　五湖：説法不一，據《史記·河渠書》，五湖初指太湖，後泛指太湖一帶的湖泊，如太湖、游湖、莫湖、胥湖、貢湖爲五湖。　衡：指衡山。在今湖南衡山縣西。　霍：指霍山。在今安徽霍山縣南。　會稽：郡名。治所在今浙江紹興市。

[8]吳、楚之望：指“三江、五湖、衡、霍、會稽”。望，望祭山川之神。　秩：秩祀，對高山大川按等級舉行的祭祀。

[9]羅陽妖神：《三國志》卷四七《吳書·吳主傳》：“臨海羅陽縣有神，自稱王表。周旋民間，語言飲食，與人無異，然不見其形，又有一婢，名紡績。”對此妖神，孫權派人迎接至建業，“於蒼龍門外爲立第舍”，又封其爲“輔國將軍羅陽王”。此事也見《建康實録》。羅陽，縣名。治所在今浙江瑞安市。

太元元年，[1]又有大風涌水之異。[2]是冬，權南郊。疑是鑒咎徵乎。[3]還而寢疾。明年四月，薨。一曰，權時信納譖訴，雖陸議勳重，[4]子和儲貳，[5]猶不得其終。與漢安帝聽讒免楊震、廢太子同事也。[6]且赤烏中無年不用兵，百姓愁怨。八年秋，將軍馬茂等又圖逆云。[7]

[1]太元：三國吳大帝孫權年號（251—252）。

[2]大風涌水之異：《三國志》卷四七《吳書·吳主傳》作"秋八月朔，大風，江海涌溢，平地深八尺"。

[3]疑是：《晋志上》作"宜是"。　咎：對過失的處罰。

[4]陸議：人名。即陸遜。字伯言，本名議，吳郡吳人。《三國志》卷五八有傳。《晋志上》作"陸遜"。

[5]和：人名。即孫和。字子孝，孫權子。赤烏五年（202）立爲太子，後廢。《三國志》卷五九有傳。　儲貳：儲君，太子。

[6]楊震：人名。字伯起，弘農華陰（今陝西華陰市）人。安帝乳母王聖及中常侍樊豐貪侈驕橫，震多次切諫，被樊豐所誣，於安帝延光三年（124）被免官，自殺。《後漢書》卷五四有傳。太子：即劉保。永寧元年（120）立爲太子，延光三年（124）被廢。安帝死後，内亂，中黃門孫程等迎其即皇帝位，是爲順帝。年十一。《後漢書》卷六有紀。

[7]馬茂：人名。因謀逆被夷族。事見《三國志》卷四七《吳書·吳主傳》裴松之注引《吳歷》。

魏明帝景初元年九月，[1]淫雨過常，[2]冀、兗、徐、豫四州水出，[3]没溺殺人，漂失財産。帝自初即位，便淫奢極欲，多占幼女，或奪士妻，崇飾宫室，妨害農戰，觸情恣欲，至是彌甚，號令逆時，饑不損役。此水不潤下之應也。

［1］景初：三國魏明帝曹叡年號（237—239）。

［2］淫雨過常：《晉志上》無"過常"二字。

［3］冀：州名。治所在今河北冀州市。　兗：州名。治所在今山東鄄城縣。　徐：州名。治所在今江蘇徐州市。　豫：州名。三國魏治所在今河南正陽縣，西晉時治所在今河南淮陽縣。

吳孫亮五鳳元年夏，[1]大水。亮即位四年，乃立權廟，[2]又終吳世，不上祖宗之號，[3]不修嚴父之禮，昭穆之數有闕。亮及休、晧又並廢二郊，[4]不秩群神。此簡宗廟，不祭祀之罰也。又是時，孫峻專政，[5]陰勝陽之應乎。

［1］五鳳：三國吳會稽王孫亮年號（254—256）。

［2］權廟：祭祀孫權的宗廟。

［3］祖宗之號：祖宗的廟號、謚號。

［4］二郊：指南郊祀天、北郊祀地的郊祀。

［5］孫峻：人名。字子遠，孫堅弟孫靜曾孫。《三國志》卷六四有傳。

吳孫休永安四年五月，[1]大雨，水泉涌溢。昔歲作浦里塘，[2]功費無數，而田不可成，士卒死叛，或自賊殺，百姓愁怨，陰氣盛也。休又專任張布，退盛沖等，[3]吳人賊之之應也。

［1］永安：三國吳景帝孫休年號（258—264）。

［2］浦里塘：在低窪地區圍堰造田的工程。《三國志》卷四八《吳書·孫休傳》："（永安三年）秋，用都尉嚴密議，作浦里塘。"

塘在今安徽當塗縣東南大官圩南部一帶。

　[3]張布：人名。孫休的權臣。先後任長水校尉、輔義將軍，封永康侯。幫助孫休誅除孫綝後，進位左將軍，專擅國勢，多行無禮。孫休卒後，與丞相濮陽興共立孫晧爲帝，升任驃騎將軍，加侍中。孫晧專橫驕盈，張布失望，有不滿言論，被孫晧所誅。　盛沖：人名。官至中書郎，孫休曾從其受學。休即位後，任博士，講論道藝。敢於直言，不爲張布所容，不得入宮講學。

　吴孫休永安五年八月壬午，大雨震電，[1]水泉涌溢。

　[1]震電：各本並作“雹”，中華本據《三國志》卷四八《吴書·孫休傳》、《晉志》改。

　晋武帝泰始四年九月，[1]青、徐、兗、豫四州大水；[2]七年六月，大雨霖，河、洛、伊、沁皆溢，殺二百餘人。[3]帝即尊位，不加三后祖宗之號，[4]泰始二年，又除明堂南郊五帝坐，同稱昊天上帝，[5]一位而已。又省先后配地之禮。[6]此簡宗廟，廢祭祀之罰，與漢成帝同事。一曰，昔歲及此年，藥蘭泥、白虎文、秦涼殺刺史胡烈、牽弘，[7]遣田璋討泥。[8]又司馬望以大衆次淮北禦孫晧。[9]内外兵役，西州饑亂，百姓愁怨，陰氣盛也。咸寧初，始上祖宗號，太熙初，[10]還復五帝位。

　[1]泰始：晋武帝司馬炎年號（265—274）。
　[2]青、徐、兗、豫四州大水：中華本“青”下原衍“州”字，今據《宋志四》删。青，州名。西晋治所在臨淄縣，即今山東臨淄市東北臨淄鎮。東晋移治東陽城，即今山東青州市。

[3]河、洛、伊、沁皆溢，殺二百餘人：《晉書》卷三《武帝紀》作："伊、洛、河溢，流居人四千餘家，殺三百餘人，有詔振貸給棺。"本志多"沁"溢，"三百"作"二百"。

[4]三后：指司馬懿、司馬師、司馬昭。咸寧元年（275）十二月，追尊宣帝廟曰高祖，景帝廟曰世宗，文帝廟曰太祖。

[5]明堂：宗祀先帝以配祀天帝之地。古代帝王祭天，以先祖配祭，《晉書·武帝紀》："（泰始二年二月）丁丑，郊祀宣皇帝以配天，宗祀文皇帝於明堂以配上帝。" 南郊五帝坐：在南郊郊祀五天帝。五天帝，《周禮·春官·小宗伯》："兆五帝於四郊。"鄭玄注："五帝，蒼曰靈威仰，太昊食焉；赤曰赤熛怒，炎帝食焉；黃曰含樞紐，黃帝食焉；白曰白招拒，少昊食焉；黑曰汁光紀，顓頊食焉。" 昊天上帝：博大廣漠天空中的至上天帝。這裏指把用先帝配祀天帝和對五天帝的祭祀合而爲"昊天上帝"之祀，所謂"簡宗廟"也。

[6]省先后配地之禮：《漢書·郊祀志下》："天地合祭，先祖配天，先妣配墬，其誼一也。"這裏指省去用先妣配祭地的祭祀。先后，即帝王的先妣。

[7]藥蘭泥、白虎文、秦涼：皆人名。本書均一見，事皆不詳。胡烈：人名。字武玄，安定臨涇（今甘肅鎮原縣）人。《晉書》卷五七有附傳。 牽弘：人名。觀津（今河北武邑縣）人，在曹魏任隴西太守，隨鄧艾伐蜀有功，拜振威護軍，入晉官至涼州刺史。

[8]田璋：人名。本書二見。《晉書》無田璋，有田章，《晉書·武帝紀》："（六年）六月戊午，秦州刺史胡烈擊叛虜於萬斛堆，力戰，死之。詔遣尚書石鑒行西安將軍……與奮威護軍田章討之。"其事迹相同，"田璋"即"田章"。

[9]司馬望：人名。字子初。《晉書》卷三七有附傳。

[10]太熙：晉武帝司馬炎年號（290）。

晋武帝咸寧元年九月，[1] 徐州水；二年七月癸亥，河南魏郡暴水，[2] 殺百餘人；八月，[3] 荆州郡國五大水。[4] 去年采擇良家子女，露面入殿，帝親簡閱，務在姿色，不訪德行。有蔽匿者，以不敬論。搢紳愁怨，天下非之。陰盛之應也。[5]

[1]咸寧：晋武帝司馬炎年號（275—280）。

[2]河南：郡名。治所在今河南洛陽市。　魏郡：治所在今河北臨漳縣西南鄴鎮。

[3]八月：《晋志上》作"閏月"。《晋書》卷三《武帝紀》此條在"八月丁未"後和"十月"前。陳垣《廿二史朔閏表》（以下簡稱《朔閏表》），八月丁未爲八月二十九日，故本志八月衹可能是閏八月，但《朔閏表》此年閏九月戊寅，其下注：劉氏《長曆》閏十月。本志作"八月"，失察，"閏月"當從《朔閏表》作"閏九月"。

[4]荆州：治所在今湖北荆州市荆州區。《晋志上》此句下有"流四千餘家"。應據補。

[5]陰盛之應：女子屬陰，采女子入宮，陰盛之舉，天應其大水。

咸寧三年六月，益、梁二州郡國八暴水，[1] 殺三百餘人；七月，荆州大水；九月，始平郡大水；[2] 十月，青、徐、兗、豫、荆、益、梁七州又水。[3] 是時賈充等用事日盛，[4] 而正人疏外者多。[5]

[1]益：州名。治所在今四川成都市。　梁：州名。三國魏置，西晋屢遷其治所，初在南鄭縣（今陝西漢中市），移治西城縣（今

陝西安康市），又移苞中縣（今陝西漢中市）、城固縣（今陝西城
固縣）。

［2］始平：郡名。西晉置，治所在槐里縣，今陝西興平市東南
南佐村。

［3］"十月"至經"梁七州又水"：丁福林《校議》云："《晉
書·武帝紀》則記在是年九月，且又云'傷秋稼，詔振給之'，則
《帝紀》作九月，是也。"

［4］賈充：人名。字公閭，平陽襄陵（今山西襄汾縣）人。
《晉書》卷四〇有傳。

［5］而正人疏外者多：《晉志上》此句下有"陰氣盛也"四字。

咸寧四年七月，司、冀、兗、豫、荆、揚郡國二十
大水。[1]

［1］司、冀、兗、豫、荆、揚郡國二十大水：《晉書》卷三
《武帝紀》作："荆、揚郡國二十大水。"司，州名。三國魏通稱司
隸校尉部爲司州，西晉始正式成爲郡名，治所在今河南洛陽市。
揚，州名。治所在今江蘇南京市。按：《晉志上》此句下有"傷秋
稼，壞屋室，有死者"九字，應據補。

晉武帝太康二年六月，泰山、江夏大水。[1]泰山流
三百家，殺六千餘人；[2]江夏亦殺人。是時平吳後，王
濬爲元功，[3]而詆劾妄加；苟、賈爲無謀，[4]而並蒙重
賞。收吳姬五千，納之後宮。此其應也。

［1］泰山：郡名。治所在今山東泰安市。　江夏：郡名。治所
在今湖北雲夢縣。

［2］殺六千餘人：《晉志上》作"殺六十餘人"。《晉書》卷三

《武帝紀》僅記"江夏、泰山水，流居人三百餘家"，不記人數。應以"殺六十餘人"爲是。

[3]王濬：人名。字士治，弘農湖（今河南靈寶市）人。《晋書》卷四二有傳。

[4]荀：指荀勖。字公曾，潁川潁陰人。《晋書》卷三九有傳。賈：指賈充。二人固諫不可平吳，故説其無謀。

太康四年七月，司、豫、徐、兗、荆、揚郡國二十大水，傷秋稼，壞屋室，有死者。[1]

[1]太康四年七月，司、豫、徐、兗、荆、揚郡國二十大水：《晋書》卷三《武帝紀》、《晋志上》並言"（太康）四年七月兗州大水"。本志此條與上"咸寧四年七月，司、冀、兗、豫、荆、揚郡國二十大水"條基本相同，僅"徐"作"冀"而已；又"傷秋稼，壞屋室，有死者"九字《晋志上》繫於"咸寧四年七月"。故疑此條爲上條之重而又稍誤。

太康六年三月，[1]青、凉、幽、冀郡國十五大水。[2]

[1]太康六年三月：丁福林《校議》云：《晋書》卷四《惠帝紀》、《五行志》上皆記是年四月，郡國十水，此恐誤。

[2]幽：州名。治所在今北京市。

太康七年九月，西方安定等郡國八大水。[1]

[1]安定：郡名。治所在今甘肅涇川縣北涇河北岸。

太康八年六月，郡國八大水。晋惠帝元康二年，有水災。元康五年五月，潁川、淮南大水；[1]六月，城陽、東莞大水殺人；[2]荆、揚、徐、兗、豫五州又大水。是時帝即位已五載，猶未郊祀，烝嘗亦多不身親近。[3]簡宗廟，廢祭祀之罰也。班固曰："王者即位，必郊祀天地，望秩山川。若乃不敬鬼神，政令違逆，則霧水暴至，百川逆溢，壞鄉邑，溺人民，水不潤下也。"

[1]潁川：郡名。治所在今河南禹州市。　淮南：郡名。治所在今安徽壽縣。

[2]城陽：郡名。治所在今山東諸城市。　東莞：郡名。治所在今山東莒縣。

[3]烝嘗：宗廟的祭名，冬祭曰烝，夏祭曰嘗。後泛指祭祀。

元康六年五月，荆、揚二州大水。按董仲舒説，水者陰氣盛也。是時賈后亂朝，[1]寵樹賈、郭。[2]女主專政之應也。

[1]賈后：即惠賈皇后。名南風，平陽襄陵人，父賈充。《晉書》卷三一有傳。

[2]賈：即賈模。字思範，賈后的族兄。《晉書》卷四〇有附傳。　郭：即郭彰。字叔武，太原人，賈后的從舅。《晉書》卷四〇有附傳。

元康八年五月，金墉城井水溢。[1]漢成帝時有此妖，班固以爲王莽之象。及趙倫篡位，[2]即此應也。倫廢帝於此城，井溢所在，又天意乎。

[1]金墉城：曹魏明帝於青龍三年（235）在洛陽城西北角建築的軍事性城堡，始在城牆上等距離設置了凸出的墩臺，後稱爲“馬面”，在城建史上有較大意義。其遺址在今河南洛陽市東約十五公里的白馬寺一帶。魏晉時期，常作廢帝、廢后囚禁之地。

[2]趙倫：即趙王司馬倫。字子彜，司馬懿第九子。《晉書》卷五九有傳。

元康八年九月，荆、揚、徐、兗、冀五州大水。[1]是時賈后暴戾滋甚，韓謐驕猜彌扇，[2]卒害太子，[3]旋亦禍滅。

[1]荆、揚、徐、兗、冀五州大水：《晉志上》作“荆、揚、徐、冀、豫五州大水”。《晉書》卷四《惠帝紀》同，有兗無豫。

[2]韓謐：人名。即賈謐。字長深，父韓壽，本名韓謐，繼賈充嗣爲賈謐。南陽堵陽（今河南方城縣）人。《晉書》卷四〇有附傳。

[3]太子：指愍懷太子。晉惠帝長子，元康九年（299）被賈后、賈謐和趙王倫冤殺。事見《晉書》卷五三《愍懷太子傳》。

元康九年四月，宮中井水沸溢。晉惠帝永寧元年七月，[1]南陽、東海大水。[2]是時齊王冏秉政專恣。[3]陰盛之應。

[1]永寧：晉惠帝司馬衷年號（301—302）。

[2]南陽：郡名。治所在今河南南陽市。　東海：郡名。治所在今山東郯城縣。

[3]齊王冏：即司馬冏。字景治。《晉書》卷五九有傳。

晋惠帝太安元年七月，[1]兗、豫、徐、冀四州水。時將相力政，無尊主心。

[1]太安：晋惠帝司馬衷年號（302—304）。

晋孝懷帝永嘉四年四月，[1]江東大水。[2]是時王導等潛懷翼戴之計。[3]陰氣盛也。

[1]永嘉：晋懷帝司馬熾年號（307—313）。
[2]江東：又稱江左。其地本指今安徽蕪湖市、江蘇南京市長江河段以東地區，因吳、東晋、宋、齊、梁、陳等六朝建都建鄴（今江蘇南京市），故時人又稱其統治下的全部地區爲江東。
[3]王導：人名。字茂弘，琅邪臨沂人。《晋書》卷六五有傳。
翼戴之計：輔佐擁戴的計謀。指王導在孝懷帝時就準備輔佐擁戴晋元帝司馬睿。

晋元帝太興三年六月，[1]大水。是時王敦内懷不臣，[2]傲很作威。後終夷滅。

[1]太興：晋元帝司馬睿年號（318—321）。
[2]王敦：人名。字處仲，琅邪臨沂人。《晋書》卷九八有傳。

太興四年七月，大水，明年有石頭之敗。[1]

[1]石頭之敗：指永昌元年四月，王敦攻占石頭，敗王導等六軍事。石頭，城名。在今江蘇南京市漢中門外清凉山後。孫權於公元212年用石頭建，城周圍七里一百步，依山傍江，十分險要。

　　晋元帝永昌二年五月，[1]荆州及丹陽、宣城、吴興、壽春大水。[2]

　　[1]永昌二年：《晋書斠注》案："永昌無二年。"永昌二年即太寧元年，故此條與下"太寧元年"條爲一事重出，《晋志上》也衍誤。永昌，晋元帝司馬睿年號（322—323）。

　　[2]丹陽：郡名。治所在今江蘇丹陽市。　宣城：郡名。治所在今安徽宣城市宣州區。　吴興：郡名。治所在今浙江湖州市吴興區南。　壽春：縣名。治所在今安徽壽縣。

　　晋明帝太寧元年五月，[1]丹陽、宣城、吴興、壽陽大水。是時王敦疾害忠良，威權震主。尋亦誅滅。

　　[1]太寧：晋明帝司馬紹年號（323—326）。

　　晋成帝咸和元年五月，[1]大水。是時嗣主幼沖，母后稱制，[2]庾亮以元舅民望，[3]決事禁中。陰勝陽也。

　　[1]咸和：晋成帝司馬衍年號（326—334）。

　　[2]母后稱制：《建康實録》："成皇帝諱衍，字世根，明帝長子。""太子即皇帝位，尊皇后庾氏爲皇太后。年幼，太后臨朝，以司徒王導、中書令庾亮輔政。"

　　[3]庾亮以元舅民望：《晋志上》無"民望"二字。庾亮，人名。字元規，潁川鄢陵（今河南鄢陵縣）人。《晋書》卷七三有傳。

　　咸和二年五月戊子，京都大水。是冬，蘇峻稱兵，[1]都邑塗炭。咸和四年七月，丹陽、宣城、吳興、會稽大水。是冬，郭默作亂，[2]荆、豫共討之，半歲乃定。[3]

[1]蘇峻：人名。字子高，長廣掖（今山東萊州市）人。咸和二年（327）十一月反，三年三月攻下建康，專擅朝政，旋敗而死。《晋書》卷一○○有傳。

[2]郭默：人名。河內懷（今河南武陟縣）人。咸和五年叛亂。《晋書》卷六三有傳。

[3]半歲乃定：《晋志上》此句下有"兵役之應也"五字。

咸和七年五月，大水。是時帝未親務，[1]政在大臣。陰勝陽也。

[1]是時帝未親務：《晋志上》作"是時帝未親機務"。此句脱"機"字，意不明，應據補。

晋成帝咸康元年八月，[1]長沙、武陵大水。[2]是年三月，石虎掠騎至歷陽，[3]四月，圍襄陽。[4]於是加王導大司馬，集徒旅；又使趙胤、路永、劉仕、王允之、陳光五將軍，各率衆戍衛。[5]百姓愁怨。陰氣盛也。

[1]咸康：晋成帝司馬衍年號（335—342）。

[2]武陵：郡名。治所在今湖南常德市。

[3]石虎：人名。字季龍，上黨武鄉（今山西武鄉縣，一説在榆社縣）人，羯族。後趙創立者石勒侄，勒死，廢其子弘自立。其窮兵黷武，刑罰苛暴，廢田地爲獵場，民不聊生。《晋書》卷一○

六、一〇七有載記。 歷陽：郡名。治所在今安徽和縣。

[4]襄陽：郡名。治所在今湖北襄陽市襄城區。

[5]趙胤、路永、劉仕、王允之、陳光五將軍："趙胤"各本作"趙鳳"，"劉仕、王允之"各本作"劉允之"，中華本據《晉書》卷七《成帝紀》改正。趙胤，人名。字伯舒，淮南人。封湘南縣侯，杜曾起兵反晉，王敦派周訪鎮壓，趙胤隨行，屢立戰功，王導引爲從事中郎，後任豫州刺史，卒於官。事見《晉書》卷五七《趙誘傳》。路永，人名。郭默反叛時，以將軍隨庾亮討破之，爲蘇峻心腹，後歸王導。晉成帝咸康元年爲龍驤將軍，八年（342）爲豫州刺史，獻玉鼎。穆帝永和元年（345），叛歸石季龍。劉仕，人名。咸康元年（335）爲王導部將，石季龍攻歷陽時率兵救之。《晉書·成帝紀》記永和十年五月，江西乞活郭敞等執陳留内史劉仕而叛，京師震駭。《晉書》卷一一六《姚襄載記》却記流人郭敷等千餘人執晉堂邑内史劉仕降於襄，朝廷大震。未知孰是。王允之，人名。字深猷。《晉書》卷七六有附傳。陳光，人名。廣陵相、左衛將軍。《晉書》二見。

晉穆帝永和四年五月，[1]大水。是時幼主沖弱，母后臨朝，[2]又將相大臣，各爭權政。與咸和初同事也。

[1]永和：晉穆帝司馬聃年號（345—356）。
[2]幼主沖弱，母后臨朝：穆帝二歲即位，由皇太后褚氏臨朝攝政。

永和五年五月，大水。永和六年五月，大水。永和七年七月甲辰夜，濤水入石頭，死者數百人。[1]去年殷浩以私忿廢蔡謨，[2]遐邇非之。又幼主在上，而殷、桓交惡，[3]選徒聚甲，各崇私權。陰勝陽之應也。一説濤入石頭，江右以爲兵占。[4]是后殷浩、桓温、謝尚、苟羨連年征伐。[5]

[1]死者數百人：《建康實録》、《晋書》卷八《穆帝紀》均作"溺死者數百人"。

[2]去年殷浩以私忿廢蔡謨：《晋志上》"去年"作"是時"。按：廢蔡謨事在永和六年十二月，《晋志》誤。殷浩，人名。字深源，陳郡長平（今河南西華縣）人。《晋書》卷七七有傳。蔡謨，人名。字道明，陳留考城（今河南民權縣）人。蔡謨之廢，因讓其作司徒，數召不至，爲有司奏，免爲庶人，與殷浩無關。事見《建康實録》和《晋書》卷七七《蔡謨傳》。

[3]殷、桓交惡：指殷浩、桓温互相攻擊對方。桓，即桓温。字元子，譙國龍亢（今安徽懷遠縣）人。《晋書》卷九八有傳。

[4]江右以爲兵占：《晋志上》作"以爲兵占"。江右，指今江西地區。

[5]謝尚：人名。字仁祖。《晋書》卷七九有傳。　苟羨：人名。字令則。《晋書》卷七五有附傳。

晋穆帝升平二年五月，[1]大水。是時桓温權制朝廷，征伐是專。

[1]升平：晋穆帝司馬聃年號（357—361）。

升平五年四月，大水。晋海西太和六年六月，[1]京都大水，平地數尺，侵及太廟。朱雀大航纜斷，[2]三艘流入大江。丹陽、晋陵、吳國、吳興、臨海五郡又大水，[3]稻稼蕩没，黎庶饑饉。初，四年，桓温北伐敗績，十喪其九；五年，又征淮南，踰歲乃克。百姓愁怨之應也。

[1]太和：晋廢帝司馬奕年號（366—371）。

[2]朱雀大航：六朝時建康城南用船搭的浮橋，正對朱雀門，故名，又名大桁。

[3]晋陵：郡名。治所在今江蘇常州市。 吳國：《晋志上》作“吳郡”。《建康實録》、《晋書》卷八《廢帝海西公紀》均作“吳郡”。當據改。 臨海：郡名。治所在今浙江臨海市。

晋簡文帝咸安元年十二月壬午，[1]濤水入石頭。明年，妖賊盧竦率其屬數百人入殿，[2]略取武庫三庫甲仗，游擊將軍毛安之討滅之。[3]

[1]咸安：晋簡文帝司馬昱年號（371—372）。《徵祥説》也記此事，“石頭”後有“俄而海西公廢”六字。

[2]盧竦：人名。據《建康實録》，其爲彭城人，詐用海西公名入殿廳。中華本校勘記云：“《海西公紀》《孝武紀》《毛安之傳》及《通鑑》一○三並作‘盧悚’。”

[3]毛安之：人名。字仲祖。《晋書》卷八一有附傳。

晋孝武帝太元三年六月，[1]大水。是時孝武幼弱，政在將相。

[1]太元：晋孝武帝司馬曜年號（376—396）。

太元五年，[1]大水。去年氐賊攻没襄陽，[2]又向廣陵。^[3]於是逼徙江、淮民悉令南渡，三州失業，道饉相望。謝玄雖破句難等，^[4]自後征戍不已。百姓愁怨之應也。

[1]五年：《晉志上》作“五年五月”。

[2]氐賊：指苻堅。一名文玉，字永固，略陽臨渭（今甘肅秦安縣）人。氐族。前秦皇帝。《晉書》卷一一三、一一四有載記。

[3]廣陵：郡名。治所在今江蘇揚州市西北蜀崗上。

[4]謝玄：人名。字幼度。《晉書》卷七九有傳。　句難：人名。又名俱難、范俱難，苻堅的戰將，曾任安遠將軍、後將軍，屢立戰功。苻堅南征，句難連下襄陽、盱眙，後在淝水之戰中，被謝玄、謝石的北府兵打敗，苻堅免其爲庶人。

太元六年六月，荆、江、揚三州大水。^[1]太元十年夏，^[2]大水。初，八年，破苻堅，^[3]自後有事中州，^[4]役無已歲。兵民愁怨之應也。

[1]江：州名。西晉置，治所在今江西南昌市。

[2]十年夏：《晉志上》作“十年五月”。

[3]初，八年，破苻堅：《晉志上》作“自八年破苻堅”。指太元八年（383）淝水之戰破前秦苻堅事。

[4]中州：即中土、中原。所指區域有三：一指今河南一帶，一指黃河流域，一指全中國廣大區域。此處應指黃河流域。

太元十三年十二月，濤水入石頭。^[1]明年，丁零、鮮卑寇擾司、兗鎮戍，^[2]西、北疲於奔命。

　　[1]十三年十二月，濤水入石頭：《晉書》卷九《孝武帝紀》作："冬十二月戊子，濤水入石頭，毀大桁，殺人。"《徵祥説》作"孝武帝太元十三年十二月戊子，濤水入石頭，毀大船，沉，殺人。己亥，江水湧起，建康、秣陵江瀆，沒殺人。陰旺之應也"。故"十二月"後當加"戊子"，"濤水入石頭"後當據《晉志上》、《晉書·孝武帝紀》、《徵祥説》等加"毀大航，殺人"五字。

　　[2]丁零、鮮卑寇擾司、兗：《晉志上》作"慕容氏寇擾司兗"。丁零，古代民族名。漢時爲匈奴屬國，游牧於中國北部、西北部廣大地區。《御覽》卷七九六引《後魏書》："丁令在康居北，勝兵六萬人。隨畜牧，依處土……西南去康居界二千里。"鮮卑，古代民族名。屬東胡族一支，秦漢附於匈奴，漢末分東西中三部，各置大人統領。魏晉南北朝時期先後建立了前燕、後燕、南燕、西秦、南涼、北魏、東魏、西魏、北齊、北周諸國。慕容氏是鮮卑族的一支，南北朝時建有前燕、後燕、南燕三國。此時是後燕慕容垂的寇擾。

　　太元十五年七月，兗州大水。[1]是時緣河紛争，征戍勤悴。

　　[1]兗州大水：《晉志上》作"沔中諸郡及兗州大水"。

　　太元十七年六月甲寅，濤水入石頭，毀大航，漂船舫，有死者。京口西浦，[1]亦濤入殺人。永嘉郡潮水涌起，[2]近海四縣人民多死。後四年帝崩，而王恭再攻京師。[3]京師亦發大衆以禦之。

　　[1]京口：即今江蘇鎮江市。　浦：小河入江之處。
　　[2]永嘉：郡名。治所在今浙江溫州市。其下臨海之縣有永寧、

樂成、橫陽等。

[3]王恭：人名。字孝伯，王蘊之子，定皇后之兄。《晉書》卷八四有傳。

太元十九年七月，荊州、彭城大水傷稼。[1]

[1]荊州、彭城大水傷稼：《晉志上》作"荊、徐大水"。彭城，郡名。治所在今江蘇徐州市。

太元二十年，荊州、彭城大水。[1]

[1]荊州、彭城大水：《晉志上》作："二十年六月，荊、徐又大水。"

太元二十一年五月癸卯，大水。是時政事多弊，兆庶非之。晉安帝隆安三年五月，荊州大水。[1]去年殷仲堪舉兵向京都。[2]是年春又殺郗恢。[3]陰盛作威之應也。仲堪尋亦敗亡。

[1]隆安三年五月，荊州大水：《晉志上》作："荊州大水，平地三丈。"隆安，晉安帝司馬德宗年號（397—401）。

[2]殷仲堪：人名。陳郡（今河南淮陽縣）人。《晉書》卷八四有傳。

[3]郗恢：人名。字道胤，高平金鄉（今湖南隆回縣）人。《晉書》卷六七有傳。

隆安五年五月，大水。是時司馬元顯作威陵上，[1]

又桓玄擅西夏，[2]孫恩亂東國。[3]陰勝陽之應也。

　　[1]司馬元顯：人名。司馬道子之世子。《晋書》卷六四有
附傳。
　　[2]西夏：東晋、南朝時稱今長江中游湖南、湖北一帶爲西夏。
　　[3]孫恩：人名。字靈秀，琅邪（今山東諸城市）人。五斗米
道教主，後起兵反晋。《晋書》卷一〇〇有傳。　東國：東方之國，
此處泛指吳越之地。

　　晋安帝元興二年十二月，[1]桓玄篡位。其明年二月
庚寅夜，濤水入石頭。是時貢使商旅，方舟萬計，漂敗
流斷，骸胔相望。江左雖有濤變，[2]未有若斯之甚。三
月，義軍克京都，玄敗走。遂夷滅。

　　[1]元興：晋安帝司馬德宗年號（402—404）。
　　[2]江左：各本並作“江右”，中華本據《晋志》改。

　　元興三年二月己丑朔夜，濤水入石頭，漂没殺人，
大航流敗。晋安帝義熙元年十二月己未，[1]濤水入石頭。

　　[1]義熙：晋安帝司馬德宗年號（405—418）。

　　義熙二年十二月己未夜，濤水入石頭。明年駱球父
環潛結桓胤、殷仲文等謀作亂，[1]劉雅亦謀反，[2]凡所誅
滅數十家。

　　[1]駱球：人名。永嘉太守，義熙三年（407）與殷仲文等謀

反，被誅。　環：人名。即駱環。本書、《晋書》均一見，其事不詳。　桓胤：人名。字茂遠，譙國龍亢人。駱、殷謀反，陰欲立其爲桓玄之嗣，事覺，伏誅。《晋書》卷七四有附傳。

[2]劉雅：人名。梁州刺史。中華本校勘記云："三朝本、北監本、毛本、殿本、局本、《晋書·五行志》並作'劉稚'。殿本、《晋書·劉毅傳》並作'劉雅'。"

義熙三年五月丙午，大水。義熙四年十二月戊寅，濤水入石頭。明年，王旅北討鮮卑。義熙六年五月丁巳，大水。乙丑，盧循至蔡洲。[1]

[1]盧循：人名。字于先，又稱盧龍、元龍。《晋書》卷一〇〇有傳。　蔡洲：洲名。在建康西南長江中。

義熙八年六月，大水。義熙九年五月辛巳，大水。義熙十年五月丁丑，大水；戊寅，西明門地穿涌水出，毀門扉及限；[1]七月乙丑，淮北災風大水殺人。[2]

[1]限：門坎。
[2]淮北：淮水以北地區。

義熙十一年七月丙戌，大水，淹漬太廟，百官赴救。明年，王旅北討關、河。[1]

[1]王旅北討關、河：義熙十二年（417）八月，劉裕率師伐後秦，降洛陽，克潼關、長安。關，潼關。河，黃河。

宋文帝元嘉五年六月，[1]京邑大水。七年，右將軍到彥之率師入河。[2]

[1]元嘉：宋文帝劉義隆年號（424—453）。

[2]到彥之：人名。字道豫，彭城武原（今江蘇邳州市）人。本書卷四六有目無文，《南史》卷二五有傳。

元嘉十一年五月，京邑大水。十三年，司空檀道濟誅。[1]

[1]檀道濟：人名。高平金鄉（今山東嘉祥縣）人。本書卷四三有傳。

元嘉十二年六月，丹陽、淮南、吳、吳興、義興五郡大水，[1]京邑乘船。

[1]吳：郡名。治所在今江蘇蘇州市。　吳興：郡名。治所在今浙江湖州市吳興區南。　義興：郡名。治所在今江蘇宜興市。

元嘉十八年五月，江水汎溢，没居民，害苗稼。明年，右軍將軍裴方明率雍、梁之衆伐仇池。[1]

[1]右軍將軍：官名。晉武帝泰始始置，掌宿衛。四品。宋仍之，權任漸輕。　裴方明：人名。河東（今山西夏縣）人。曾任劉道濟振武中兵參軍，轉龍驤將軍，立功蜀土，在討伐楊難當時戰功卓著，但因在破仇池時，私藏財物，下獄死。本書卷四七有附傳。丁福林《校議》云："裴方明征仇池時爲龍驤將軍，且未見其有右

軍將軍之任，此云‘右軍將軍裴方明’，恐有誤。”　雍：州名。東晉太元中僑置，治所在今湖北襄陽市襄城區。　仇池：地名。在今甘肅西和縣西南。

元嘉十九年、二十年，東諸郡大水。[1]

[1]東諸郡大水：“東”字下各本並衍“都”字，中華本據文義刪去。按：東都諸郡，謂會稽、東陽、臨海、永嘉、新安等郡。不應刪。

元嘉二十九年五月，京邑大水。孝武帝孝建元年八月，[1]會稽大水，平地八尺。後二年，虜寇青、冀州，遣羽林軍卒討伐。

[1]孝建：宋孝武帝劉駿年號（454—456）。

孝武帝大明元年五月，[1]吳興、義興大水。

[1]大明：宋孝武帝劉駿年號（457—464）。

大明四年八月，雍州大水。大明四年，南徐、南兗州大水。[1]

[1]南徐：州名。宋置，治所在今江蘇鎮江市。　南兗：州名。宋改兗州置，治所在今江蘇揚州市西北蜀崗上。

後廢帝元徽元年六月，[1]壽陽大水。[2]

[1]元徽：宋後廢帝劉昱年號（473—476）。

[2]壽陽：縣名。治所在今安徽壽縣。

順帝昇明元年七月，[1]雍州大水，甚於關羽樊城時。[2]

[1]昇明：宋順帝劉準年號（477—479）。

[2]關羽：人名。字雲長，河東解（今山西臨猗縣）人，蜀漢五虎上將之一。羽坐鎮荆州時，曾利用漢水泛溢，淹没于禁七軍，威震華夏。事見《三國志》卷三六《蜀書·關羽傳》。

昇明二年二月，於潛翼異山一夕五十二處水出，[1]流漂居民。七月丙午朔，濤水入石頭，居民皆漂没。

[1]於潛：縣名。治所在今浙江臨安市西於潛。

恒寒

庶徵之恒寒，[1]劉歆以爲“大雨雪、及未當雨雪而雨雪、及大雨雹、隕霜殺菽草，皆常寒之罰也。”[2]京房《易傳》曰：[3]“有德遭險，兹謂逆命。厥異寒。誅罰過深，當燠而寒，盡六日，亦爲雹。害正不誅，兹謂養賊。寒七十二日，殺飛禽。道人始去，[4]兹謂傷。其寒物無霜而死，涌水出。戰不量敵，兹謂辱命。其寒雖雨物不茂。”

[1]庶徵：各種徵候。《尚書·洪範》：“八，庶徵：曰雨、曰暘、曰燠、曰寒、曰風。”孔傳：“雨以潤物，暘以乾物，燠以長

物，寒以成物，風以動物，五者各以其時，所以爲衆驗。" 恒寒：常寒或不當寒而寒的各種自然現象。

[2]劉歆：人名。字子駿，劉向子。《漢書》卷三六有附傳。

[3]京房：人名。字君明，本姓李，推音律自定爲京氏，東郡頓丘（今河南浚縣）人。爲《易》作傳，今傳有《京氏易傳》三卷，其他著作均佚。《漢書》卷七五有傳。

[4]道人：有道之人。

吳孫權嘉禾三年九月朔，[1]隕霜傷穀。按劉向説，[2]"誅罰不由君出，在臣下之象也"。是時校事吕壹專作威福，[3]與漢元帝時石顯用事隕霜同應。[4]班固書九月二日，[5]陳壽言朔，[6]皆明未可以傷穀也。壹後亦伏誅。京房《易傳》曰："興兵妄誅，兹謂亡法。厥災霜，夏殺五穀，冬殺麥。誅不原情，兹謂不仁。其霜夏先大雷風，冬先雨，乃隕霜，有芒角。賢聖遭害，其霜附木不下地。佞人依刑，兹謂私賊。其霜在草根土隙間。不教而誅，兹謂虐。其霜反在草下。"[7]

[1]朔：陰曆每月第一天。

[2]劉向：人名。字子政，本名更生。沛人。《漢書》卷三六有傳。

[3]校事吕壹：孫權時任爲校事，專門探尋官民思想動態，是具有特務性質的監察官。

[4]石顯：人名。字君房，濟南人。宦官，中書令。《漢書》卷九三有傳。

[5]班固：人名。字孟堅，扶風安陵（今陝西咸陽市）人。《後漢書》卷四〇有傳。

　　[6]陳壽：人名。字承祚，巴西安漢（今四川南充市）人。撰《三國志》等。《晋書》卷八二有傳。

　　[7]"京房"至"其霜反在草下"：此文見《漢志中之下》。

　　嘉禾四年七月，雨雹，又隕霜。案劉向説，"雹者陰脅陽"。[1]是時呂壹作威用事，詆毀重臣，排陷無辜。自太子登以下，咸患毒之，而壹反獲封侯寵異。與春秋公子遂專任，[2]雨雹同應也。漢安帝信讒，多殺無辜，亦雨雹。董仲舒曰"凡雹皆爲有所脅，行專壹之政"故也。[3]

　　[1]雹者陰脅陽：劉向對霜雹成因的解釋。《漢志中之下》云："劉向以爲：盛陽雨水，温煖而湯熱，陰氣脅之不相入，則轉而爲雹；盛陰雨雪，凝滯而冰寒，陽氣薄之不相入，則散而爲霰。故沸湯之在閉器，而湛於寒泉，則爲冰。及雪之銷，亦冰解而散，此其驗也。故雹者陰脅陽也，霰者陽脅陰也。"反映了古人對冰、霜、雹、霰成因的認識，具有一定的科學性。

　　[2]春秋公子遂專任：《漢志中之下》曰："（釐）公末年，信用公子遂……遂終專權。後二年殺子赤，立宣公。"

　　[3]董仲舒：人名。廣川（今河北棗强縣，一説在景縣）人。《漢書》卷五六有傳。

　　吳孫權赤烏四年正月，大雪，平地深三尺，鳥獸死者太半。是年夏，全琮等四將軍攻略淮南、襄陽，[1]戰死者千餘人。其後權以讒邪，數責讓陸議，議憤恚致卒。與漢景、武大雪同事也。[2]

[1]全琮：人名。字子璜，吳郡錢唐人。《三國志》卷六〇有傳。

[2]漢景、武大雪：《漢志中之下》：“景帝中六年三月，雨雪。其六月，匈奴入上郡取苑馬，吏卒戰死者二千餘人。明年，條侯周亞夫下獄死。”武帝元狩元年（前122）及元鼎二年（前115）、三年皆有雨雪後大臣罪死之事。

赤烏十一年四月，雨雹。是時權聽讒，將危太子。其後朱據、屈晃以迕意黜辱，[1]陳象以忠諫族誅，[2]而太子終廢。此有德遭險，誅罰過深之應也。

[1]朱據：人名。字子範，吳郡吳人。《三國志》卷五七有傳。屈晃：人名。汝南人，官尚書僕射。《三國志》一見，其事不詳。

[2]陳象以忠諫族誅：《晉志下》“陳象”前有“陳正”。陳正，人名。官無難督。《三國志》一見，其事不詳。陳象，人名。官五營督。《三國志》一見，其事不詳。

晋武帝泰始六年冬，大雪。泰始七年十二月，大雪。[1]明年，有步闡、楊肇之敗，[2]死傷甚眾。

[1]七年十二月，大雪：此次大雪當在上隴一帶。《書鈔》卷一五二引《晉朝雜事》曰：“泰始七年冬，上隴雪五尺。”

[2]步闡：人名。臨淮淮陰人，步騭之子。在吳官昭武將軍，封西亭侯，後降晉，官衛將軍，封宜都公。《三國志》卷五二有附傳。 楊肇：人名。晉荊州刺史，迎步闡於西陵，爲吳將陸抗所敗，免爲庶人。

泰始九年四月辛未，隕霜。是時賈充親黨比周用事。[1] 與魯定公、漢元帝時隕霜同應也。[2]

[1] 賈充：人名。字公閭，平陽襄陵人。《晋書》卷四〇有傳。

[2] 與魯定公、漢元帝時隕霜同應：《漢志中之下》：“定公元年‘十月，隕霜殺菽’……是時季氏逐昭公，公死于外，定公得立，故天見災以視公也。”“元帝永光元年三月，隕霜殺桑；九月二日，隕霜殺稼，天下大飢。是時中書令石顯用事專權，與《春秋》定公時隕霜同應。”

晋武帝咸寧三年八月，平原、安平、上黨、秦郡霜害三豆。[1]

[1] 平原、安平、上黨、秦郡霜：《晋志下》“秦郡”作“泰山”。《晋書》卷三《武帝紀》此月記“郡國五隕霜，傷穀”，下同。疑此月有平原、安平、上黨、秦郡、泰山五郡遭霜災。平原，郡名。治所在今山東平原縣。安平，郡名。治所在今河北安平縣。上黨，郡名。治所在今山西黎城縣南古城。秦郡，晋武帝時名堂邑郡，東晋安帝改，治所在今江蘇南京市六合區。

咸寧三年八月，河間暴風寒冰，[1] 郡國五隕霜傷穀。是後大舉征吳，馬隆又帥精勇討涼州。[2]

[1] 河間：國名。治所在今河北獻縣東南。

[2] 馬隆：人名。字孝興，東平平陸（今山東汶上縣）人。《晋書》卷五七有傳。　涼州：治所在今甘肅武威市。

咸寧五年五月丁亥，鉅鹿、魏郡雨雹傷禾、麥；[1]

辛卯，雁門雨雹傷秋稼。[2]

　　[1]鉅鹿：國名。治所在今河北寧晉縣。　　魏郡：治所在今河北臨漳縣西南鄴鎮。

　　[2]雁門：郡名。治所在今山西代縣西南古城。

　　咸寧五年六月庚戌，汲郡、廣平、陳留、滎陽雨雹；[1]丙辰，又雨雹，[2]損傷秋麥千三百餘頃，壞屋百三十餘間；[3]癸亥，安定雨雹；[4]七月丙申，[5]魏郡又雨雹；閏月壬子，新興又雨雹；[6]八月庚子，[7]河東、弘農又雨雹，[8]兼傷秋稼三豆。

　　[1]汲郡：治所在今河南衛輝市。　　廣平：郡名。治所在今河北雞澤縣。　　陳留：國名。治所在今河南開封市祥符區陳留鎮。滎陽：郡名。治所在今河南滎陽市。

　　[2]丙辰，又雨雹：《晉志下》"雨雹"下有"隕霜"二字。

　　[3]壞屋百三十餘間："三十"《晉志下》作"二十"。

　　[4]癸亥，安定雨雹：五年六月壬辰朔，無癸亥。干支有誤。安定，郡名。治所在今甘肅涇川縣北涇河北岸。

　　[5]七月丙申：是年閏七月壬戌朔，無丙申，干支紀日有誤。

　　[6]新興：郡名。治所在今山西忻州市。

　　[7]八月庚子：年八月辛酉朔，無庚子，干支有誤。

　　[8]河東、弘農又雨雹：《晉志下》"河東"上有"河南"二字。河南，郡名。治所在今河南洛陽市東北。河東，泛指趙國境內黃河以東地區，即今河南范縣，山東聊城市、冠縣一帶。弘農，郡名。治所在今河南靈寶市東北故函谷關城。

　　晉武帝太康元年三月，[1]河東、高平霜雹，[2]傷桑、麥；四月，河南、河内、河東、魏郡、弘農雨雹，[3] 傷麥、豆；五月，東平、平陽、上黨、雁門、濟南雨雹，[4] 傷禾、麥、三豆。

[1] 太康：晋武帝司馬炎年號（280—289）。

[2] 高平：郡名。治所在今江蘇盱眙縣。《晋書》卷三《武帝紀》作"夏四月，河東、高平雨雹"。

[3] 河内：郡名。西晋時治所在今河南沁陽市。

[4] 東平：國名。治所在今山東東平縣。　平陽：郡名。治所在今山西臨汾市。　濟南：郡名。治所在今山東濟南市。

太康元年四月庚午，畿内縣二及東平范陽縣雨雹；[1] 癸酉，畿内縣五又雨雹。是時王濬有大功，而權戚互加陷抑，帝從容不斷。陰脅陽之應也。

[1] 東平范陽縣雨雹：《晋志下》"東平范陽縣"作"東平、范陽"。按：據杜預《左傳》莊公三十一年注及《晋書·地理志上》，東平有范縣，别有范陽國，所屬有范陽縣。未知孰是。東平，國名。治所在今山東東平縣。范陽，西晋改范陽郡爲國，治所在今河北涿州市。范陽縣，治所在今河北定興縣西南固城鎮。

太康二年二月辛酉，殞霜于濟南、琅邪，[1] 傷麥；壬申，琅邪雨雪傷麥；[2] 三月甲午，河東隕霜害桑。

[1] 琅邪：國名。東漢改琅邪郡爲國，移治開陽縣（今山東臨沂市北），東晋後復爲郡。

[2] 雨雪：《晋志下》作"雨雹"。

太康二年五月丙戌，城陽、章武、琅邪傷麥，[1]庚寅，河東、樂安、東平、濟陰、弘農、濮陽、齊國、頓丘、魏郡、河內、汲郡、上黨雨雹，[2]傷禾稼。

[1]城陽：郡名。治所在今山東莒縣。　章武：國名。治所在今河北大城縣。　傷麥：各本並脫"傷麥"二字，中華本據《晋志》補。

[2]樂安：國名。治所在今山東鄒平縣東北苑城鎮。　濟陰：郡名。治所在今山東定陶縣。　濮陽：國名。治所在今河南濮陽市。　齊國：國名。治所在今山東淄博市東北臨淄鎮。　頓丘：郡名。治所在今河南浚縣。

太康二年六月，郡國十六雨雹。[1]

[1]郡國十六雨雹：《晋志下》"十六"作"十七"，《晋書》卷三《武帝紀》同本志。未知孰是。

太康三年十二月，大雪。太康五年七月乙卯，[1]中山、東平雨雹，[2]傷秋稼。太康五年七月甲辰，中山雨雹，九月，南安大雪，折木。[3]

[1]五年七月乙卯：此月癸巳朔，乙卯爲二十三日，下"甲辰"爲十二日。"甲辰"條應置前。

[2]中山：郡國名。治所在今河北定州市。《晋書》卷三《武帝紀》"七月"條下作"任城、梁國、中山雨雹，傷秋稼"。

[3]九月，南安大雪，折木：《晋志下》同，《晋書·武帝紀》作"九月，南安大風折木"。南安，郡名。治所在今甘肅隴西縣。

太康六年二月，東海霜傷桑、麥。太康六年三月戊辰，齊郡臨菑、長廣不其等四縣，[1]樂安梁鄒等八縣，[2]琅邪臨沂等八縣，[3]河間易城等六縣，[4]高陽北新城等四縣，[5]隕霜傷桑、麥。太康六年六月，滎陽、汲郡、雁門雨雹。

[1]齊郡：治所在臨菑縣。　臨菑：縣名。治所在今山東淄博市臨淄區東北臨淄鎮。　長廣：郡名。治所在今山東萊陽市。　不其：縣名。治所在今山東青島市嶗山區。
[2]梁鄒：縣名。治所在今山東鄒平縣。
[3]臨沂：縣名。治所在今山東費縣。
[4]易城：縣名。治所在今河北雄縣。
[5]高陽：郡名。治所在今河北高陽縣東舊城。　北新城：縣名。治所在今河北徐水縣。

太康八年四月，齊國、天水二郡隕霜。[1]十二月，大雪。太康九年正月，京都大風雨雹，發屋拔木；四月，隴西隕霜。[2]太康十年四月，郡國八隕霜。

[1]天水：郡名。西晉時治所在今甘肅天水市。
[2]隴西：郡名。治所在今甘肅隴西縣。

晉惠帝元康二年八月，[1]沛及湯陰雨雹。[2]元康三年四月，滎陽雨雹；弘農湖、華陰又雨雹，[3]深三尺。是時賈后凶淫專恣，與《春秋》魯桓夫人同事。[4]陰氣盛也。

[1]元康：晋惠帝司馬衷年號（291—299）。

[2]沛：國名。治所在今安徽濉溪縣。　湯陰：縣名。治所在今河南湯陰縣。《晋志下》作"蕩陰"。

[3]弘農湖、華陰又雨雹：《晋志下》此條繫在元康三年六月，《晋書》卷四《惠帝紀》同。據此當在句前增"六月"二字。湖，縣名。治所在今河南靈寶市。華陰，縣名。治所在今陝西華陰市。

[4]與《春秋》魯桓夫人同事：《漢志中之下》："桓公八年十月，雨雪。周十月，今八月也，未可以雪。劉向以爲時夫人有淫齊之行，而桓有妬媚之心，夫人將殺，其象見也。桓不覺寤，后與夫人俱如齊而殺死。"

元康五年六月，東海雨雹，深五寸；十二月，丹陽雨雹。[1]元康五年十二月，丹陽建業大雪。[2]元康六年三月，東海隕霜殺桑、麥。[3]元康七年五月，魯國雨雹；[4]七月，秦、雍二州隕霜殺稼。[5]

[1]丹陽雨雹：《晋志下》"丹陽"後有"建鄴"二字，應據補。丹陽，縣名。治所在今安徽當塗縣東北小丹陽。

[2]建業：東漢建安十七年（212）孫權以秣陵縣改名建業，西晋太康三年（282）分秦淮水以北爲建業，並改名建鄴，即今江蘇南京市。

[3]隕霜：《晋志下》"隕霜"作"隕雪"，本志和《晋書》卷四《惠帝紀》均作"隕霜"。

[4]魯國：國名。治所在今山東曲阜市東古城。

[5]秦：州名。治所在今甘肅甘谷縣。　雍：州名。東漢置，治所在今甘肅武威市。後移治今陝西西安市。

元康九年三月旬有八日，[1]河南、滎陽、潁川隕霜傷禾；[2]五月，雨雹。是時賈后凶躁滋甚，是冬遂廢愍懷。

[1]三月旬有八日：一旬十日，此指三月十八日。

[2]河南、滎陽、潁川隕霜傷禾：《御覽》卷一四八引王隱《晋書》作：“（元康九年）三月十八日，滎陽、河南、潁川繁霜殺桑及桃李杏花。”與本條所記一事。潁川，郡名。治所在今河南禹州市。

晋惠帝永寧元年七月，[1]襄城雨雹。[2]是時齊王冏專政。十月，襄城、河南、高平、平陽風雹，折木傷稼。

[1]永寧：晋惠帝司馬衷年號（301—302）。

[2]襄城雨雹：《晋志下》作“襄城、河南雨雹”，本志脫“河南”二字，當據補。襄城，郡名。治所在今河南襄城縣。

晋惠帝光熙元年閏八月甲申朔，[1]霰雪。[2]劉向曰：“盛陽雨水湯熱，[3]陰氣脅之，則轉而爲雹。盛陰雨雪凝滯，陽氣薄之，則散而爲霰。”今雪非其時，此聽不聰之應也。[4]

[1]光熙：晋惠帝司馬衷年號（306）。

[2]霰雪：水蒸氣在空中遇到冷空氣凝結成的小冰粒，在下雪花以前往往先下霰。

[3]盛陽雨水湯熱：《漢志中之下》引劉向説作“盛陽雨水，温煖而湯熱”。

[4]“盛陽”至“不聰之應”：此段隱括《漢志中之下》引劉

向語，但多乖誤，其原文作下："盛陽雨水，温煖而湯熱，陰氣脅之不相入，則轉而爲雹；盛陰雨雪，凝滯而冰寒，陽氣薄之不相入，則散而爲霰。"

晋孝懷帝永嘉元年十二月冬，[1]雪平地三尺。永嘉七年十月庚午，大雪。

晋愍帝建興元年十一月戊午，[1]會稽大雨震雹。[2]己巳夜，赤氣曜於西北，是夕，大雨震電。庚午，大雪。案劉向説，"雷以二月出，八月入"。此月雷電者，陽不閉藏也。既發泄而明日便大雪，皆失節之異也。是時劉載僭號平陽，[3]李雄稱制於蜀，[4]九州幅裂，西京孤微，[5]爲君失時之象。

[1]愍帝建興元年十一月戊午：按：是年十一月壬申朔，無戊午、己巳、庚午。《晋書》卷五《孝愍帝紀》"建興元年十月"條下記："己巳，大雨雹。庚午，大雪。"與此當爲一事。故"十一"當爲"十"之誤。十月癸卯朔，戊午爲十六日，己巳爲二十七日，庚午爲二十八日。當據改。建興，晋愍帝司馬鄴年號（313—317）。

[2]會稽：郡名。治所在今浙江紹興市。

[3]劉載：人名。即劉聰。字玄明，匈奴族。繼劉淵、劉和爲十六國時期漢國國君。《晋書》卷一○二有載記。

[4]李雄：人名。巴氐族豪强。隨其父李特在綿陽起兵，父死後，在成都建立大成國，後病死。《晋書》卷一二一有載記。

[5]西京：指長安。在今陝西西安市。

晋元帝太興二年三月丁未，[1]成都風雹殺人。[2]太興三年三月，海鹽郡雨雹。[3]是時王敦陵上。

［1］太興：晋元帝司馬睿年號（318—321）。

［2］成都：縣名。時爲蜀郡治所，在今四川成都市。

［3］三年三月，海鹽郡雨雹：《御覽》卷一四引《晋中興書》作“（元帝）太興二年，海鹽雨雹，大如雞子”。海鹽，郡名。東晋初治所在今浙江平湖市東南乍浦鎮。

晋元帝永昌二年十二月，幽、冀、并三州大雪。[1]晋明帝太寧元年十二月，幽、冀、并州大雪。

［1］永昌二年十二月，幽、冀、并三州大雪：《晋志下》“大雪”作“大雨”。永昌，晋元帝司馬睿年號（322—323）。并，州名。治所在今山西太原市西南。下條又有“晋明帝太寧元年十二月，幽、冀、并州大雪”。按：永昌元年冬，元帝死，明帝即位。永昌二年三月始改元太寧。故永昌二年即太寧元年。二條實一事。重出，當删。

太寧二年四月庚子，[1]京都大雨雹，[2]燕雀死。太寧三年三月丁丑，雨雹；[3]癸巳，隕霜；四月，大雨雹。是年帝崩，尋有蘇峻之亂。

［1］二年四月庚子：此月壬寅朔，無庚子，干支有誤。

［2］京都大雨雹：《晋志下》作“雨雹”。京都，指建鄴，在今江蘇南京市。

［3］雨雹：《晋志下》作“雨雪”。

晋成帝咸和六年三月癸未，[1]雨雹。是時帝幼弱，政在大臣。咸和九年八月，成都雪，其日李雄死。[2]

[1]咸和：晋成帝司馬衍年號（326—334）。

[2]咸和九年八月，成都雪，其日李雄死："成都雪"《晋志下》作"成都大雪"。"其日李雄死"《晋志下》作"是歲李雄死"。《晋書斠注》引《晋書校文》二曰："以帝紀考之，雄死在是年六月，八月大雪已在其後，不當强附爲雄死之徵。《宋志》'是歲'作'是日'，尤誤。"按：《晋書》卷七《成帝紀》、《華陽國志》皆言李雄死在咸和九年六月；《晋書》卷一二一《李雄載記》在八年；《通鑑》作九年六月辛卯；《舉正》曰："《魏書》，烈帝六年李雄死，即咸和九年也。"又《御覽》卷一二三引《蜀錄》，謂雄卒於玉衡二十四年，初永嘉五年（311），雄改年玉衡，二十四年正當咸和九年。故雄死當在九年六月，《校文》確。八月當改作"六月"，其日當改作"其年"。

晋成帝咸康二年正月丁巳，[1]皇后見于太廟。其夕雨雹。

[1]咸康：晋成帝司馬衍年號（335—342）。　丁巳：此年正月甲子朔，無丁巳，干支有誤。

晋康帝建元元年八月，[1]大雪。是時政在將相，陰氣盛也。與《春秋》魯昭公時季孫宿專政同事。[2]劉向曰："凡雨，陰也，雪又雨之陰也。出非其時，迫近象也。"

[1]建元：晋康帝司馬岳年號（343—344）。

[2]季孫宿：人名。即季武子。魯國大夫。時魯公室卑微，三桓勢盛，季孫宿作三軍，三分公室。事見《左傳》襄公十一年、

《史記》卷三三《魯周公世家》。

晋穆帝永和三年八月，[1]冀方大雪，人馬多凍死。永和五年六月，臨漳暴風震霆，[2]雨雹大如升。

[1]永和三年八月：《晋志下》作“永和二年八月”。永和，晋穆帝司馬聃年號（345—356）。

[2]臨漳暴風震霆：“霆”《晋志下》作“電”。各本並脱“風”字，中華本據《晋志》補。臨漳，縣名。治所在今河北臨漳縣西南鄴鎮。

永和十年五月，凉州雪。明年八月，[1]枹罕護軍張瓘帥宋混等攻滅張祚，[2]更立張曜靈弟玄靚，[3]京房《易傳》曰：“夏雨雪，[4]戒臣爲亂。”

[1]明年八月：《晋書》卷八《穆帝紀》殺張祚在十一年七月。
[2]枹罕：前凉軍鎮，治所在今甘肅臨夏縣。　張瓘：人名。前凉護軍將軍，鎮枹罕，張祚嫌其勢盛派兵伐之，反爲所敗，張瓘遂乘機殺張祚，而立張玄靚爲王，自爲凉州牧，後因苻生的威脅而降晋。事見《晋書》卷八六《張祚傳》。　宋混：人名。敦煌人。與弟澄聚衆隨張瓘共滅張祚，事見《晋書·張祚傳》。“宋混”各本並作“宗混”，中華本據《晋書·張祚傳》改。　張祚：人名。字太伯。割據凉州，稱帝。《晋書》卷八六有附傳。
[3]張曜靈：人名。字元舒，前凉君主。《晋書》卷八六有附傳。　玄靚：人名。即張玄靚。字元安，前凉君主。《晋書》卷八六有附傳。
[4]夏雨雪：各本、《晋志下》並脱“雨”字，中華本據《漢志》補。

永和十一年四月壬申朔，雪；[1]十二月戊午，雷；己未，雷。[2]是時帝幼，母后稱制，政在大臣。

[1]雪：《晋志下》作“霜”，《晋書》卷八《穆帝紀》作“隕霜”。

[2]雷：《晋志下》作“雪”。

晋穆帝升平二年正月，大雪。

晋孝武帝太元二年四月己酉，雨雹；十二月，大雪。是時帝幼弱，政在將相。

太元十二年四月己丑，雨雹；是時有事中州，兵役連歲。太元二十年五月癸卯，上虞雨雹。[1]

[1]上虞：縣名。治所在今浙江上虞市。

太元二十一年四月丁亥，雨雹。是時張夫人專幸，[1]及帝暴崩，兆庶尤之。

[1]張夫人：亦稱張貴人。《晋書》卷九《孝武帝紀》：“時張貴人有寵，年幾三十，帝戲之曰：‘汝以年當廢矣。’貴人潛怒，向夕，帝醉，遂暴崩。時道子昏惑，元顯專權，竟不推其罪人。”《晋書·天文志中》《晋志》均認爲是張貴人害死孝武帝。

太元二十一年十二月，連雪二十三日。是時嗣主幼沖，冢宰專政。晋安帝隆安二年三月乙卯，[1]雨雹。是秋，王恭、殷仲堪入伐，[2]終皆誅。

[1]乙卯：各本並作“己卯”，中華本據《晋志》改。

[2]王恭、殷仲堪入伐：“入伐”《晋志下》作“稱兵内侮”。中華本校勘記云：“三朝本、毛本、局本作‘入伐’。北監本、殿本作‘内侮’。”王恭，人名。字孝伯。《晋書》卷八四有傳。

晋安帝元興二年十二月，酷寒過甚。是時桓玄篡位，[1]政事煩苛，是其應也。晋氏失在舒緩，玄則反之。[2]劉向曰：“周衰無寒歲，秦滅無燠年。”此之謂也。

[1]桓玄：人名。一名靈寶，字敬道，譙國龍亢人。元興元年（402），舉兵攻入建康，此年底，代晋自立，國號楚，年號建始，旋改永始，後被劉裕所滅。《晋書》卷九九有傳。

[2]玄則反之：《晋志下》作“玄則反之以酷”。

元興三年正月甲申，霰雪，又雷。雷霰不應同日，[1]失節之應也。二月，義兵起，玄敗。元興三年四月丙午，江陵雨雹。[2]是時安帝蒙塵。[3]

[1]雷霰不應同日：《晋志下》作“雷霰同時”。

[2]江陵：縣名、軍鎮名。治所在今湖北荆州市荆州區。

[3]蒙塵：灰土蒙覆。多指帝王失位逃亡在外，蒙受風塵。

晋安帝義熙元年四月壬申，雨雹。是時四方未一，鉦鼓日戒。義熙五年三月己亥，雪深數寸。[1]義熙五年五月癸巳，溧陽雨雹；[2]九月己丑，廣陵雨雹。明年，盧循至蔡洲。

[1]深數寸:《晋志下》作"深數尺"。

[2]溧陽:縣名。治所在今江蘇溧陽市西北舊縣村市。

義熙五年九月己丑,廣陵雨雹。[1]

[1]義熙五年九月己丑,廣陵雨雹:與上條全同,應删。

義熙六年正月丙寅,雪。又雷。義熙六年五月壬申,雨雹。義熙八年四月辛未朔,雨雹;六月癸亥,[1]雨雹,大風發屋。是秋,誅劉藩等。[2]義熙十年四月辛卯,雨雹。

[1]六月癸亥:按:八年六月庚午朔,無癸亥。但此年閏六月,閏月庚子朔,癸亥爲二十四日,故應改作"閏六月癸亥"。

[2]劉藩:人名。彭城沛人,劉毅之弟,與劉裕共同起兵討桓玄。任兗州刺史,後爲劉裕所害。《晋志下》作"劉蕃",《晋書》卷一〇《安帝紀》作"劉藩"。

宋文帝元嘉九年春,京都雨雹,溧陽,盱眙尤甚,[1]傷牛馬,殺禽獸。

[1]盱眙:郡名。治所在今江蘇盱眙縣。

元嘉十八年三月,雨雹。二十五虜寇青州。[1]元嘉二十五年正月,積雪冰寒。元嘉二十九年五月,盱眙雨雹,大如雞卵。三十年,國家禍亂,兵革大起。孝武帝大明元年十二月庚寅，大雪，平地二尺餘。明年，虜侵冀州，遣羽林軍北討。明帝泰始五年四月壬辰，[2]京邑雨雹。後廢帝元徽三年五月乙卯，京邑雨雹。

[1]二十五虜寇青州：中華本校勘記云："'二十五'三字，文義費解，或有訛奪。按本紀，魏攻青州，在二十三年三月。疑'二十五'是'二十三年三月'之訛。"

[2]泰始：宋明帝劉彧年號（465—471）。

雷震

魏明帝景初中，洛陽城東橋、洛水浮橋桓楹，[1]同日三處俱震；[2]尋又震西城上候風木飛烏。[3]時勞役大起，帝尋晏駕。

[1]洛水浮橋桓楹：《晉志下》作"城西洛水浮橋桓楹"。

[2]同日三處俱震：《晉志下》"俱震"作"俱時震"，中華本校勘記疑"時"字衍。按：此條僅言城東橋、城西洛水浮橋震，不當言"三處"。《晉志下》作"城東橋、城西洛水浮橋"，也衹二處。《初學記》卷七《橋》引魚豢《魏略》此條作："景初中，洛陽城東橋、城西橋、洛水浮橋三柱三折。三柱，三公象也。時徭役大興，三公垂頭隱匿故也。"由此知本志脱"城西橋"，《晉志》"城西"後脱"橋"字，實爲城東、城西、洛水浮橋三處俱震。又三史俱言"景初中"，未言具體日期，三橋顯非同日震壞，魚豢《魏略》不言"同日"，尊重事實也。同日之説乃訛傳。當據改。

[3]候風木飛烏：即相風烏。觀測風向的儀器。有木質，有銅質，《三輔黃圖·臺榭》："長安宮南有靈臺，高十五仞，上有渾儀，張衡所製；又有相風銅烏，遇風乃動。"《晉志下》"烏"作"鳥"。

吴孫權赤烏八年夏,[1]震宮門柱；又擊南津大橋桓楹。[2]

[1]吴孫權赤烏八年夏："八年"各本並作"三年"，中華本據《三國志》卷四七《吳書·吳主傳》、《晋志》改。按：《初學記》卷七《橋》引《環濟吳紀》亦作"八年"。

[2]南津大橋：《初學記》卷七《橋》引《環濟吳紀》作"孫權赤烏八年夏，有雷霆犯宮門柱，又擊商津大橋楹"。"南津"作"商津"。《御覽》卷八七八引《古今五行記》作"雷震宮門柱，又擊南津橋"。

孫亮建興元年十二月朔,[1]大風震電；是月又雷雨。義同前説。亮終廢。

[1]建興：三國吳會稽王孫亮年號（252—253）。

晋武帝太康六年十二月甲申朔，淮南郡震電。太康七年十二月己亥，毗陵雷電,[1]南沙司鹽都尉戴亮以聞。[2]太康十年十二月癸卯，廬江、建安雷電大雨。[3]

[1]毗陵：郡名。治所在今江蘇鎮江市丹徒區。

[2]南沙：縣名。治所在今江蘇常熟市。　司鹽都尉：官名。管理鹽政，三國魏置。六品。　戴亮：人名。《晋書》一見，其事不詳。

[3]廬江：郡名。晋時治所在今安徽舒城縣。　建安：郡名。治所在今福建建甌市。

晋惠帝永康元年六月癸卯，[1]震崇陽陵標西南五百步，[2]標破爲七十片。是時賈后陷害鼎輔，寵樹私戚。與漢桓帝時震憲陵寢同事也。[3]后終誅滅。

[1]永康：晋惠帝司馬衷年號（300—301）。

[2]崇陽陵：晋文帝司馬昭陵墓，在今河南偃師市潘屯、杜樓北枕頭山。　標：陵前的柱杆，亦稱墓表、華表。

[3]與漢桓帝時震憲陵寢同事也：《續漢志三》：“桓帝建和三年六月乙卯，雷震憲陵寢屋。先是梁太后聽兄冀枉殺李固、杜喬。”憲陵，漢順帝劉保陵，在今河南洛陽市西北十五里。

晋惠帝永興二年十月丁丑，[1]雷電。

[1]永興：晋惠帝司馬衷年號（304—306）。《晋志下》“雷電”作“雷震”。

晋懷帝永嘉四年十月，震電。晋元帝永昌二年七月丙子朔，雷震太極殿柱。[1]

[1]晋元帝永昌二年七月丙子朔，雷震太極殿柱：中華本校勘記云：“此與又下條‘晋明帝太寧元年七月丙子朔，震太極殿柱’實一事。永昌元年（322）冬，元帝死，明帝繼位。永昌二年三月朔，始改元太寧。永昌二年即太寧元年。三月以後，應稱太寧，《宋書》分爲二條，蓋沈約原文之誤。”

永昌二年十一月，[1]會稽、吳郡雨震電。[2]

　[1]永昌二年十一月：《晋志下》作“十二月”。永昌元年閏月
元帝卒，明帝繼位，次年三月改元大寧，三月後應稱大寧元年，此
云“永昌二年”，非是。

　[2]吳郡：治所在今江蘇蘇州市。　雨震電：《晋志》作“雷
震雹”。

　　晋明帝太寧元年七月丙子朔，震太極殿柱。晋成帝
咸和元年十月己巳，會稽郡大雨震電。咸和三年六月辛
卯，臨海大雷，[1]破郡府內小屋柱十枚，殺人。咸和三
年九月二日立冬，[2]會稽震電。[3]咸和四年十二月，[4]吳
郡、會稽震電。咸和四年十二月，丹陽震電。

　[1]臨海：郡名。治所在今浙江臨海市。

　[2]咸和三年九月二日立冬：《晋志下》下作“咸和三年九月
二日壬午立冬”，未知《晋志下》言“壬午立冬”何據。按：此月
丙午朔，二日爲丁未，且無壬午日干支。據張培瑜《三千五百年曆
日天象》（河南教育出版社 1990 年版），咸和三年（328）立冬在
九月十九日甲子，故干支日序及立冬干支均誤。

　[3]會稽震電：“震”《晋志下》作“雷”。

　[4]四年十二月：“十二”《晋志下》作“十一”。

　　晋穆帝永和七年十月壬午，[1]雷雨、震電。

　[1]十月壬午：“十月”各本並作“七月”，中華本據《晋書》
卷八《穆帝紀》、《晋志》改。

　　晋穆帝升平元年十一月庚戌，[1]雷；乙丑，又雷。

[1]升平元年十一月庚戌：此月丁巳朔，無庚戌，干支有誤。

升平五年十月庚午，雷發東南。晋孝武帝太元五年六月甲寅，雷震含章殿四柱。[1]

[1]雷震含章殿四柱：《晋志下》此句下有"并殺內侍二人"六字。

太元五年十二月，[1]雷聲在南方。

[1]五年十二月：《晋志下》作"十年十二月"。

太元十四年七月甲寅，震宣陽門西柱。[1]

[1]震宣陽門西柱：《晋志下》作"雷震，燒宣陽門西柱"。

晋安帝隆安二年九月壬辰，雨雷。晋安帝元興三年，永安皇后至自巴陵。[1]將設儀導入宮，天雷，震人馬各一俱殪。[2]

[1]永安皇后：即安僖王皇后。名神愛，琅邪臨沂人，王獻之之女。《晋書》卷三二有傳。　巴陵：縣名。治所在今湖南岳陽市。
[2]將設儀導入宮，天雷，震人馬各一俱殪：《御覽》卷八七六引《徵祥説》作"永安王皇后至自巴陵，將設威儀入宮。天大雷震，人馬多死"。

晋安帝義熙四年十一月辛卯朔，西北疾風；癸丑，雷。義熙五年六月丙寅，震太廟，[1]破東鴟尾，[2]徹壁柱。[3]

[1]震太廟：《晋志下》作“雷震太廟”。

[2]東鴟尾：鴟尾是古代宮殿屋脊正脊兩端形似鴟（鷹類）尾的建築構件，象徵辟除火災。因古代宮殿都座北向南，故屋脊爲東西向，東鴟尾即東端的鴟尾。

[3]徹壁柱：《晋志下》作“徹柱，又震太子西池合堂”。

義熙六年正月丙寅，雷又雪。[1]義熙六年十二月壬辰，大雷。義熙九年十一月甲戌，雷，乙亥，又雷。[2]宋文帝元嘉四年十一月癸丑，雷。[3]

[1]雷又雪：三朝本、北監本、毛本作“雷又雷”，殿本、局本作“雷、丁、卯，又雷”，《晋志下》作“雷，又雪”，中華本據《晋志》改。

[2]甲戌，雷，乙亥，又雷：殿本作“乙亥”，三朝本，北監本、毛本、局本作“乙丑”。按：是年十一月壬戌朔，十三日甲戌，十四日乙亥，乙丑爲初四日，不當在十三日甲戌之下，故中華本從殿本。

[3]元嘉四年十一月癸丑，雷：此年十一月辛未朔，無癸丑。干支有誤。

元嘉五年六月丙寅，震太廟，破東鴟尾，徹壁柱。元嘉六年正月丙寅，[1]雷且雪。

[1]元嘉六年正月丙寅：是年正月甲午朔，無丙寅。干支有誤。

元嘉七年十月丙子，雷。元嘉八年十二月庚辰，雷。元嘉九年十一月甲戌，[1]雷且雪。

[1]元嘉九年十一月甲戌：是年十一月壬寅朔，無甲戌。干支有誤。

元嘉十四年，震初寧陵口標，[1]四破至地。十七年，廢大將軍彭城王義康。[2]骨肉相害，自此始也。

[1]初寧陵：宋武帝劉裕陵名。《建康實錄》：“葬丹楊建康縣蔣山初寧陵。”注：“在縣東北二十里，周圍三十五步，高一丈四尺。”
[2]義康：人名。即劉義康。字車子。本書卷六八有傳。

前廢帝景和元年九月甲午，雷震。明帝泰始二年九月辛巳，[1]雷震。

[1]泰始二年九月辛巳：是年九月乙酉朔，無辛巳。干支有誤。

泰始四年十月辛卯，雷震。泰始四年十一月癸卯朔，雷震。泰始五年十一月乙巳，雷震。泰始六年十一月庚午，雷。後廢帝元徽三年九月戊戌，雷。元徽三年九月丁未，雷。元徽三年九月戊午，雷震。元徽三年十月辛未，雷；甲戌，又雷。從帝昇明三年二月二十四日丙申，[1]震建陽門。[2]

[1]從帝：即宋順帝。沈約爲避梁武帝父蕭順之名諱改“順”爲“從”。

[2]建陽門：建康城之正東門。《景定建康志》卷二〇《門闕》：“案《建康實錄》‘晋成帝咸和五年……修六門……正東曰建春門，後改爲建陽門，門三道。’”

鼓妖

晋惠帝元康九年三月，[1]有聲若牛，出許昌城。[2]十二月，廢太子，幽于許宫。[3]按《春秋》晋文公柩有聲如牛，劉向以爲鼓妖。其説曰：“聲如此，怒象也。將有急怒之謀，以生兵甲之禍。”此其類也。明年，賈后遣黄門孫慮殺太子，[4]擊以藥杵，聲聞于外。

[1]元康九年三月：《御覽》卷一四八引王隱《晋書》作“三月十八日”。

[2]許昌：地名。曹魏五都之一，在今河南許昌市東古城村。

[3]許宫：即許昌宫。《晋書》卷五三《愍懷太子傳》：“明年正月……遣滔以千兵防送太子，更幽于許昌宫之别坊。”

[4]孫慮：人名。《晋書》三見。皆言黄門孫慮害太子事。《晋書·愍懷太子傳》曰：“慮乃逼太子以藥，太子不肯服，因如厠，慮以藥杵椎殺之，太子大呼，聲聞于外。時年二十三。”

蘇峻在歷陽，[1]外營將軍鼓自鳴，如人弄鼓者。峻手自斫之，[2]曰：“我鄉土時有此，則城空矣。”俄而作亂夷滅。此聽不聰之罰，鼓妖先作也。

[1]歷陽：縣名。治所在今安徽和縣。

[2]外營將軍鼓自鳴，如人弄鼓者。峻手自斫之：“外營將軍鼓自鳴”文義不通。湯球輯王隱《晋書·瑞異記》卷四記此事：“蘇

峻外營將表曰：'鼓自鳴。'峻自斫鼓曰：'我鄉里時有此，則空城。'有頃詔書徵峻。"據此可知，"將軍"後脱"表曰"二字，而誤作"將軍鼓"。"峻手自斫之"，當作"峻自斫鼓"。斫之，《晉志下》作"破之"。

石虎末，洛陽城西北九里，石牛在青石趺上，忽鳴喚，聲聞四十里。虎遣人打落兩耳及尾，鐵釘釘四脚。[1]

[1]鐵釘釘四脚：《晉志下》此句後有"尋而季龍死"五字。據《五行志》通例，當據補。

晉孝武太元十五年三月己酉朔，東北有聲如雷。案劉向説以爲："雷當託於雲，猶君託於臣。"無雲而雷，此君不恤下，下民將叛之象也。及帝崩而天下漸亂，孫恩、桓玄交陵京邑。

吳興長城縣夏架山有石鼓，[1]長丈餘，面徑三尺所，[2]下有盤石爲足，鳴則聲如金鼓，三吳有兵。[3]晉安帝隆安中大鳴，[4]後有孫靈秀之亂。

[1]吳興：郡名。治所在今浙江湖州市吳興區。　長城：縣名。治所在今浙江長興縣東。　夏架山：又名夏駕山、石鼓山。《太平寰宇記》卷九四："長興縣……夏駕山一名石鼓山，在縣東南三十六里。高九百尺。張玄之《山墟名》云：'昔帝杼南巡至于此山，因而名之。'山上有石鼓，高一丈，下有磐石爲足，諺曰：'石鼓鳴則三吳有兵'。"

[2]面徑三尺所：此句不通。《御定淵鑑類函》卷二六引沈約

《宋書》作"面徑三尺許"。《玉芝堂談薈》卷二五引《山川紀異》
作"面徑三尺，其下有盤石爲足"。按："三尺所"當作"三尺
許"。或删"所"字，加"其"字連下句。

[3]三吴：《水經注》以吴、吴興、會稽三郡爲三吴，《元和郡
縣志》以吴、吴興、丹陽三郡爲三吴，《郡國志》以吴、吴興、義
興三郡爲三吴。另有他説，詳宋代税安禮《歷代地理指掌圖》和明
代周祁《名義考》。

[4]隆安中：《建康實録》卷一〇把此事繫在隆安二年。《玉芝
堂談薈》卷二五引《山川紀異》也作"安帝隆安二年大鳴"。

魚孽

魏齊王嘉平四年五月，[1]有二魚集于武庫屋上。此
魚孽也。王肅曰：[2]"魚生於淵，[3]而亢於屋，介麟之
物，失其所也。邊將其殆有棄甲之變乎。"後果有東關
之敗。[4]干寶又以爲高貴鄉公兵禍之應。[5]二説皆與班固
旨同。

[1]嘉平：三國魏齊王曹芳年號（249—254）。

[2]王肅：人名。字子雍，東海（今山東郯城縣）人。封蘭陵
侯。《三國志》卷一三有傳。

[3]魚生於淵：《晋志下》"淵"作"水"。

[4]東關之敗：嘉平四年（252）魏征南大將軍王昶等征吴，
被吴將諸葛恪大敗於東關。東關，關隘名。在今安徽含山縣西南濡
須山上。

[5]干寶：人名。字令升，新蔡（今河南新蔡縣）人。其勤學
博覽，尤好陰陽術數，著《春秋左氏義外傳》，注《周易》《周
官》，作《晋紀》，稱良史。又編《搜神記》等。《晋書》卷八二有
傳。《晋志》常引"干寶曰""干寶以爲"，當是其作著作郎和修

《晋紀》、作《搜神記》時所發議論。　高貴鄉公：即曹髦。字彥士，曹丕孫，繼曹芳爲曹魏皇帝。公元260年，率宿衛數百攻司馬昭，兵敗被殺。

晋武帝太康中，有鯉魚二見武庫屋上。干寶曰："武庫兵府，魚有鱗甲，亦兵類也。魚既極陰，屋上太陽，魚見屋上，象至陰以兵革之禍干太陽也。"至惠帝初，誅楊駿，廢太后，矢交館閣。元康末，賈后謗殺太子，尋亦誅廢。十年間，母后之難再興，是其應也。自是禍亂構矣。京房《易妖》曰："魚去水，飛入道路，兵且作。"[1]

[1]"晋武帝太康中"至"兵且作"：見《搜神記》卷七干寶文。楊駿，人名。字文長，弘農華陰（今陝西華陰市）人。《晋書》卷四〇有傳。京房《易妖》，《晋志下》作"京房《易傳》"，《搜神記》卷七作"京房《易妖》"。

蝗蟲

魏文帝黃初三年七月，冀州大蝗，民饑。案蔡邕説：[1]"蝗者，在上貪苛之所致也。"是時孫權歸從，帝因其有西陵之役，[2]舉大衆襲之，權遂背叛。

[1]蔡邕：人名。字伯喈，陳留圉（治今河南尉氏縣圉村，一説在今河南杞縣圉鎮）人。《後漢書》卷六〇下有傳。
[2]西陵之役：即吳將陸遜敗劉備的夷陵之戰。西陵，縣名。治所在今湖北武漢市新洲區。

晋武帝泰始十年六月，蝗。是時荀、賈任政，疾害公直。

晋孝懷帝永嘉四年五月，大蝗，自幽、并、司、冀至于秦、雍，草木牛馬毛鬣皆盡。[1]是時天下兵亂，漁獵生民，存亡所繫，[2]唯司馬越、荀晞而已，[3]而競爲暴刻，經略無章。

[1]毛鬣：本指馬或野獸的鬃毛，這裏泛指野獸。

[2]漁獵生民，存亡所繫：《晉志下》作"漁獵黔黎，存亡所繼"。

[3]司馬越：人名。即東海王。字元超，參與八王之亂。《晉書》卷五九有傳。　荀晞：人名。字道將，河內山陽人。曾破汲桑、討呂朗、敗石勒。《晉書》卷六一有傳。

晋愍帝建興四年六月，大蝗。去歲胡寇頻攻北地、馮翊，[1]麴允等悉眾禦之。[2]是時又禦劉曜，爲曜所破，西京遂潰。

[1]胡寇頻攻北地、馮翊：《晉志下》"胡寇"作"劉曜"。劉曜，人名。字永明，匈奴族，前趙國君。曾破長安，俘懷、愍二帝。《晉書》卷一〇三有載記。北地，郡名。西晉時治所在今陝西銅川市耀州區城東。馮翊，郡名。治所在今陝西大荔縣。

[2]麴允：人名。金城（今甘肅蘭州市）人。《晉書》卷八九有傳。

晋元帝太興元年六月，蘭陵合鄉蝗，[1]害禾稼。乙未，東莞蝗蟲縱廣三百里，[2]害苗稼。太興元年七月，東海、彭城、下邳、臨淮四郡蝗蟲害禾、豆。[3]太興元年八月，冀、青、徐三州蝗食生草盡，[4]至于二年。是時中州淪喪，暴亂滋甚。

［1］蘭陵：郡名。治所在今山東棗莊市東南嶧城鎮。　合鄉：縣名。治所在今山東滕州市。

［2］東莞：郡名。西晉元康間移治今山東莒縣，東晉僑置於今江蘇常州市。

［3］彭城：郡國名。治所在今江蘇徐州市。　下邳：郡國名。治所在今江蘇睢寧縣西北古邳鎮。　臨淮：郡名。治所在今江蘇泗洪縣。

［4］徐：州名。東晉時治所在今江蘇徐州市。

太興二年五月，淮陵、臨淮、淮南、安豐、廬江諸郡蝗食秋麥。[1]太興三年五月癸丑，徐州及揚州江西諸郡蝗，[2]吳民多餓死。去年，王敦并領荊州，[3]苛暴之釁，自此興矣。又是年初，徐州刺史蔡豹帥衆伐周撫。[4]

［1］淮陵：郡名。治所在今安徽明光市。　安豐：郡名。治所在今安徽霍邱縣。

［2］太興三年五月癸丑，徐州及揚州江西諸郡蝗：按：《晉志下》作“是月（太興二年五月）癸丑徐州及揚州江西諸郡蝗”，《晉書》卷六《元帝紀》與《晉志下》同。又太興三年（320）五月甲子朔，無癸丑，太興二年五月辛丑朔，癸丑爲十三日，故“三年”爲“二年”之誤。當據改。　江西：隋唐以前，習慣上稱長江下游北岸淮水以南爲江西。有時又稱長江以北爲江西。

［3］去年，王敦并領荊州：“去年”《晉志下》作“是年”。據

《晋書·元帝紀》，王敦領荊州牧在元興元年（402）十一月，兩志並誤，應據改。

[4]又是年初，徐州刺史蔡豹帥衆伐周撫：蔡豹，人名。字士宣。《晋書》卷八一有傳。周撫，人名。又名周堅，其反在太元元年（376）十二月，二年二月被平。故伐周撫事在二年年初，"是年初"誤。

　　晋孝武帝太元十五年八月，兗州蝗。是時丁零寇兗、豫，鮮卑逼河南，[1]征戍不已。太元十六年五月，飛蝗從南來，集堂邑縣界，害苗稼。[2]是年春，發取江州兵營甲士二千人，[3]家口六七千人，配護軍及東宮，[4]後尋散亡殆盡；又邊將連有征役。

[1]鮮卑逼河南：《晋志下》作"慕容氏逼河南"。慕容氏，《晋書》卷九《孝武帝紀》："（十六年）夏六月，慕容永寇河南。"此鮮卑慕容氏當指慕容永。字叔明，鮮卑族，十六國時期西燕國君。

[2]太元十六年五月，飛蝗從南來，集堂邑縣界，害苗稼：《開元占經》卷一二〇引《徵祥説》作："（孝）武帝太元十六年，棠邑界有蝗，廣千里，長三十里許，從南來，其飛蔽天，害苗稼。"記載甚詳。堂邑縣，治所在今江蘇南京市六合區。

[3]江州：西晋置，治所在今湖北黃梅縣。

[4]護軍：即禁軍。

豕禍

　　吴孫晧寶鼎元年，[1]野豕入右大司馬丁奉營。[2]此豕禍也。後奉見遣攻穀陽，無功反，晧怒，斬其導軍。及舉大衆北出，奉及萬彧等相謂曰：[3]“若至華里，不得不各自還也。”[4]此謀泄，奉時雖已死，晧追討穀陽事，殺其子溫，家屬皆遠徙。豕禍之應也。龔遂曰：[5]“山野之獸，來入宮室，宮室將空。”又其象也。

[1]寶鼎：三國吳末帝孫晧年號（266—269）。

[2]大司馬：各本並脱“大”字，中華本據《三國志》卷五五《吳書·丁奉傳》及《晋志》補。　丁奉：人名。字承淵，廬江安豐（今安徽霍邱縣）人。《三國志》卷五五有傳。

[3]萬彧：人名。官左典軍，常侍、右丞相。

[4]若至華里，不得不各自還也：此句難解。《三國志》卷四八《孫晧傳》裴松之注引《江表傳》曰：“初晧游華里，彧與丁奉、留平密謀曰：‘此行不急，若至華里不歸，社稷事重，不得不自還。’此語頗泄，晧聞知，以彧等舊臣，且以計忍而陰銜之。後因會，以毒酒飲彧，傳酒人私减之。又飲留平，平覺之，服他藥以解，得不死。彧自殺，平憂懣，月餘亦死。”由此可知，“舉大衆北出”乃指孫晧游華里，“若至華里”後脱“不歸，社稷事重”六字，當據補。

[5]龔遂：人名。字少卿，山陽南平陽（今山東鄒城市）人。西漢宣帝時任渤海太守。《漢書》卷八九有傳。

晋孝懷帝永嘉中，壽春城内有豕生兩頭而不活。[1]周馥取而觀之。[2]時通數者竊謂曰：[3]“夫豕，北方之畜，胡、狄象也。兩頭者，無上也。生而死，不遂也。天意若曰，[4]勿生專利之謀，[5]將自致傾覆也。”周馥不悟，遂欲迎天子，令諸侯，俄爲元帝所敗。是其應也。石勒亦尋渡淮，百姓死者十八九。

[1]壽春城內有豕生兩頭而不活：《搜神記》卷七"生"字下有"人"字。

[2]周馥：人名。字祖宣，汝南安成（今河南汝南縣）人。《晉書》卷六一有附傳。

[3]時通數者竊謂曰：《晉志下》作"時識者云"。

[4]天意若曰：《晉志下》作"天戒若曰"。

[5]勿生專利之謀：《搜神記》卷七作"易生專利之謀"。

晉愍帝建武元年，[1]有豕生八足。聽不聰之罰也。京房《易傳》曰："凡妖作，各象其類。足多者，所任邪也。"是後有劉隗之變。[2]

[1]晉愍帝建武元年：各本並作"元帝建武元年"。中華本校勘記云："按晉元帝稱晉王，改元建武，時愍帝尚在匈奴庭，元帝亦未正位稱帝，故沈約志例稱晉愍帝建武元年。今仍其例，改作晉愍帝建武元年。"

[2]劉隗：人名。字大連，彭城（今江蘇徐州市）人。任鎮北將軍，與王敦勢力對抗。公元 322 年，王敦以誅隗爲名，起兵攻入建康，劉隗戰敗投奔石勒。

晉成帝咸和六年六月，錢塘民家羯豕生兩子，[1]皆人面，如胡人狀，其身猶豕。京房《易妖》曰："豕生人頭豕身者，邑且亂亡。"[2]此羯豕而產，異之甚者也。

[1]錢塘：縣名。治所在今浙江杭州市。　羯豕：公豬。

[2]邑且亂亡：《晉志下》作"危且亂"。本志訛"危"爲"邑"，應據改。

晋孝武帝太元十年四月，京都有豕，一頭二身八足。[1]十三年，京都民家豕産子，一頭二身八足。並與建武同妖也。[2]是後宰相沈酗，不恤朝政，近習用事，漸亂國綱，至於大壞也。

[1]京都有豕，一頭二身八足：《晋志下》作"京都有豚一頭二脊八足"。豚，小猪。此處當爲剛生下來的猪仔，異孕所致，故有異象。疑本志誤。

[2]並與建武同妖也：見上"元帝建武元年"條。

黑眚黑祥

晋孝懷帝永嘉五年十二月，黑氣四塞。近黑祥也。宋文帝元嘉二十六年三月，幸京口。有黑氣暴起，占有兵。明年，[1]虜南寇至瓜步，[2]飲馬于江。

[1]明年：即元嘉二十七年（450）。北魏太武帝攻宋至此，鑿山爲盤道，設氈殿，隔江威脅建康。

[2]瓜步：山名。在今江蘇南京市六合區東南瓜埠山。古時南臨大江，南北朝時爲軍事爭奪要地。

火沴水

晋武帝太康五年六月，[1]任城、魯國池水皆赤如血。[2]案劉向説，近火沴水也。聽之不聰之罰也。京房《易傳》曰："淫於色，[3]賢人潛，國家危，厥異水流赤。"

[1]太康五年六月：《晋書》卷三《武帝紀》作"夏四月"。

[2]任城：國名。治所在今山東微山縣。

[3]淫於色：丁福林《校議》云：“《晉書·五行志下》作‘君淫於色’，是也，此佚‘君’一字。”

晋穆帝升平三年二月，涼州城東池中有火；四年四月，姑臧澤水中又有火。[1]此火沴水之妖也。明年，張天錫殺中護軍張邕。[2]邕，執政臣也。

[1]姑臧：縣名。治所在今甘肅武威市。

[2]張天錫：人名。又名公純，字純嘏，小名獨活，安定烏氏（今寧夏固原市）人，前涼國君。前涼亡，降前秦。前秦亡，歸附東晉。《晉書》卷八六有附傳。　張邕：人名。前涼中護軍，玄靚時，與天錫共執政，後被天錫所殺。《晉書》三見。

晋安帝元興二年十月，錢塘臨平湖水赤。桓玄諷吳郡使言開除，[1]以爲己瑞。[2]俄而玄敗。

[1]諷：諷示。　開除：言穢塞之後的開塞清流。《晉志中》：“吳孫晧天璽元年，吳郡臨平湖自漢末穢塞，是時一夕忽開除無草。長老相傳，此湖塞，天下亂；此湖開，天下平。吳尋亡而九服爲一。”

[2]己瑞：即桓玄以“此湖開，天下平”爲己瑞。

宋書　卷三四

志第二十四

五行五

　　《五行傳》曰："治宮室，飾臺榭，內淫亂，犯親戚，侮父兄，則稼穡不成。"[1]謂土失其性而爲災也。又曰："思心不叡，[2]是謂不聖。厥咎瞀，[3]厥罰恒風，[4]厥極凶短折。[5]時則有脂夜之妖，[6]時則有華孽，[7]時則有牛禍，[8]時則有心腹之痾，[9]時則有黃眚、黃祥，[10]時則有金木水火沴土。"[11]班固曰："不言'惟'而獨曰'時則有'者，非一衝氣所沴，明其異大也。"華孽，劉歆傳以爲蠃蟲之孽，謂螟屬也。

　　[1]稼穡不成：種收莊稼都不成。在災變論中，稼穡不成即土失其性而爲災，故有黃眚、黃祥，金、木、水、火傷害土。見《漢志上》。
　　[2]思心不叡：《漢志下之上》解釋説："'思心之不睿，是謂不聖。'思心者，心思慮也。睿，寬也。孔子曰：'居上不寬，吾何

以觀之哉！'言上不寬大包容臣下，則不能居聖位。"《晋志》下作"思心之不容"。

[3]厥咎霿（mào）：《漢志下之上》解釋説："貌言視聽，以心爲主，四者皆失，則區霿無識，故其咎霿也。"《晋志下》"霿"作"霧"。霿，昏昧，愚蒙。

[4]厥罰恒風：恒風亦稱常風，《漢志下之上》解釋説："雨旱寒奥，亦以風爲本，四氣皆亂，故其罰常風也。"恒風之罰指不以時出的大風、暴雨造成的折木、毀屋、傷稼等灾禍。

[5]厥極凶短折：《漢志下之上》："常風傷物，故其極凶短折也。傷人曰凶，禽獸曰短，屮木曰折。一曰，凶，夭也；兄喪弟曰短，父喪子曰折。"此是説恒風造成的凶惡之灾傷及人、禽獸、草木。極，惡而困窘。

[6]脂夜之妖：亦稱脂妖、夜妖。《晋書斠注》："《漢書補注》沈欽韓曰：'《大傳》注夜讀曰液，謂以脂液汙人也。《志》於後一曰夜妖者，方讀作夜。案脂夜之妖如孔甲龍漦之類。'"《漢志下之上》解釋説："在人腹中，肥而包裹心者脂也，心區霿則冥晦，故有脂夜之妖。一曰，有脂物而夜爲妖，若脂水夜汙人衣，淫之象也。一曰，夜妖者，雲風並起而杳冥，故與常風同象也。"顔師古注："脂妖及夜妖。"觀古人所指脂妖、夜妖，有孔甲龍漦、白晝晦暝、夜間鬼哭等異事。

[7]華孽：指草木不時之花而造成的花妖或女色造成的害孽。《漢志下之上》："劉向以爲於《易·巽》爲風爲木，卦在三月、四月，繼陽而治，主木之華實。風氣盛，至秋冬木復華，故有華孽。一曰，地氣盛則秋冬復華。一曰，華者色也，土爲内事，爲女孽也。"《隋書·五行志下》："後主與此姬俱投於井，隋師執張貴妃而戮之，以謝江東。《洪範五行傳》曰：'華者，猶榮華容色之象也。以色亂國，故謂華孽。'"本志曰："華孽，劉歆傳以爲羸蟲之孽，謂螟屬也。"

[8]牛禍：牛的變異帶來的禍害。《漢志下之上》解釋説："於

《易・坤》爲土爲牛，牛大心而不能思慮，思心氣毀，故有牛禍。一曰，牛多死及爲怪，亦是也。"以八卦象動物則《坤》象爲牛，牛心大而不能思維，故屬"思心不睿"的灾禍。牛禍的先兆有牛言語、牛生犢缺肢少腿等變異。

　　[9]心腹之痾：心、腹的病態或畸形。

　　[10]黄眚、黄祥：指黄色之物（五行中屬土的事物）所産生的能預兆灾禍發生的怪異現象。眚，本義爲目疾，隱疼。引申爲由內産生的怪異。祥，凶灾、妖異。由外産生的怪異。其表現有黄氣、黄霧或黄鼠變異等。

　　[11]金木水火沴土：《漢志下之上》："凡思心傷者病土氣，土氣病則金木水火沴之，故曰'時則有金木水火沴土'。"即五行中土氣病弱，與金木水火可以互相傷之，出現黄眚、黄祥的怪異。沴，相傷，不和。

稼穡不成

　　吴孫皓時，[1]嘗歲無水旱，苗稼豐美，而實不成，百姓以饑，闔境皆然，連歲不已。吴人以爲傷露，[2]非也。按劉向《春秋説》曰：[3]"水旱當書，不書水旱，[4]而曰大無麥禾者，土氣不養，稼穡不成。"此其義也。皓初遷都武昌，尋還建業，又起新館，綴飾珠玉，壯麗過甚，破壞諸宫，增修苑囿，犯暑妨農，官民疲怠。《月令》，[5]"季夏不可以興土功"。皓皆冒之。[6]此治宫室飾臺榭之罰，與《春秋》魯莊公三築臺同應也。班固曰："無水旱之灾，而草木百穀不熟，皆爲稼穡不成。"

　　[1]孫皓：人名。字元宗，三國吴孫權孫。死後無號，史稱末

帝。《三國志》卷四八有傳。

[2]傷露：苗稼傷於露水。

[3]《春秋説》：指劉向對《穀梁春秋》微言大義的解釋。

[4]不書水旱：各本並脱"不書"二字，中華本據《漢志》《晋志》補。

[5]《月令》：指《禮記·月令》：季夏之月"不可以興土功"。

[6]冒：違犯，冒犯。

晋穆帝永和十年，[1]三麥不登，[2]至關西亦然。[3]自去秋至是夏，無水旱，無麥者，如劉向説也。又俗云，"多苗而不實爲傷"。又其義也。

[1]永和：晋穆帝司馬聃年號（345—356）。

[2]三麥：小麥、大麥、元麥的合稱。

[3]關西：泛指故函谷關（今河南靈寶市）或今潼關以西地區。

恒風

魏齊王正始九年十一月，[1]大風數十日，發屋折樹；十二月戊子晦，[2]尤甚，動太極東閤。[3]

[1]正始九年十一月：《三國志》卷四《魏書·齊王芳紀》作"冬十月，大風發屋折樹"。正始，三國魏齊王曹芳年號（240—249）。

[2]十二月戊子晦：晦爲本月最末一日，戊子剛好爲十二月三十日。

[3]動太極東閤：《御覽》卷二九引《魏略》記此事甚詳："正始元年（'元'當爲'九'之誤），南風大起數十日，發屋折樹，

動太極殿東閣。正旦大會，又甚傾杯案，曹休將誅之徵也。”正旦即元旦，十二月晦日的次日，與本志所記合。

魏齊王嘉平元年正月壬辰朔，[1] 西北大風，發屋折木，昏塵蔽天。按管輅説此爲時刑，大風，執政之憂也。[2] 是時曹爽區督自專，[3] 驕僭過度，天戒數見，終不改革。此思心不叡，恒風之罰也。後踰旬而爽等滅。京房《易傳》曰：“衆逆同志，至德乃潛，厥異風。其風也，行不解物，不長，[4] 雨小而傷。政悖德隱，茲謂亂。厥風先風不雨，大風暴起，發屋折木。守義不進，茲謂眊。[5] 厥風與雲俱起，折五穀莖。臣易上政，茲謂不順。厥風大飇發屋。[6] 賦斂不理，茲謂禍。厥風絕經紀，止即溫，溫即蟲。侯專封，茲謂不統。厥風疾而樹不搖，穀不成。辟不思道利，茲謂無澤。[7] 厥風不搖木，旱無雲，傷禾。公常於利，茲謂亂。[8] 厥風微而溫，生蟲蝗，害五穀。棄正作淫，茲謂惑。[9] 厥風溫，螟蟲起，害有益人之物。侯不朝，茲謂叛。[10] 厥風無恒，地變赤，雨殺人。”

[1] 嘉平元年正月壬辰朔：按此年正月己丑朔，壬辰爲初四日，不當言壬辰朔。嘉平，三國魏齊王曹芳年號（249—254）。

[2] 按管輅説此爲時刑，大風，執政之憂也：按“此爲時刑，大風”，文義不通。《晋志下》作“此爲時刑大臣”。又《三國志》卷二九《魏書·管輅傳》記此事作：“歲朝，西北大風，塵埃蔽天，十餘日，聞晏、颺皆誅。”歲朝即每年第一日元旦，管輅曾在元旦前二日給尚書何晏、鄧颺解夢，説他們將作“死人”，十餘日後果被誅。故説“此爲時刑大臣，執政之憂也”。本志誤“臣”爲

"風"，應據改。管輅，人名。字公明，平原（今山東平原縣）人。三國著名的術數家。《三國志》卷二九有傳。

[3]曹爽：人名。字昭伯，曹真子。與司馬懿同爲顧命大臣，後爲懿所殺。《三國志》卷九有附傳。

[4]行不解物，不長：《漢志下之上》顏師古曰："不解物，謂物逢之而不解散也。不長，所起者近也。"

[5]眊（mào）：昏聵、惑亂。《漢志下之上》作"耄"。

[6]大颷：旋風、暴風。《晉志下》作"大猋"。猋，本爲群犬奔貌。引申爲"颷"。大猋，指大暴風、旋風。《漢志下之上》作"大焱"，顏師古曰："焱，疾風也。"

[7]辟不思道利，兹謂無澤：《漢志下之上》顏師古曰："道讀曰導，不思導示於下而安利之。"徵召官員不思範示而使國民得利，稱作没有恩澤。辟，徵召、舉薦。

[8]公常於利，兹謂亂：上爵之人心常求利稱作亂。公，上爵之人。

[9]棄正作淫，兹謂惑：放棄正道而事淫逸稱作昏惑。《晉志下》"正"作"政"，《漢志下之上》同本志。正，正道。

[10]侯不朝，兹謂叛：《晉志下》作"諸侯不朝，兹謂畔"。

　　吴孫權太元元年八月朔，[1]大風，江海涌溢，平地水深八尺，[2]拔高陵樹二株，[3]石碑蹉動，吴城兩門飛落。[4]按華覈對，役繁賦重，區督不叡之罰也。[5]明年，權薨。

[1]太元：三國吴大帝孫權年號（251—252）。　八月朔：甲戌。

[2]平地水深八尺：《三國志》卷四七《吴書·吴主傳》、《晉志下》、《搜神記》卷六同，《建康實録》作"平地水一丈"。

[3]二株:《晋志》、《搜神記》卷六作“二千株”。《建康實錄》作“三千餘株”。

[4]吳城兩門飛落:《晋志下》《搜神記》同。《三國志·吳書·吳主傳》作“郡城南門飛落”,《建康實錄》、《御覽》卷八七八引《晋書》“飛落”上均有“瓦”字。

[5]華覈:人名。字永先,吳郡武進(今江蘇鎮江市)人。《三國志》卷六五有傳。　區督不叡:《晋志下》作“區霑不容”,《建康實錄》作“區務不容”。

吳孫亮建興元年十二月丙申,[1]大風震電。是歲,魏遣大衆三道來攻,諸葛恪破其東興軍,[2]二軍亦退。明年,恪又攻新城,[3]喪衆大半,還伏誅。

[1]建興:三國吳會稽王孫亮年號(252—253)。

[2]諸葛恪:人名。字元遜,琅邪陽都(今山東沂南縣)人。《三國志》卷六四有傳。　東興軍:指魏圍東興之軍。《三國志》卷四八《吳書·三嗣主傳》:“十二月丙申朔,大風雷電,魏使將軍諸葛誕、胡遵等步騎七萬圍東興。”東興,縣名。吳分南城縣置,治所在今江西黎川縣。

[3]新城:郡名。三國魏以房陵郡改置,治所在今湖北房縣。

吳孫休永安元年十一月甲午,[1]風四轉五復,蒙霧連日。[2]是時孫綝一門五侯,[3]權傾吳主,風霧之災,與漢五侯、丁、傅同應也。[4]十二月丁卯夜,又大風,發木揚沙。明日,綝誅。[5]

[1]永安:三國吳景帝孫休年號(258—264)。

[2]風四轉五復,蒙霧連日:《御覽》卷八七六引《晋書》曰:

"衛士施朔告綝欲反，綝聞之大懼。是夜，大風四轉五復，發屋折木，揚沙石。綝益恐。"

[3]孫綝：人名。字子通，吳宗室。《三國志》卷六四有傳。

[4]與漢五侯、丁、傅同應也：《漢志下之上》："成帝建始元年四月辛丑夜，西北有如火光。壬寅晨，大風從西北起，雲氣赤黄，四塞天下，終日夜下著地者黄土塵也。是歲，帝元舅大司馬大將軍王鳳始用事；又封鳳母弟崇爲安成侯，食邑萬户；庶弟譚等五人賜爵關内侯，食邑三千户。復益封鳳五千户，悉封譚等爲列侯，是爲五侯。哀帝即位，封外屬丁氏、傅氏、周氏、鄭氏凡六人爲列侯。"顏師古曰："《外戚傳》傅太后弟子喜封高武侯，晏封孔鄉侯，商封汝昌侯，同母弟子鄭業爲陽信侯。丁太后兄明封陽安侯，子滿封平周侯。"

[5]明日，綝誅：《御覽》卷八七六引《晉書》曰："孫休永安元年十二月……明日，臘會稱疾，休强起之，不得已乃至會。張布、丁奉自左右縛之，綝叩頭請爲奴，不許，乃斬之。"

晋武帝泰始五年五月辛卯朔，[1]廣平大風折木。[2]

[1]泰始：晋武帝司馬炎年號（265—274）。
[2]廣平：郡名。治所在今河北雞澤縣。

晋武帝咸寧元年五月，[1]下邳、廣陵大風，[2]壞千餘家，折樹木。

[1]咸寧：晋武帝司馬炎年號（275—280）。
[2]下邳：郡國名。治所在今江蘇睢寧縣西北古邳鎮。　廣陵：郡名。治所在今江蘇揚州市西北蜀崗上。

咸寧元年五月甲申，廣陵、司吾、下邳大風折木。[1]

[1]司吾：縣名。治所在今江蘇新沂市南。

咸寧三年八月，河間大風折木。[1]

[1]河間：國名。治所在今河北獻縣。

晋武帝太康二年五月，[1]濟南大風，[2]折木傷麥。

[1]太康：晋武帝司馬炎年號（280—289）。
[2]濟南：郡名。治所在今山東濟南市。　大風：《晋志下》作"暴風"。

太康二年六月，高平大風折木，[1]發壞邸閣四十餘區。太康八年六月，郡國八大風。[2]

太康九年正月，京都風雹，發屋拔木，後二年，宮車晏駕。

[1]高平：郡名。治所在今江蘇盱眙縣。
[2]八年六月，郡國八大風：《晋書》卷三《武帝紀》作"六月，魯國大風，拔樹木，壞百姓廬舍。郡國八大水"。

晋惠帝元康四年六月，[1]大風雨拔樹。元康五年四月庚寅夜，[2]暴風，城東渠波浪；[3]七月，下邳大風，壞廬舍；九月，雁門、新興、太原、上黨災風傷稼。[4]明年，氐、羌反叛，大兵西討。

[1]元康：晋惠帝司馬衷年號（291—299）。

[2]元康五年四月庚寅：按四月庚申朔，無庚寅。

[3]城東渠波浪：按此句無謂語，不通。《晋志下》作“城東渠波浪殺人”，應據補。

[4]雁門：郡名。治所在今山西代縣西南古城。　新興：郡名。治所在今山西忻州市。　太原：郡名。治所在今山西太原市。　上黨：郡名。治所在今山西黎城縣南古城。

元康九年六月，[1]颶風吹賈謐朝服飛數百丈。[2]明年，謐誅。元康九年十一月甲子朔，京都連大風，發屋折木。十二月，太子廢。[3]

[1]九年六月：《太平廣記》卷三九六引《廣古今五行記》作“八年”。《御覽》卷八七六引《晋書》作“惠帝永康中六月”。

[2]賈謐：人名。字長深，父韓壽，本名韓謐，繼賈充嗣爲賈謐。南陽堵陽（今河南方城縣）人。《晋書》卷四〇有附傳。

[3]太子廢：《晋志下》作“十二月，愍懷太子廢，幽于許昌”，《御覽》卷八七六引《晋書》作“十二月，愍懷太子幽于金墉”。太子，指愍懷太子。晋惠帝長子，元康九年被賈后、賈謐和趙王倫冤殺。事見《晋書》卷五三《愍懷太子傳》。

晋惠帝永康元年二月，[1]大風拔木。三月，愍懷被害。[2]己卯，喪柩發許還洛，[3]是日，大風雷電，幰蓋飛裂。

[1]永康：晋惠帝司馬衷年號（300—301）。

［2］愍懷被害：《晉書》卷五三《愍懷太子傳》曰：“慮乃逼太子以藥，太子不肯服，因如厠，慮以藥杵椎殺之，太子大呼，聲聞于外。時年二十三。”

［3］許：即許昌。曹魏五都之一，在今河南許昌市東古城村。

洛：漢稱雒陽，曹魏改爲洛陽，其遺址稱漢魏故城，在今河南洛陽市白馬寺東。南北九里，東西六里，故稱九六城。十二門，南四北二，東西各三。

永康元年四月，張華第舍颮風折木，[1]飛繒軸六七。[2]是月，華遇害。

［1］張華：人名。字茂先，范陽方城（今河北固安縣）人。《晉書》卷三六有傳。

［2］飛繒軸六七：文義不通，有脱誤。此事《晉志下》作：“張華第舍飆風起，折木飛繒，折軸六七。”是，應據改。

永康元年十一月戊午朔，大風從西北來，折木飛石。[1]明年正月，趙王倫篡位。[2]

［1］折木飛石：《晉志下》作“折木飛沙石，六日止”。

［2］趙王倫：即司馬倫。字子彝，司馬懿第九子。《晉書》卷五九有傳。

晉惠帝永興元年正月癸酉，[1]趙王倫祠太廟，[2]災風暴起，塵沙四合。其年四月，倫伏辜。[3]

［1］晉惠帝永興元年正月癸酉：《晉志下》作“趙王倫建始元年正月癸酉”，按永興元年（304）即建始元年，正月己亥朔，無癸

酉。干支有誤。

　　[2]趙王倫祠太廟：各本並脱“趙王倫”三字，中華本據《晉志下》補。

　　[3]其年四月，倫伏辜：丁福林《校議》據《晉書》卷四《惠帝紀》考證，司馬倫死於惠寧元年四月，此言永興元年四月，誤。

　　晋元帝永昌元年七月丙寅，[1]大風拔木，屋瓦皆飛。永昌元年八月，暴風壞屋，拔御道柳樹百餘株。其風縱横無常，若風自八方來者。[2]十一月，宮車晏駕。

　　[1]永昌：晋元帝司馬睿年號（322—323）。

　　[2]其風縱横無常，若風自八方來者：《晋志下》的解釋是：“是時，王敦專權，害尚書令刁協、僕射周顗等，故風縱横若非一處也。此臣易上政，諸侯不朝之罰也。”

　　晋成帝咸康四年三月壬辰，[1]成都大風，發屋折木。四月，李壽襲殺李期。[2]

　　[1]咸康：晋成帝司馬衍年號（335—342）。

　　[2]李壽：人名。字武考，巴氐族，巴西宕渠（今四川渠縣）人。繼李期爲十六國時期成漢國君。《晋書》卷一二一有載記。李期：人名。字世運，巴氐族，巴西宕渠人。繼李班爲十六國時期成漢國君。《晋書》卷一二一有載記。

　　晋康帝建元元年七月庚申，[1]晋陵、吴郡災風。[2]

　　[1]建元：晋康帝司馬岳年號（343—344）。

　　[2]晋陵：郡名。西晋以毗陵郡改名，治所在今江蘇常州市。

吴郡：治所在今江蘇蘇州市。

晋穆帝升平元年八月丁未，[1]策立皇后何氏。是日
疾風。升平五年正月戊戌朔，疾風。

[1]升平：晋穆帝司馬聃年號（357—361）。

晋海西公太和六年二月，[1]大風迅急。

[1]太和：晋廢帝司馬奕年號（366—371）。

晋孝武帝寧康元年三月戊申朔，[1]暴風迅起，從丑
上來，[2]須臾轉從子上來，[3]飛沙揚礫。

[1]寧康元年三月戊申朔：“元年”《晋志下》作“三年”。中
華本校勘記云：“按是年三月戊子朔，二十一日戊申，‘朔’字疑衍
文。”按：若從《晋志下》說，則三年三月丙午朔，戊申爲三日。
故“朔”字當爲衍文。
[2]暴風迅起，從丑上來：古以十二地支表示方向，子爲正北，
丑爲北偏東。此言暴風從北方偏東方向吹來。
[3]須臾轉從子上來：《晋志下》“須臾”後有“逆”字。

晋孝武帝太元元年二月乙丑朔，[1]暴風折木。太元
二年閏三月甲子朔，[2]暴風疾雨俱至，發屋折木。太元
二年六月，[3]長安大風拔苻堅宮中樹。[4]其後堅再南伐，
身戮國亡。太元四年八月乙未，暴風。[5]

　　[1]元年二月乙丑朔：《晋志下》作“二年二月乙丑朔”。據中華本校勘記，是年二月辛未朔，無乙丑。“元年當是二年之譌”，則“元年”當改爲“二年”。

　　[2]太元二年閏三月甲子朔：中華本校勘記云：“‘二年’各本並作‘元年’。按太元元年無閏月，二年閏三月甲子朔，今改正。”

　　[3]二年六月：“二年”《晋志下》作“三年”。《御覽》卷八七六引《晋中興書》作“苻堅三年，長安大風，堅宮中樹悉拔，是歲王猛死”。湯球輯《晋中興書》認爲《御覽》引誤，當作“孝武帝寧康三年”。《御覽》卷八七六又引《十六國春秋》曰：“苻堅建元十八年三月，大風吹壞長安西門，拔宮中大樹，倒根於上。”各書所記一事，但年代互異。

　　[4]長安：城名。在今陝西西安市西北渭水南岸。　苻堅：人名。一名文玉，字永固，略陽臨渭（今甘肅秦安縣）人。氐族。前秦皇帝。《晋書》卷一一三、一一四有載記。

　　[5]暴風：《晋志下》作“暴風揚沙石”。

　　太元十二年正月壬子夜，[1]暴風。太元十二年七月甲辰，[2]大風拔木。太元十七年六月乙卯，[3]大風折木。

　　[1]壬子夜：中華本校勘記云：“‘壬子’各本並作‘壬午’，據《晋書·孝武帝紀》改。按是年正月戊戌朔，十五日壬子，無壬午。”

　　[2]七月甲辰：中華本校勘記云：“‘七月’各本並作‘正月’。據《晋書·五行志》改。按是年正月戊戌朔，初七日甲辰。七月乙未朔，初十日甲辰。前條‘太元十二年正月壬子’爲太元十二年正月十五日，本條接其下，不容爲正月初七日甲辰。故改從《晋書·五行志》作七月。”

　　[3]六月乙卯：中華本校勘記云：“‘乙卯’各本並作‘乙未’，

據《晉書·孝武帝紀》改。按是年六月丙申朔，二十日乙卯，無乙未。"

晉安帝元興二年二月甲辰，[1]大風雨，大航門屋瓦飛落。[2]明年，桓玄篡位，[3]由此門入。元興三年正月，[4]桓玄遊大航南，飄風飛其轓輗蓋。[5]三月，玄敗。元興三年五月，江陵大風折木。[6]是月，桓玄敗於崢嶸洲，[7]身亦屠裂。元興三年十一月丁酉，大風，江陵多死者。[8]

[1]晉安帝元興二年二月甲辰：《晉志下》"甲辰"後有"夜"字。元興，晉安帝司馬德宗年號（402—404）。

[2]大航門：即朱雀門。大航，又名大桁，六朝時建康城南用船搭的浮橋，正對建康城南門朱雀門，又名朱雀大航，故朱雀門亦稱大航門。

[3]桓玄：人名。一名靈寶，字敬道，譙國龍亢（今安徽懷遠縣）人。元興元年，舉兵攻入建康，此年底，代晉自立，國號楚，年號建始，旋改永始，後被劉裕滅。《晉書》卷九九有傳。

[4]元興三年正月：中華本校勘記云："'三年'各本並作'二年'，據《晉書·五行志》改。按桓玄以元興二年冬稱帝，此當是三年正月間事。"

[5]轓輗蓋：曲柄的車蓋。崔豹《古今注·輿服》："武王伐紂，大風折蓋。太公因折蓋之形而制曲蓋焉。戰國嘗以賜將帥，自漢乘輿用四，謂爲轓輗蓋，有軍號者，賜一焉。"《御覽》卷八七六引《晉中興書》作"（桓玄）出遊門外，飄風飛其儀蓋"。

[6]江陵：縣名。治所在今湖北荆州市荆州區。

[7]崢嶸洲：在今湖北黄岡市西北長江中。公元404年，劉毅、何無忌等敗桓玄軍於此。

[8]江陵多死者：中華本校勘記云：“各本作“江川多死者”，據《晋書・五行志》改。”

晋安帝義熙四年十一月辛卯朔，[1]西北疾風起。義熙五年閏十月丁亥，大風發屋。明年，盧循至蔡洲。[2]義熙六年五月壬申，大風拔北郊樹，樹幾百年也。琅邪、揚州二射堂倒壞。[3]是日，盧循大艦漂没。甲戌，又風，發屋折木。是冬，王師南討。[4]

[1]義熙：晋安帝司馬德宗年號（405—418）。
[2]盧循：人名。字于先，又稱盧龍、元龍。《晋書》卷一〇〇有傳。　蔡洲：洲名。在建康西南長江中。
[3]琅邪：國名。治所在今山東臨沂市北，東晋後復爲郡。揚州：治所在今江蘇南京市。　射堂：古時習射之處。
[4]王師南討：中華本校勘記云：“‘王師’各本並作‘三帥’，據《晋書・五行志》改。”

義熙十年四月己丑朔，大風拔木。義熙十年六月辛亥，大風拔木。明年，西討司馬休之。[1]

[1]司馬休之：人名。字季預，敬王司馬恬第三子。《晋書》卷三七有附傳。

宋少帝景平二年正月癸亥朔旦，[1]暴風發殿庭，會席翻揚數十丈。[2]五月，帝廢。

[1]景平：宋少帝劉義符年號（423—424）。

[2]會席翻揚數十丈：各本並脱"席"字，中華本據《御覽》卷八七六引補。

文帝元嘉二十六年二月庚申，[1]壽陽驟雨，[2]有回風雲霧，廣三十許步，從南來，至城西回散滅。當其衝者，室屋樹木摧倒。

[1]元嘉：宋文帝劉義隆年號（424—453）。

[2]壽陽：縣名。治所在今安徽壽縣。

元嘉二十九年三月，大風，拔木飛瓦。元嘉三十年正月，大風拔木，雨凍殺牛馬，雷電晦冥。二月，宮車晏駕。

孝武帝大明七年，[1]風吹初寧陵隧口左標折。[2]鍾山通天臺新成，[3]飛倒，散落山澗。明年閏五月，帝崩。

[1]大明：宋孝武帝劉駿年號（457—464）。

[2]初寧陵：宋武帝劉裕陵名。《建康實錄》："葬丹楊建康縣蔣山初寧陵。"注："在縣東北二十里，周圍三十五步，高一丈四尺。"

隧口：墓道口。　左標：左邊的華表。

[3]鍾山：即今江蘇南京市中山門外紫金山。

前廢帝永光元年正月乙未朔，[1]京邑大風。

[1]永光：宋前廢帝劉子業年號（465）。

明帝泰始二年三月丙申，[1]京邑大風。[2]泰始二年四月甲子，京邑大風。泰始二年五月丁未，京邑大風。泰始二年五月己酉，京邑大風。泰始二年九月乙巳，京邑大風。

[1]泰始：宋明帝劉彧年號（465—471）。
[2]京邑：地名。即京師建康，在今江蘇南京市。

後廢帝元徽二年七月甲子，[1]京邑大風。元徽三年三月丁卯，京邑大風。元徽三年六月甲戌，京邑大風。元徽四年十一月辛卯，京邑大風。元徽五年三月庚寅，京邑大風，發屋折木。元徽五年六月甲寅，京邑大風。

[1]後廢帝元徽二年七月甲子：元徽二年七月庚午朔，無甲子。有誤。元徽，宋後廢帝劉昱年號（473—476）。

夜妖

魏高貴鄉公正元二年閏正月戊寅，[1]大風晦暝，行者皆頓伏。近夜妖也。劉向曰：“正晝而暝，陰爲陽，臣制君也。”時晉景王討毌丘儉，[2]是日始發。

[1]魏高貴鄉公正元二年閏正月戊寅：中華本作“魏高貴鄉公正元二年閏正月戊戌”。司馬師出兵征討毌丘儉、文欽的時間，諸史記載抵牾，後人聚訟不一。《晉書》卷二《景帝紀》作“（正月）戊午，帝統中軍步騎十餘萬以征之”，則出兵日爲正元二年正月戊午（正月五日）。《三國志》卷四《魏書·高貴鄉公髦紀》稱“二年春正月乙丑，鎮東將軍毌丘儉、揚州刺史文欽反。戊戌，大將軍司馬景王征之”，又云“閏月己亥，破欽于樂嘉，欽遁走，遂奔吳。

甲辰，安風淮津都尉斬儉"，則出兵日爲正元二年正月戊戌日。正
元是三國魏高貴鄉公第一個年號（254—256），其年正月甲寅朔，
無戊戌，則《魏書·高貴鄉公髦紀》所記"戊戌，大將軍司馬景
王征之"是有問題的，故《殿本考證·三國志》卷四引何焯曰：
"按乙丑、癸未之中不應有戊戌，當是戊辰之訛。"但是細辨《魏
書·高貴鄉公髦紀》中的幾個時間節點，毌丘儉、文欽反叛時間是
正月乙丑（正月十二日），被司馬師擊敗的時間是閏月己亥（閏正
月甲申朔，己亥爲次月十六日），毌丘儉被安風淮津都尉斬殺的時
間是甲辰（二十一日），則從出兵到斃敵，前後四十日，符合常情。
戊辰乃正月十五日，若依何焯戊戌"爲戊辰之訛"説法，毌丘儉正
月十二日反，司馬景王正月十五日調集"步騎十餘萬"征之，時間
倉促，幾乎不可能，故何焯之説難以成立。中華本校勘記也注意到
正元二年正月甲寅朔，無戊戌，而閏正月甲申朔，有戊戌（十五
日），故"疑當是閏月十五日開始出兵"，並推斷各本並脱"閏"
字。按：閏正月戊戌（十五日）出兵，未經部署，閏正月己亥
（十六日）即破文欽，於理有悖。沈家本《三國志瑣言》謂"戊
午"爲"戊寅"之誤。按戊寅是正月二十五日，已是叛亂十餘日
後，其日出征，符合常情，故其説有理，今從。

　　[2]毌丘儉：人名。字仲恭，河東聞喜（今山西聞喜縣）人。
《三國志》卷二八有傳。

　　魏元帝景元三年十月，[1]**京都大震，晝晦。此夜妖
也。**班固曰："夜妖者，雲風並起而杳冥，故與常風同
象也。"劉向《春秋説》云："天戒若曰，勿使大夫世
官，將令專事，冥晦。明年，魯季友卒，果世官而公室
卑矣。"[2]**魏見此妖，**[3]**晋有天下之應也。**

　　[1]景元：三國魏元帝曹奐年號（260—264）。

[2]"劉向"至"果世官而公室卑矣"：按此段源於《漢志下之上》。魯釐公十五年九月乙卯，白天變黑暗，雷震夷伯之廟。劉向以爲，夷伯是世大夫而專權，白天雷震其廟，是天戒而出現的夜妖現象。季友，魯國公子。果世官，指季友之孫行父仍執政專國，自此以後常爲卿。

[3]魏見此妖：中華本校勘記云："各本並脱'見'字，據《晋書·五行志》補。"

　　晋孝武帝太元十三年十二月乙未，大風晦暝。其後帝崩，而諸侯違命，干戈内侮，權奪於元顯，[1]禍成於桓玄。是其應也。

[1]元顯：人名。即司馬元顯。字朗君，簡文帝之孫，會稽王司馬道子之世子。《晋書》卷六四有附傳。

臝蟲之孽

　　晋孝武咸寧元年七月，[1]郡國螟；九月，青州又螟。[2]咸寧元年七月，郡國有青蟲食禾稼。咸寧四年，司、冀、兖、豫、荆、揚郡國皆螟。[3]

[1]晋孝武咸寧元年七月："孝武"《晋志下》作"武帝"，本志"孝"字衍，"武"後佚"帝"字，當據删改。
[2]青州：治所在今山東青州市。
[3]司、冀、兖、豫、荆、揚郡國皆螟：《晋志下》作"司、冀、兖、豫、荆、揚郡國二十皆螟"。《晋書》卷三《武帝紀》四年七月"荆、揚郡國二十皆大水"，未言螟。司，州名。三國魏通稱司隸校尉部爲司州，西晋始正式成爲郡名，治所在今河南洛陽市。冀，州名。治所在今河北冀州市。兖，州名。治所在今山東鄆

城縣。豫，州名。西晉時治所在今河南淮陽縣。荆，州名。治所在今湖北江陵縣。揚，州名。治所在今江蘇南京市。

晋武帝太康四年，會稽彭蜞及蟹皆化爲鼠，[1]甚衆，覆野，大食稻爲災。[2]

[1]彭蜞：蟹的一種，體小少肉。

[2]覆野，大食稻爲災：“覆野”《晋志下》作“復”。《搜神記》卷七“災”字後有“始成，有毛肉而無骨，其行不能過田畦。數日之後，則皆爲牝”。

太康九年八月，郡國二十四螟。[1]螟説與蝗同。是時帝聽讒訴。

[1]八月：《晋書》卷三《武帝紀》作“九月”。

太康九年九月，蟲傷稼。

晋惠帝元康二年九月，[1]帶方、含資、提奚、南新、長岑、海冥、列口蟲食禾葉蕩盡。[2]

[1]元康二年九月：“二年”《晋志下》作“三年”。

[2]帶方、含資、提奚、南新、長岑、海冥、列口蟲食禾葉蕩盡：《晋志下》作“帶方等六縣螟”。帶方，郡縣名。西漢置，治所在今朝鮮黄海北道鳳山郡境。西晉建興元年（313）徙治棘城，在今遼寧義縣。含資，縣名。治所在今朝鮮黄海北道瑞興郡。南新，縣名。治所在今朝鮮黄海南道信川郡西湖里。長岑，縣名。治所在今朝鮮黄海南道松禾郡。海冥，縣名。治所在今朝鮮黄海道南海州一帶。列口，縣名。治所在今朝鮮黄海南道殷栗郡。按以上六

縣均屬帶方郡，提奚縣亦當在今朝鮮黃海道一帶。

晋惠帝永寧元年七月，[1]梁、益、涼三州蝝。[2]是時
齊王冏秉政。[3]貪苛之應也。永寧元年十月，南安、巴
西、江陽、太原、新興、北海青蟲食禾葉，[4]甚者十傷
五六。永寧元年十二月，郡國八蝝。[5]

[1]永寧：晋惠帝司馬衷年號（301—302）。

[2]梁：州名。三國魏置，西晋屢遷其治所，初在南鄭縣（今
陝西漢中市），移治西城縣（今陝西安康市），又移苞中縣（今陝
西漢中市）、城固縣（今陝西城固縣）。　益：州名。治所在今四
川成都市。　涼：州名。治所在今甘肅武威市。

[3]齊王冏：即司馬冏。字景治。《晋書》卷五九有傳。

[4]南安：郡名。治所在今甘肅隴西縣。　巴西：郡名。治所
在今四川閬中市。　江陽：郡名。治所在今四川瀘州市。　北海：
郡國名。治所在今山東昌樂縣。

[5]郡國八蝝："八"《晋志下》作"六"。《晋書》卷四《惠
帝紀》作"是歲，郡國十二旱，六蝗"。當據改。

牛禍

晋武帝太康九年，[1]幽州塞北有死牛頭語。近牛禍
也。是時帝多疾病，深以後事爲念，而託付不以至公，
思心瞀亂之應也。[2]師曠曰：[3]"怨讟動於民，則有非言
之物而言。"又其義也。

[1]太康九年：《御覽》卷八九八引《晋朝雜事》作"太康九
年三月"。

[2]思心瞀亂之應也:《晋志下》、《搜神記》卷七並作“思瞀
亂之應也”。

[3]師曠:人名。字子野,春秋時晋國樂師,目盲,善七弦琴
和音律。

晋惠帝太安中,[1]江夏張騁所乘牛言曰:[2]“天下方
亂,乘我何之!”[3]騁懼而還,犬又言曰:“歸何蚤也。”
尋後牛又人立而行。騁使善卜者卦之。謂曰:“天下將
有兵亂,爲禍非止一家。”其年張昌反,[4]先略江夏,騁
爲將帥。於是五州殘亂,騁亦族滅。京房《易妖》
曰:[5]“牛能言,如其言占吉凶。”《易萌氣樞》曰:
“人君不好士,走馬被文繡,犬狼食人食,則有六畜祅
言。”[6]時天子諸侯不以惠下爲務,又其應也。

[1]太安:晋惠帝司馬衷年號(302—304)。

[2]江夏:郡名。三國魏置,西晋時治所在今湖北雲夢縣。
張騁:人名。《晋書》一見,其事不詳。《搜神記》卷七“張騁”
前有“功曹”二字。《開元占經》卷一一七引《搜神記》“張騁”
作“張駃”。

[3]天下方亂,乘我何之:《晋志下》作“天下亂乘我何之”。
《搜神記》卷七作“天下方亂,吾甚極爲,乘我何之”,《開元占
經》卷一一七引《搜神記》“極爲”作“疾焉”。

[4]張昌:人名。又名李辰,義陽(今湖北棗陽市)蠻族人。
太安二年(303),在江夏率流民數千起兵反晋,衆至三萬,縱橫荊
揚江徐豫五州之地,公元305年兵敗被殺。《晋書》卷一〇〇有傳。

[5]京房《易妖》:《晋志下》作“京房《易傳》”。《搜神記》
同本志。

[6]則有六畜祅言:《晋志下》"祅"作"談"。

晋愍帝建武元年,[1]曲阿門牛生犢,[2]一體兩頭。

[1]晋愍帝建武元年:《晋志下》作"元帝建武元年七月"。按:晋愍帝衹建興一個年號,無建武。建興五年三月辛卯琅邪王司馬睿自爲晋王,改元建武。建武二年三月丙辰,司馬睿稱帝,又改元太興。故建武是司馬睿作晋王時的年號。本志誤。《開元占經》卷一一七引《搜神記》認爲此事在"太興中",詳下。

[2]曲阿門牛生犢:《晋志下》作"晋陵陳門才牛生犢"。中華本《晋志下》校勘記:"'陳門才'不知何義,亦不知是否人名。《搜神記》七作'晋陵東門有牛生犢'。疑此'陳'爲'東'、'才'爲'有'之誤。"按:《開元占經》卷一一七引《搜神記》與《搜神記》今本大不同,可證此事之誤:"元帝太興中,割晋陵郡封少子,以嗣太傅東海王。俄而世子母石婕好疾病,使郭璞筮之,遇《明夷》之《既濟》,曰:'世子不宜裂土分國,以致患悔,母子並貴之咎也。法,所封内當有牛生一子兩頭者,見此物則疾瘳矣。'其七月,曲河〔阿〕縣陳門牛生子兩頭,郡縣圖其形而上之。元帝以示石氏,石氏見而有間。或問其故,〔曰〕:'晋陵土,上所以受命之邦也。凡物莫能兩大,使世子並其方,其氣莫以取之,故致兩頭之妖以爲警也'。"西晋以毗陵郡改名晋陵,東晋太興初移治京口(今江蘇鎮江市),曲阿是其屬縣。既然"郡縣圖其形上之",故《晋志下》、今本《搜神記》當作"晋陵陳門有牛生犢",本志當作"曲阿陳門牛生犢"。

元帝太興元年,[1]武昌太守王諒牛生子,[2]兩頭八足兩尾共一腹。三年後死。又有牛生一足三尾,皆生而死。[3]按司馬彪説,[4]兩頭者,政在私門,上下無別之象也。京房《易傳》曰:"足多者,所任邪也。足少者,下不勝任也。"其後皆有此應。

[1]太興:晋元帝司馬睿年號(318—321)。

[2]王諒:人名。字幼成,丹楊人。《晋書》卷八九有傳。

[3]"兩頭八足兩尾共一腹"至"皆生而死":《搜神記》卷七作"兩頭八足,兩尾共一腹。不能自生,十餘人以繩引之。子死,母活。其三年,後苑中有牛生子,一足三尾,生而即死"。所記不一。

[4]司馬彪:人名。字紹通,溫縣(今河南溫縣)人。西晋史學家,作《續漢書》八十卷,起於漢光武帝,終於漢獻帝。其中紀、傳已佚,祇存八志三十卷,北宋以後配合范氏《後漢書》刊行。《晋書》卷八二有傳。

晋元帝太興四年十二月,郊牛死。[1]按劉向説《春秋》郊牛死曰,宣公區瞀昏亂,故天不饗其祀。元帝中興之業,實王導之謀也。[2]劉隗探會主意,[3]以得親幸,導見疏外。此區瞀不叡之禍也。

[1]郊牛:帝王郊祭(在郊外祭祀天地)時尚未卜日祭祀的牛。《春秋·宣公三年》:"三年春王正月,郊牛之口傷,改卜牛。牛死,乃不郊。"楊伯峻注:"郊祭必先擇牛而卜之,吉則養之,然後卜郊祭之日。未卜日以前謂之牛,既卜日之後改曰牲……此曰'郊牛',是尚未卜日可知。"

[2]王導:人名。字茂弘,琅邪臨沂人。《晋書》卷六五有傳。

[3]劉隗:人名。字大連,彭城(今江蘇徐州市)人。任鎮北將軍,與王敦勢力對抗。公元322年,王敦以誅隗爲名,起兵攻入建康,劉隗戰敗投奔石勒。

晋成帝咸和二年五月,^[1]護軍牛生犢,^[2]兩頭六足。是冬,蘇峻作亂。

[1]咸和：晋成帝司馬衍年號（326—334）。

[2]護軍：官名。禁軍長官。曹操置，典武官選舉，屬領軍，後改爲中護軍、護軍將軍。三國時四品，宋時三品。

咸和七年,九德民袁榮家牛產犢,^[1]兩頭八足二尾共身。京房《易傳》："殺無罪,則牛生妖。"

[1]九德：郡縣名。治所在今越南義安省榮市。　袁榮：人名。《晋書》一見,其事不詳。

桓玄之國,在荆州詣刺史殷仲堪,^[1]行至鶴穴,逢一老公,驅青牛,形色瓌異,^[2]桓玄即以所乘牛易取。乘至零陵涇溪,^[3]駿駚非常,^[4]因息駕飲牛。牛徑入江水不出。玄遣人覘守,經日無所見。

[1]桓玄之國,在荆州詣刺史殷仲堪：中華本斷句"桓玄之國在荆州,詣刺史殷仲堪",桓玄封國此時不在荆州,故此處應斷作"桓玄之國,在荆州詣刺史殷仲堪"。

[2]形色瓌異：其形色像玉石一樣異常。瓌,美石,珠玉。

[3]零陵：郡名。治所在今湖南永州市零陵區。

[4]駿駚非常：中華本校勘記云："'駚'三朝本作'駚'。涵芬樓影印百衲本時,修改作'駚'。北監本、毛本、殿本、局本並作'駚'。按《説文》,駚爲馬父驢母之駃騠本字,後人始借爲'快'字。'駚',馬行疾也。省文作'駚','駚''駚'實即一字。

疑作'駛'作'駛'並不誤。"

宋文帝元嘉三年，司徒徐羨之大兒喬之行欲入廣莫門。[1]牛徑將入廷尉寺，左右禁捉不能禁。入方得出。明日被收。

[1]徐羨之：人名。字宗文。本書卷四三有傳。　喬之：人名。即徐喬之。尚高祖第六女富陽公主，官至竟陵王文學。事見本書《徐羨之傳》。

元嘉二十九年，晉陵送牛，角生右脅，長八尺。明年二月，東宮爲禍。
孝武帝大明三年，廣州刺史費淹獻三角水牛。[1]

[1]費淹：人名。曾任北中郎諮議參軍，轉交州刺史，改廣州刺史。

黃眚黃祥

蜀劉備章武二年，[1]東伐。二月，自秭歸進屯夷道。[2]六月，秭歸有黃氣見，長十餘里，廣數十丈，後踰旬，備爲陸議所破。[3]近黃祥也。

[1]章武：三國蜀先主劉備年號（221—223）。
[2]秭歸：縣名。治所在今湖北秭歸縣。　夷道：縣名。治所在今湖北宜都市。
[3]陸議：人名。即陸遜。字伯言，本名議，吳郡吳人。《三國志》卷五八有傳。《晉志上》作"陸遜"。

魏齊王正始中，中山王周南爲襄邑長。[1]有鼠從穴出，語曰：“王周南，爾以某日死。”南不應。鼠還穴。後至期，更冠幘皁衣出，語曰：“周南，汝日中當死。”又不應。鼠復入，斯須更出，語如向日。適欲日中，[2]鼠入復出，出復入，轉更數，語如前。日適中，鼠曰：“周南，汝不應我，復何道。”言絕，顛蹶而死，即失衣冠。取視，俱如常鼠。案班固説，此黃祥也。是時曹爽秉政，競爲比周，故鼠作變也。

[1]王周南：人名。本書、《晋書》均一見，其事不詳。

[2]語如向日。適欲日中：丁福林《校議》：讀作“語如向”。又引《晋志下》，將“日適欲日中”讀作“日適欲中”。引此以備一説。

宋孝武大明七年春，太湖邊忽多鼠。其年夏，水至，悉變成鯉魚。民人一日取，轉得三五十斛。明年，大飢。

晋元帝太興四年八月，黃霧四塞，埃氣蔽天。案楊宣對，[1]近土氣，亂之祥也。

[1]楊宣：人名。前涼張祚時爲酒泉太守，張駿時爲沙州刺史，率衆越流沙，伐龜兹、鄯善，使西域諸國並降。

晋元帝永昌二年正月癸巳，[1]黃霧四塞。

[1]晋元帝永昌二年正月癸巳：《晋志下》作“明帝太寧元年

正月癸巳”。按：永昌二年三月明帝改元太寧，故正月仍稱永昌，無誤。

晉穆帝永和七年三月，涼州大風拔木，黃霧下塵。是時張重華納譖，[1]出謝艾爲酒泉太守，[2]而所任非其人。至九年死，嗣子見弑。[3]是其應也。京房《易傳》曰：“聞善不予，茲謂不知。厥異黃，厥咎聾，厥災不嗣。黃者，有黃濁氣四塞天下，蔽賢絕道，故災至絕世也。”

[1]張重華：人名。字泰臨，安定烏氏人。繼張駿爲前涼國君。《晉書》卷八六有附傳。

[2]謝艾：人名。前涼軍師將軍，曾大破趙軍。封福禄縣伯。事見《晉書·張重華傳》。

[3]嗣子：指張重華子張耀靈。永和九年（313），父死即位，年十歲，旋被其伯張祚廢，永和十一年被殺。《晉書》卷八六有附傳。

晉安帝元興元年十月丙申朔，黃霧昏濁，不雨。宋文帝元嘉十八年秋七月，天有黃光，洞照于地。太子率更令何承天謂之榮光，[1]太平之祥，上表稱慶。

[1]何承天：人名。東海郯（今山東郯城縣）人。本書卷六四有傳。

地震

吳孫權黃武四年，[1]江東地連震。是時權受魏爵命，爲大將軍、吳王，改元專制，不修臣迹。京房《易傳》曰：“臣事雖正，專必震。”董仲舒、劉向並云“臣下强盛，將動而爲害之應也”。[2]

[1]黃武：三國吳大帝孫權年號（222—229）。

[2]將動而爲害之應也：中華本校勘記云：“各本並脱‘爲’字，據《漢書·五行志》、《晋書·五行志》補。”

魏明帝青龍二年十一月，[1]京都地震，從東來，[2]隱隱有聲，屋瓦搖。

[1]青龍：三國魏明帝曹叡年號（233—237）。

[2]從東來：《三國志》卷三《魏書·明帝紀》“東”下有“南”字。

魏明帝景初元年六月戊申，[1]京都地震。是秋，吳將朱然圍江夏，[2]荆州刺史胡質擊退之。[3]又公孫淵自立爲燕王，[4]改年，置百官。明年，討平之。

[1]景初元年六月戊申：是年六月丙寅朔，無戊申。但此年改用《景初曆》，改青龍五年（237）三月爲景初元年四月，本著曆日序列無誤的原則，此言景初元年六月，實當青龍五年七月，七月丙申朔，戊申爲十三日。

[2]朱然：人名。字義封，丹楊故鄣（今浙江安吉縣）人。《三國志》卷五六有傳。　江夏：郡名。三國魏置，治所在今湖北安陸市。

[3]胡質：人名。字文德，楚國壽春人。《三國志》卷二七

有傳。

　　[4]公孫淵：人名。本爲魏遼東太守，景初初自立爲燕王，明年，被司馬懿討滅。《三國志》卷八有附傳。

　　吳孫權嘉禾六年五月，[1]江東地震。[2]

　　[1]嘉禾：三國吳大帝孫權年號（232—238）。
　　[2]江東：又稱江左。其地本指今安徽蕪湖市、江蘇南京市長江河段以東地區，因吳、東晉、宋、齊、梁、陳等六朝建都建鄴（今江蘇南京市），故時人又稱其統治下的全部地區爲江東。

　　赤烏二年正月，[1]地又再震。是時呂壹專政，[2]步隲上疏曰：[3]“伏聞校事，吹毛求瑕，趣欲陷人，成其威福，無罪無辜，橫受重刑，雖有大臣，不見信任。如此，天地焉得無變。故嘉禾六年、赤烏二年，地連震動，臣下專政之應也。冀所以警悟人主，可不深思其意哉。”壹後卒敗。

　　[1]赤烏：三國吳大帝孫權年號（238—251）。
　　[2]呂壹：人名。任吳校事，爲孫權所信任，專門探尋官民思想動態，是具有特務性質的監察官。
　　[3]步隲：人名。字子山，臨淮淮陰人。《三國志》卷五二有傳。

　　魏齊王正始二年十一月，[1]南安郡地震。

　　[1]十一月：《三國志》卷四《魏書·齊王芳紀》作“十二月”。

正始三年七月甲申，南安郡地震；十二月，魏郡地震。[1]

[1]魏郡：治所在今河北臨漳縣西南鄴鎮。

正始六年二月丁卯，南安郡地震。是時曹爽專政，遷太后于永寧宮，太后與帝相泣而別。連年地震，是其應也。

吳孫權赤烏十一年二月，江東地仍震。是時權聽讒，尋黜朱據，[1]廢太子。

[1]朱據：人名。字子範，吳郡吳人。《三國志》卷五七有傳。

蜀劉禪炎興元年，[1]蜀地震。時宦人黃皓專權。[2]按司馬彪説，奄宦無陽施，猶婦人也。此皓見任之應，與漢和帝時同事也。是冬蜀亡。

[1]炎興：三國蜀後主劉禪年號（263）。
[2]黃皓：人名。蜀國宦官，從黃門令至中常侍、奉車都尉，操弄權柄，爲劉禪所信任，終至亡國。《三國志》卷三九有附傳。

晉武帝泰始五年四月辛酉，地震。是年冬，新平氐、羌叛。[1]明年，孫皓大遣衆入渦口。[2]叛虜寇秦、凉，[3]刺史胡烈、蘇愉並爲所害。[4]

[1]新平：郡名。治所在今陝西彬縣。
[2]渦口：城名。在今安徽懷遠縣。

[3]秦：州名。治所在今甘肅甘谷縣。

[4]胡烈：人名。字武玄。《晋書》卷五七有附傳。　蘇愉：
人名。本書、《晋書》各一見，其事不詳。

泰始七年六月丙申，地震。武帝世，始於賈充，[1]
終於楊駿，[2]阿黨昧利，苟專權寵，終喪天下，由是也。
末年所任轉敝，故亦一年六震，是其應也。裴叔則
曰：[3]“晋德所以不比隆堯、舜者，以有賈充諸人
在朝。”

[1]賈充：人名。字公閭，平陽襄陵（今山西臨汾市）人。
《晋書》卷四〇有傳。

[2]楊駿：人名。字文長，弘農華陰（今陝西華陰市）人。
《晋書》卷四〇有傳。

[3]裴叔則：人名。名裴楷，河東聞喜人。《晋書》卷三五有
附傳。

晋武帝咸寧二年八月庚辰，河南、河東、平陽地
震。[1]咸寧四年六月丁未，陰平、廣武地震；[2]甲子，陰
平、廣武地又震。

[1]河南：郡名。治所在今河南洛陽市。　河東：郡名。治所
在今山西夏縣西北禹王城。　平陽：郡名。治所在今山西臨汾市。
中華本校勘記云：“‘平陽’各本並作‘平阿’。據《晋書·武帝
紀》《晋書·五行志》改。按平阿，縣名。平陽，郡名。上平列之
河南、河東皆郡名，則下亦宜作平陽。”

[2]陰平：郡名。治所在今甘肅文縣西白龍江北岸。　廣武：
縣名。治所在今山西代縣。

晋武帝太康二年二月庚申，淮南、丹陽地震。[1]

[1]淮南：郡名。治所在今安徽壽縣。　　丹陽：郡名。治所在今江蘇丹陽市。

太康五年二月壬辰，[1]地震。太康六年七月己丑，地震。[2]太康七年七月，南安、犍爲地震；[3]八月，京兆地震。[4]太康八年五月壬子，建安地震；[5]七月，陰平地震；八月，丹陽地震。太康九年正月，會稽、丹陽、吳興地震；[6]四月辛酉，長沙、南海等郡國八地震；[7]七月至于八月，地又四震，其三有聲如雷。太康十年十二月己亥，丹陽地震。

[1]太康五年二月壬辰："二月"本作"正月"，《晉志下》作"五年正月朔壬辰"。是年正月丙申朔，無壬辰。中華本據《晉書》卷三《武帝紀》改。

[2]六年七月己丑，地震：是年七月丁巳朔，無己丑。《晉書·武帝紀》作"秋七月，巴西地震"。中華本《晉志下》校勘記："疑'己丑'乃'巴西'二字之形訛。"

[3]犍爲：郡名。治所在今四川彭山縣。

[4]京兆：郡名。治所在今陝西西安市。

[5]建安：郡名。治所在今福建建甌市。

[6]會稽：郡名。治所在今浙江紹興市。　　吳興：郡名。治所在今浙江湖州市吳興區。

[7]長沙：郡名。治所在今湖南長沙市。　　南海：郡名。治所在今廣東廣州市。

晋武帝太熙元年，[1]地震。

[1]太熙：晋武帝司馬炎年號（290）。中華本校勘記云："各本並作'泰始元年'。《晋書·五行志》有記太熙元年正月地震事。按前十一條中，泰始二條，咸寧二條，太康七條，此條在太康之後，不當再見泰始，當是太熙之訛，今改正。"

晋惠帝元康元年十二月辛酉，京都地震。元康四年二月，蜀郡山崩殺人；[1]上谷、上庸、遼東地震。[2]五月壬子，壽春山崩，洪水出，城壞，地墜方三十丈。[3]六月，壽春大雷震，山崩地坼，家人陷死，上庸郡亦如之。八月，上谷地震，水出，殺百餘人。居庸地裂，[4]廣三十六丈，長八十四丈，水出，大饑。上庸四處山崩地陷，廣三十丈，長百三十丈，水出殺人。十月，京都地震；十一月，滎陽、襄城、汝陰、梁國、南陽地皆震；[5]十二月，京都又震。是時賈后亂朝，[6]據權專制，終至禍敗之應也。漢鄧太后攝政時，[7]郡國地震。李固以爲：[8]"地，陰也，法當安静。今乃越陰之職，專陽之政，故應以震。"此同事也。京房《易傳》曰："無德專禄，兹謂不順。厥震動，丘陵涌水出。"又曰："小人剥廬，[9]厥妖山崩。兹謂陰乘陽，弱勝强。"又曰："陰背陽，則地裂。[10]父子分離，夷、羌叛去。"

[1]元康四年二月，蜀郡山崩殺人：《晋志下》作"五月，蜀郡山移"。蜀郡，治所在今四川成都市。

[2]上谷：郡名。治所在今河北懷來縣。　上庸：郡名。治所

在今湖北竹山縣西南。　遼東：郡名。治所在今遼寧遼陽市老城區。

[3]五月壬子，壽春山崩，洪水出，城壞，地墜方三十丈：《晋志下》作“（五月）淮南、壽春洪水出，山崩地陷，壞城府”。

[4]居庸：縣名。治所在今北京延慶縣。

[5]榮陽：郡名。治所在今河南榮陽市。　襄城：郡名。治所在今河南襄城縣。　汝陰：郡名。治所在今安徽阜陽市。　梁國：國名。治所在今河南商丘市。　南陽：郡名。治所在今河南南陽市。

[6]賈后：即惠賈皇后。名南風，平陽襄陵人，父賈充。《晋書》卷三一有傳。

[7]鄧太后：即東漢和帝皇后。名鄧綏，南陽新野（今河南新野縣）人。和帝死，先後迎立殤帝、安帝，臨朝執政。《後漢書》卷一〇上有紀。

[8]李固：人名。東漢大臣，字子堅，漢中南鄭（今陝西漢中市）人。《後漢書》卷六三有傳。

[9]小人剝廬：語出《易·剝卦》上九爻辭：“上九，碩果不食，君子得輿，小人剝廬。”輿爲車，喻民；廬爲草屋，意爲容身之所。此句原意爲君子得萬民擁戴，小人無容身之地。此處用《剝卦》卦義喻示事物發展過程中“陽”被“陰”剝落（陰乘陽）的情狀，但到上九爻“陽”由弱變强、由柔變剛，從而導致山崩。

[10]陰背陽，則地裂：陰爲地，陽爲天，陽上陰下是自然常態。如今陰在上、陽在下，陽必上升、陰必下降以恢復常態，故會發生地震。

元康五年五月丁丑，[1]地震；六月，金城地震。[2]

[1]元康五年五月丁丑：是年五月庚寅朔，無丁丑。干支誤。

[2]金城：郡名。治所在今甘肅榆中縣西北黃河南岸。

元康六年正月丁丑，地震。元康八年正月丙辰，地震。

晉惠帝太安元年十月，地震。是時齊王冏專政。太安二年十二月丙辰，地震。是時長沙王專政。[1]

[1]長沙王：即司馬乂。字士度。《晉書》卷五九有傳。

晉孝懷帝永嘉三年十月，[1]荆、湘二州地震。[2]時司馬越專政。[3]

[1]永嘉三年十月："十月"《晉書》卷五《孝懷帝紀》作"九月"，該紀中華本校勘記認爲其"混十月事於九月"。永嘉，晉懷帝司馬熾年號（307—313）。
[2]湘：州名。治所在今湖南長沙市。
[3]司馬越：人名。即東海王。字元超，參與八王之亂。《晉書》卷五九有傳。

永嘉四年四月，兗州地震。晉愍帝建興二年四月甲辰，地震。

是時幼主在上，權傾於下，四方雲擾，兵亂不息。建興三年六月丁卯，長安地震。

晉元帝太興元年四月，[1]西平地震，[2]涌水出；十二月，廬陵、豫章、武昌、西陵地震，[3]山崩。干寶曰："王敦陵上之應。"[4]

[1]太興元年四月:《晋書》卷六《元帝紀》作"(四月)乙酉"。

[2]西平:郡名。治所在今廣西西林縣。

[3]廬陵:郡名。治所在今江西吉水縣。　豫章:郡名。治所在今江西南昌市。　武昌:郡名。治所在今湖北鄂州市。　西陵:縣名。治所在今湖北武漢市新洲區。

[4]王敦:人名。字處仲,琅邪臨沂人。《晋書》卷九八有傳。

太興二年五月癸丑,祁山地震,[1]山崩殺人。是時相國南陽王保在祁山稱晋王,[2]不終之象也。

[1]祁山地震:《御覽》卷八八〇引崔鴻《十六國春秋》曰:"前凉張寔五年,祁山地震。從中陶原坂三里冒覆下川,忽如見掩,坂上草木存焉。"按張寔於愍帝建興三年(315)嗣位,至太興二年(319),正是張寔五年。所記一事。祁山,山名。在今甘肅西和縣。

[2]相國南陽王保:即司馬保。字景度。初爲南陽國世子,愍帝即位時任右丞相,進位相國。愍帝蒙塵時,自稱晋王。旋病死。《晋書》卷六《元帝紀》載其太興三年五月被其將張春所害。《晋書》卷三七有附傳。

太興三年四月庚寅,[1]丹陽、吴郡、晋陵地震。其年,南平郡山崩,[2]出雄黄數千斤。[3]

[1]三年四月庚寅:"四月"《晋志下》原也作"四月",中華本據《晋書》卷六《元帝紀》改作"五月"。按:四月無庚寅,當改。

[2]南平郡:治所在今湖北公安縣。

[3]雄黄:礦物質,主要成分爲三硫化砷,並含少量其他金屬

鹽。爲古代煉丹、服食藥物的重要材料。

晉成帝咸和二年三月，益州地震；四月己未，豫章地震。是年，蘇峻作亂。咸和九年三月丁酉，會稽地震。是時政在臣下。

晉穆帝永和元年六月癸亥，地震。是時嗣主幼沖，母后稱制，政在臣下，所以連年地震。永和二年十月，地震。永和三年正月丙辰，[1]地震。

[1]三年正月丙辰：三年正月庚申朔，無丙辰。干支誤。

永和四年十月己未，地震。永和五年正月庚寅，地震。永和九年八月丁酉，京都地震，有聲如雷。永和十年正月丁卯，[1]地震，有聲如雷，雞雉鳴呴。永和十一年四月乙酉，地震；五月丁未，地震。

[1]永和十年正月丁卯："丁卯"各本並作"丁酉"，中華本據《晉書》卷八《穆帝紀》、《晉志下》改。按是年正月己酉朔，十九日丁卯，無丁酉。

晉穆帝升平五年八月，涼州地震。

晉哀帝隆和元年四月甲戌，[1]地震。是時政在將相，人主南面而已。

[1]隆和：晉哀帝司馬丕年號（362—363）。

隆和元年四月丁丑，涼州地震，浩亹山崩。[1]張天錫降亡之象也。[2]

[1]浩亹山：在今甘肅永登縣境内。
[2]張天錫：人名。字純嘏，小名獨活，安定烏氏（今甘肅平凉市）人。前凉國君。前凉亡，降前秦。前秦亡，歸附東晉。《晋書》卷八六有附傳。

隆和二年二月庚寅，[1]江陵地震。是時桓温專政。[2]

[1]隆和二年二月庚寅：《晋志下》原作“興寧二年三月”，中華本《晋志》校勘記據《晋書》卷八《哀帝紀》、《宋志五》改作“興寧二年二月”。中華本校勘記云：“按隆和二年二月丁巳朔，無庚寅。三月丙戌朔，初五日庚寅。興寧二年三月庚戌朔，亦無庚寅。”按：當據《晋書·哀帝紀》作“（興寧）二年春二月庚寅”，此月辛巳朔，庚寅爲第十日。
[2]桓温：人名。字元子，譙國龍亢人。《晋書》卷九八有傳。

晋海西太和元年二月，凉州地震水涌。
晋簡文帝咸安二年十月辛未，[1]安成地震。[2]

[1]咸安：晋簡文帝司馬昱年號（371—372）。
[2]安成地震：《晋書校文》二曰：“下文‘孝武帝寧康元年十月辛未，地震’，此疑一事而歧爲二，故月日俱同。《志》於兩帝崩立之際所記事實多複出，此其一也。”按：簡文帝於咸安二年七月己未死，同日，孝武帝即位，但仍用咸安年號，明年正月己丑朔，纔改元寧康，故“咸安二年”條與“寧康元年”條雖月、日同，但不能貿然視作重條。安成，郡名。治所在今江西安福縣東南。

晋孝武帝寧康元年十月辛未，地震。是時嗣主幼沖，政在將相。寧康二年七月甲午，涼州地震山崩。晋孝武帝太元二年閏月壬午，[1]地震；五月丁丑，地震。太元十一年六月己卯，地震，是後緣河諸將，連歲兵役。太元十五年三月己酉朔夜，地震。太元十七年六月癸卯，地震；[2]十二月己未，地又震。是時群小弄權，天下側目。太元十八年正月癸亥朔，地震；二月乙未，[3]地震。

[1]晋孝武帝太元二年閏月壬午："閏月壬午"《晋志下》作"閏三月壬午"。按此年閏三月甲子，稱閏月同義。

[2]十七年六月癸卯，地震：《晋書》卷九《孝武帝紀》作"（十七年）六月癸卯，京師地震"。

[3]二月乙未：《晋書·孝武帝紀》同本志，《晋志下》作"乙未夜"。

晋安帝隆安四年九月癸酉，[1]地震。是時幼主沖昧，政在臣下。

[1]隆安：晋安帝司馬德宗年號（397—401）。　九月癸酉：《晋志下》"癸酉"作"癸丑"。此月戊申朔，癸丑爲第六日，癸酉二十六日。《晋書》卷一〇《安帝紀》作"癸丑"，本志誤。

晋安帝義熙四年正月壬子夜，地震有聲；十月癸亥，地震。義熙五年正月戊戌夜，尋陽地震，[1]有聲如雷。明年，盧循下。義熙八年，自正月至四月，南康、廬陵地四震。[2]明年，王旅西討荆、益。

　　[1]尋陽：郡名。時治所在今江西九江市。
　　[2]南康：郡名。時治所在今江西贛州市。

　　宋文帝元嘉七年四月丙辰,[1]地震。時遣軍經略司、兗。

　　[1]元嘉七年四月丙辰：元嘉七年四月丁巳朔，無丙辰。

　　元嘉十二年四月丙辰，京邑地震。元嘉十五年七月辛未，地震。元嘉十六年，地震。
　　孝武帝大明二年四月辛丑，地震。大明六年七月甲申，地震，有聲自河北來，魯郡山搖地動,[1]彭城城女牆四百八十丈墜落,[2]屋室傾倒，兗州地裂泉涌，二年不已。其後虜主死，兗州刺史夏侯祖權卒。[3]

　　[1]魯郡：治所在今山東曲阜市東古城。
　　[2]彭城：在今江蘇徐州市。　城女牆：城牆上呈凹凸形的小牆。
　　[3]夏侯祖權：人名。譙（今安徽亳州市）人。事見本書卷六八《南郡王義宣傳》。

　　明帝泰始二年四月，地震。泰始四年七月己酉，東北有聲如雷，地震。明帝泰豫元年閏七月甲申,[1]東北有聲如雷，地震。

　　[1]泰豫：宋明帝劉彧年號（472）。

後廢帝元徽二年四月戊申，地震。元徽五年五月戊申，地震。七月，帝殂。

宋文帝元嘉二十五年，青州城南地，遠望見地中如水有影，人馬百物皆見影中，積年乃滅。

山崩地陷裂

吳孫權赤烏十三年八月，丹楊、句容及故鄣、寧國諸山崩，[1]鴻水溢。按劉向説，“山，陽，君也；水，陰，民也。天戒若曰，君道崩壞，百姓將失其所也”。[2]與《春秋》梁山崩，[3]漢齊、楚衆山發水同事也。“夫三代命祀，祭不越望，吉凶禍福，不是過也”。[4]吳雖帝，其實列國，災發丹楊，其天意矣。國主山川，山崩川竭，亡之徵也。後二年而權薨，薨二十六年而吳亡。

[1]句容：縣名。治所在今江蘇句容市。　故鄣：縣名。治所在今浙江安吉縣。　寧國：縣名。治所在今安徽寧國市。

[2]君道崩壞，百姓將失其所也：《漢志下之上》“百姓”前有“下亂”二字。

[3]《春秋》梁山崩：見《春秋·成公五年》：“夏，梁山崩。”

[4]夫三代命祀，祭不越望，吉凶禍福，不是過也：此句乃劉歆語。《漢志下之上》：“劉歆以爲梁山，晉望也；崩，弛崩也。古者三代命祀，祭不越望，吉凶禍福，不是過也。國主山川，山崩川竭，亡之徵也，美惡周必復。”

魏元帝咸熙二年二月，[1]太行山崩。[2]此魏亡之徵也。其冬，晉有天下。

［1］咸熙：三國魏元帝曹奂年號（264—265）。

［2］太行山：山名。在今山西、河北、河南三省交界處。

晋武帝泰始三年三月戊子，太行山崩。[1]

［1］太行山崩：《晋志下》作“大石山崩”，《晋書》卷三《武帝紀》作“太山石崩”。或作“太行山”，或作“太山（泰山）”，“大石山”誤。

泰始四年七月，泰山崩，[1]墜三里。此晋之咎徵也。至帝晏駕，而禄去王室，懷、愍淪胥於北，元帝中興於南，是其應也。京房《易傳》曰：“自上下者爲崩，厥應泰山之石顛而下，聖王受命，人君虜。”

［1］泰山崩：《晋書》卷三《武帝紀》作“秋七月，太山石崩”。

晋武帝太康五年丙午，[1]宣帝廟地陷。

［1］五年丙午：不言月，有誤。《晋志下》中華本校勘記云：“原脱‘五月’二字，今據《帝紀》補。”此處也應據補。

太康六年三月，[1]南安新興縣山崩，[2]涌水出。太康七年七月，[3]朱提之大瀘山崩，[4]震壞郡舍；陰平之仇池崖隕。[5]太康八年七月，大雨。殿前地陷，方五尺，深數丈。

〔1〕六年三月：《晋志下》作“六年十月”，《晋書》卷三《武帝紀》作“冬十月，南安山崩”，本志誤。

〔2〕新興：縣名。治所在今甘肅武山縣。

〔3〕七年七月：《晋志下》作“七年二月”。《晋書·武帝紀》作“秋七月，朱提山崩”。

〔4〕朱提：郡名。治所在今雲南昭通市。　大瀘山：《水經注》卷三六《若水》：“禁水又北注瀘津水，又東逕不韋縣北而東北流，兩岸皆高山數百丈，瀘峰最爲傑秀，孤高三千餘丈。是山于晋太康中崩，震動郡邑。”

〔5〕仇池：一名翟堆，又名百頃山，在今甘肅西和縣西南。

晋惠帝元康四年五月壬子，地陷，方三十丈，殺人。史闕其處。[1]

〔1〕史闕其處：沈約所據史料無地名記載，但《晋志下》記：“（惠帝元康四年）五月壬子，壽春山崩，洪水出，城壞，地陷方三十丈，殺人。”可見沈約所見史料闕“壽春山崩，洪水出，城壞”九字，應據補。《晋書》卷四《惠帝紀》作“夏五月，蜀郡山移，淮南壽春洪水出，山崩地陷，壞城府及百姓廬舍”。

元康四年八月，居庸地裂，[1]廣三十丈，長百三十丈，水出殺人。

〔1〕元康四年八月，居庸地裂：《晋書》卷四《惠帝紀》作：“秋八月……上谷居庸、上庸並地陷裂。”此條亦與地震目下“元康四年八月”條重出。

晋孝懷帝永嘉元年三月，洛陽東北步廣里地陷。[1]
永嘉二年八月乙亥，[2]鄄城城無故自壞七十餘丈，[3]司馬
越惡之，遷于濮陽。[4]此見沴之異也。越卒陵上，終亦
受禍。

[1]洛陽東北步廣里地陷：《歷代帝王宅京記》卷一〇引王隱
《晋書》曰“永嘉中，洛城東北角步廣里地陷。”又卷九引陸機
《洛陽記》：“步廣里在洛陽城内宫東，是狄泉所在。”一説在城東北
角，一説在宫東。可以肯定步廣里在宫城外，皇城内東半部。

[2]永嘉二年八月乙亥：中華本校勘記云：“‘二年’各本並作
‘三年’。據《晋書·孝懷帝紀》改。按三年八月丁酉朔，無乙亥。
二年八月癸酉朔，初三日乙亥。”按：《晋志下》亦作“二年”。

[3]鄄城：縣名。治所在今山東鄄城縣。

[4]濮陽：郡國名。治所在今河南濮陽市。

永嘉三年七月戊辰，當陽地裂三所，[1]所廣三丈，
長二百餘步。[2]京房《易傳》曰：“地坼裂者，臣下分
離，不肯相從也。”其後司馬越、苟晞交惡，[3]四方牧伯
莫不離散，[4]王室遂亡。

[1]當陽：縣名。治所在今湖北當陽市。

[2]所廣三丈，長二百餘步：《晋志下》作“廣三丈，長三百
餘步”，《晋書》卷五《孝懷帝紀》作“各廣三丈，長三百餘步”，
據此，“所”當是“各”字之誤，“二”當作“三”。

[3]苟晞：人名。字道將，河内山陽人。曾破汲桑、討吕朗、
敗石勒。《晋書》卷六一有傳。

[4]牧伯：指州牧和諸侯王國。

永嘉三年十月，宜都夷道山崩。[1]永嘉四年四月，湘東酃黑石山崩。[2]

[1]十月：《晋書》卷五《孝懷帝紀》作"九月"。中華本校勘記以爲"《紀》混十月事於九月，失之"。宜都，郡名。治所在今湖北宜都市。夷道，縣名。治所在今湖北宜都市。漢武帝伐西夷，路由此處，故曰夷道。

[2]湘東：郡名。治所在今湖南衡陽市。　酃（líng）：縣名。治所在今湖南衡陽市東。

晋元帝太興四年八月，常山崩，[1]水出，滹沱盈溢，[2]大木傾拔。

[1]常山：本名恒山，西漢至北宋時改稱常山，在今河北曲陽縣西北與山西交界處。

[2]滹沱：即滹沱河。在河北西部，源出山西，穿太行山，東流入河北平原，在河北獻縣和滏河匯合成子牙河，至天津入海。

晋成帝咸和四年十月，柴桑廬山西北崖崩。[1]十二月，劉胤爲郭默所殺。[2]

[1]柴桑：縣名。治所在今江西九江市。　廬山：在今江西九江市。

[2]劉胤：人名。字承胤，東萊掖人。《晋書》卷八一有傳。　郭默：人名。河內懷（今河南武陟縣）人。咸和五年（330）叛亂。《晋書》卷六三有傳。

晋惠帝元康九年六月夜，[1]暴雷雨。賈謐齋屋柱陷入地，壓謐牀帳，此木沴土，土失其性，不能載也。明年，謐誅。

[1]元康九年六月夜：有月無日，《晋志》同此。日失載。

晋惠帝光熙元年五月，[1]范陽地然，可以爨。[2]此火沴土也。是時禮樂征伐自諸侯出。

[1]光熙：晋惠帝司馬衷年號（306）。
[2]范陽：國名。西晋改范陽郡爲國，治所在今河北涿州市。《晋志下》"范陽"後有"國"字。　地然：當爲地下冒出的天然氣之類。　爨：燒火做飯。

晋安帝義熙八年三月壬寅，[1]山陰有聲如雷，地陷深廣各四尺。[2]

[1]安帝義熙八年三月壬寅：《晋書》卷一〇《安帝紀》作"三月甲寅"。
[2]山陰有聲如雷，地陷深廣各四尺：《晋志下》作"山陰地陷，方四丈，有聲如雷"。《晋書·安帝紀》亦作"地陷四尺"。是知山陰地陷寬廣各四丈，深四尺。山陰，縣名。治所在今浙江紹興市。

義熙十年五月戊寅，西明門地穿，[1]涌水出，毀門扇及限，[2]此水沴土也。

[1]西明門地穿:《景定建康志》卷二〇《門闕》:"正西曰西明門,門三道。東對建春門,即宮城大司馬門前横街也。"

[2]毁門扇及限:中華本校勘記云:"'扇'各本並作'房',據《晉書·五行志》改。"限,門檻。

《五行傳》曰:"皇之不極,是謂不建。[1]厥咎眊,[2]厥罰恒陰,[3]厥極弱。時則有射妖,[4]時則有龍蛇之孽,[5]時則有馬禍,[6]時則有下人伐上之痾,[7]時則有日月亂行,星辰逆行。"[8]

[1]皇之不極,是謂不建:言君王不行中和之政,謂之不立。《續漢志五》劉昭注:"《尚書大傳》'皇'作'王'。"皇,君。極,中。建,立。

[2]厥咎眊:《續漢志五》劉昭注:"《尚書大傳》作'督'。鄭玄曰:'督與思心之咎同耳,故《傳》曰眊。眊,亂也。君臣不立,則上下亂矣。'《字林》曰:'目少精曰眊。'"《晉志下》解釋説:"人君貌言視聽思心五事皆失,不得其中,不能立萬事,失在眊悖,故其咎眊也。"

[3]厥罰恒陰:《續漢志五》注引鄭玄曰:"王極象天,天陰養萬物,陰氣失,故常陰。"《晉志下》解釋説:"王者自下承天理物。雲起於山,而彌於天;天氣亂,故其罰恒陰。一曰,上失中,則下强盛而蔽君明也。"恒陰,指天久陰不雨,人將有陰謀。

[4]射妖:因射而成的妖異和灾難。《續漢志五》注引鄭玄曰:"射,王極之度也。射人將發矢,必先於此儀之,發則中於彼矣。君將出政,亦先於朝廷度之,出則應於民心。射,其象也。"此以射象政,射不中。政不得民心,就會出現妖異。《晉志下》解釋其因則爲:"禮,春而大射,以順陽氣。上微弱則下奮驚動,故有射妖。"

[5]龍蛇之孽：龍、蛇非時非地（如困井中、在府庫等）而出形成的妖孽禍害。《晋志下》解釋其因作："陰氣動，故有龍蛇之孽。"

[6]馬禍：由馬的變異（如頭生角、馬生駒、悲鳴等）而成的禍害。《晋志下》解釋其因説："《乾》爲君，爲馬。任用而强力，君氣毁，故有馬禍。一曰，馬多死及爲怪，亦是也。"

[7]下人伐上之痾：《續漢志五》注引鄭玄曰："夏侯勝説'伐'宜爲'代'，書亦或作'代'。"意即臣下征伐或替代皇上的政治病態。《晋志下》解釋其因説："君亂且弱，人之所叛，天之所去，不有明王之誅，則有篡殺之禍，故有下人伐上之痾。"

[8]日月亂行，星辰逆行：《續漢志五》注引鄭玄曰："亂謂薄、食、鬭並見，逆謂贏、縮反明，經天、守舍之類也。"薄即黄黑之氣遮日，食即日、月食，鬭即日、月、星相逐撃。五星早出爲贏，晚出爲縮。經天、守舍等都指日月五星不按時運動。《晋志下》解釋其因説："凡君道傷者，病天氣。不言五行沴天，而曰'日月亂行，星辰逆行'者，爲若下不敢沴天，猶《春秋》曰'王師敗績于貿戎'，不言敗之者，以自敗爲文，尊尊之意也。"

常陰

吴孫亮太平三年，[1]自八月沈陰不雨，四十餘日。是時將誅孫綝，謀泄。九月戊午，綝以兵圍宫，廢亮爲會稽王。此常陰之罰也。

[1]孫亮：人名。字子明，孫權少子，吴廢帝。《三國志》卷四八有傳。　太平：三國吴會稽王孫亮年號（256—258）。

吴孫皓寶鼎元年十二月，[1]太史奏久陰不雨，將有陰謀。皓深驚懼。時陸凱等謀因其謁廟廢之。[2]及出，

留平領兵前驅，[3]凱語平，平不許，是以不果。晧既肆
虐，群下多懷異圖，終至降亡。

[1]寶鼎：三國吳末帝孫晧年號（266—269）。

[2]陸凱：人名。字敬風，吳郡吳（今江蘇蘇州市）人。《三
國志》卷六一有傳。

[3]留平：人名。征西將軍，吳名將。

　　宋後廢帝元徽三年四月，連陰不雨。元徽三年八
月，多陰。後二年，廢帝殞。

射妖

　　蜀車騎將軍鄧芝征涪陵，[1]見玄猿緣山，手射中之。
猿拔其箭，卷木葉塞其創。芝曰："嘻！吾違物之性，
其將死矣。"俄而卒。[2]此射妖也。一曰猿母抱子，芝射
中之，子爲拔箭，取木葉塞創。芝嘆息，投弓水中，自
知當死矣。[3]

[1]鄧芝：人名。字伯苗，義陽新野人。《三國志》卷四五有
傳。　涪陵：郡名。治所在今重慶彭水苗族土家族自治縣。

[2]俄而卒：《三國志·蜀書·鄧芝傳》言其延熙十一年
（248）因涪陵國人殺都尉而征平之，十四年卒。

[3]自知當死：此事又見《三國志》卷四五裴松之注引《華陽
國志》。

　　晋恭帝之爲琅邪王時，[1]好奇戲，嘗閉一馬於門内，
令人射之，欲觀幾箭而死。左右有諫者，曰："馬，國

姓也。而今射之，不祥甚矣。”於是乃止，而馬已被十許箭矣。此蓋射妖也。俄而桓玄篡位。[2]

[1]恭帝：即司馬德文。初封琅邪王，晋最後一位皇帝。《晋書》卷一〇有紀。

[2]俄而桓玄篡位：《晋志下》作“俄而禪位於宋焉”。《御覽》卷八九五引《晋中興書》記此事曰：“恭帝之爲琅邪王，好奇戲，閉一疋馬於門内，令人射之，欲觀幾箭而死。左右曰：‘馬，國姓，而射之，不祥甚矣。’乃止。俄而桓玄篡位。”

龍蛇之孽

魏明帝青龍元年正月甲申，青龍見郟之摩陂井中。[1]凡瑞興非時，則爲妖孽，況困於井，非嘉祥矣。魏以改年，[2]非也。晋武不賀，是也。干寶曰：“自明帝終魏世，青龍黃龍見者，皆其主廢興之應也。魏土運，青，木色也，而不勝于金，[3]黃得位，青失位之象也。青龍多見者，君德國運内相剋伐也。[4]故高貴鄉公卒敗于兵。[5]案劉向説：“龍貴象，而困井中，諸侯將有幽執之禍也。”魏世龍莫不在井中，此居上者逼制之應。高貴鄉公著《潛龍詩》，[6]即此旨也。”

[1]郟：縣名。治所在今河南郟縣。　摩陂：在今河南郟縣東南。

[2]魏以改年：改太和七年爲青龍六年。《三國志》卷三《魏書·明帝紀》：“二月丁酉，幸摩陂觀龍，於是改年，改摩陂爲龍陂。”明帝以青龍見爲瑞祥。

[3]魏土運，青，木色也，而不勝于金：按五德終始説，漢火

德、魏土德、晋金德，故魏土運，尚黄色。青龍色青，五行屬東方木，故曰"青，木色"。按五行相制關係，金勝木，故曰"不勝于金"。

[4]君德國運内相剋伐也：魏時土德，黄得位，青失位。但此時以"青龍"爲年號、爲瑞，青色的國君之德和魏國的土運必相剋伐。

[5]高貴鄉公：即曹髦。魏皇帝，因不滿司馬昭專政，親率數百宿衛攻昭，兵敗被殺。

[6]《潛龍詩》：《三國志》卷四《魏書·高貴鄉公髦紀》裴松之注引《漢晋春秋》曰："是時（甘露四年）龍仍見，咸以爲吉祥。帝曰：'龍者，君德也。上不在天，下不在田，而數屈於井，非嘉兆也。'仍作《潛龍》之詩以自諷。司馬文王見而惡之。"

魏高貴鄉公正元元年冬十月戊戌，[1]黄龍見于鄴井中。[2]魏高貴鄉公甘露元年正月辛丑，[3]青龍見軹縣井中；[4]六月乙丑，青龍見元城縣界井中。[5]甘露二年二月，青龍見温縣井中。[6]甘露三年，黄龍青龍仍見頓丘、冠軍、陽夏縣界井中。[7]

[1]正元：三國魏高貴鄉公曹髦年號（254—256）。　元年冬十月戊戌：中華本校勘記云："各本並脱'冬十月'三字，據《三國志·魏志·高貴鄉公紀》補。"

[2]鄴：縣名。戰國魏置，治所在今河北臨漳縣西南鄴鎮。

[3]甘露：三國魏高貴鄉公曹髦年號（256—260）。

[4]軹縣：治所在今河南濟源市。

[5]元城：縣名。治所在今河北大名縣。

[6]温縣：治所在今河南温縣。

[7]頓丘：郡名。治所在今河南浚縣。　冠軍：縣名。治所在

今河南鄧州市。　　陽夏：縣名。治所在今河南太康縣。

景元三年二月，[1]青龍見軹縣井中。[2]

[1]三年：中華本校勘記云：“‘三年’各本並作‘元年’，據《三國志·魏志·陳留王紀》改。”

[2]青龍見軹縣井中：《三國志》卷四《魏書·陳留王奐紀》同本志，《晉志下》“龍”上無“青”字。

吳孫晧天册中，[1]龍乳於長沙民家，啖雞鸐。京房《易妖》曰：“龍乳人家，王者爲庶人。”其後晧降。

[1]天册：三國吳末帝孫晧年號（275）。

晋武帝咸寧二年六月丙申，[1]白龍二見于九原井中。[2]

[1]武帝咸寧二年六月丙申：“丙申”《晉志下》作“丙午”。該月庚辰朔，丙申爲十七日，丙午爲二十七日。

[2]白龍二見于九原井中：《晉書》卷三《武帝紀》作“白龍二見于新興井中”，本書《符瑞志中》作“白龍二見于新興九原居民井中”。新興治所在九原縣。九原縣與新興郡同年置，治所在今山西忻州市。

晋武帝太康五年正月癸卯，[1]二龍見于武庫井中。[2]帝見龍，有喜色，百僚將賀。劉毅獨表曰：[3]“昔龍漦夏庭，禍發周室；[4]龍見鄭門，子産不賀。”[5]帝答曰：

"朕德政未修，未有以膺受嘉祥。"遂不賀也。[6]孫盛曰：[7]"龍，水物也，何與於人，子產言之當矣。但非其所處，實爲妖災。夫龍以飛翔顯見爲美，則潛伏幽處，非休祥也。漢惠帝二年，兩龍見蘭陵井中，本志以爲其後趙王幽死之象也。[8]武庫者，帝王威御之器所寶藏也，室宇邃密，非龍所處。後七年，蕃王相害，二十八年，果有二胡僭竊神器。勒、虎二逆皆字曰龍，[9]此之表異，爲有證矣。"史臣案龍爲休瑞，而屈於井中，前史言之已詳。但兆幽微，非可臆斷，故《五行》、《符瑞》兩存之。

[1]太康五年正月癸卯："癸卯"《晋書》卷三《武帝紀》作"己亥"。《御覽》卷五四三引王隱《晋書》作"泰始五年"，《開元占經》卷一二〇引《晋陽秋》作"太原五年"。

[2]二龍見于武庫井中：《晋書·武帝紀》、本書《符瑞志中》"二龍"均作"青龍二"。當據改。

[3]劉毅：人名。字希樂，彭城沛人。《晋書》卷八五有傳。

[4]昔龍漦夏庭，禍發周室：事見《史記》卷四《周本紀》。夏代末期，有二龍止於帝庭，卜殺掉、趕走、留下均不吉，卜請其吐沫而藏之則吉。結果藏吐沫的櫃子傳到周厲王時被打開，吐沫流於庭，後宫的小妾遭之而孕，生下一女，棄之。棄女被褒人收養，獻給周幽王，是爲褒姒。生子伯服，廢申后與太子，結果導致申侯率犬戎攻滅西周。龍漦，龍的涎沫。

[5]龍見鄭門，子產不賀：《左傳》昭公十九年："龍鬪于時門之外洧淵。國人請爲禜焉。子產弗許，曰：'我鬪，龍不我覿也。龍鬪，我獨何覿焉？禳之，則彼其室也。吾無求於龍，龍亦無求於我。'乃止也。"

[6]遂不賀也：《御覽》卷五四三引王隱《晋書》作："詔報：政德未脩，慶賀之事宜詳依典義。"

[7]孫盛：人名。孫楚之孫，字安國。《晋書》卷八二有傳。中華本《晋志下》校勘記："孫盛此時（太康五年）猶未生，'盛'爲'楚'之誤，《孫楚傳》正載此事。"是。《開元占經》卷一二〇引《晋陽秋》正作"孫楚"，當據改。孫楚，人名。字子荆，太原中都（今山西平遥縣）人。《晋書》卷五六有傳。

[8]漢惠帝二年，兩龍見蘭陵井中，本志以爲其後趙王幽死之象：《漢志下之上》："惠帝二年正月癸酉旦，有兩龍見於蘭陵廷東里溫陵井中，至乙亥夜去。劉向以爲龍貴象而困於庶人井中，象諸侯將有幽執之禍。其後吕太后幽殺三趙王，諸吕亦終誅滅。"

[9]勒、虎二逆皆字曰龍：《晋志下》"二逆"上無"勒、虎"二字。二胡、二逆皆指石勒、石虎。勒字世龍，虎字季龍，羯族。"武庫者"至"皆字曰龍"又見《搜神記》卷七。

晋愍帝建興二年十一月，枹罕羌妪産一龍子，[1]色似錦文，嘗就母乳，遥見神光，少得就視。

[1]枹罕：縣名。治所在今甘肅臨夏市。

晋武帝咸寧中，司徒府有二大蛇，[1]長十許丈，居聽事平橑上，數年而人不知，但怪府中數失小兒及猪犬之屬。後一蛇夜出，傷於刃，不能去，乃覺之。[2]發徒攻擊，移時乃死。[3]夫司徒五教之府，[4]此皇極不建，故蛇孽見之。漢靈帝時，蛇見御座，楊賜以爲帝溺於色之應也。[5]魏氏宮人猥多，晋又過之，宴游是洒，此其孽也。《詩》云："惟虺惟蛇，女子之祥。"[6]

　　[1]司徒府有二大蛇：《搜神記》卷一九作"魏舒爲司徒，府中有二大蛇"。

　　[2]後一蛇夜出，傷於刃，不能去，乃覺之：《晋志下》作"後有一蛇夜出，被刃傷不能去，乃覺之"。《搜神記》卷一九作"後一蛇夜出，經柱側，傷于刃，病不能登，于是覺之"。

　　[3]發徒攻擊，移時乃死：《搜神記》卷一九作"發徒數百，攻擊移時，然後殺之。視所居，骨骼盈宇之間。於是毁府舍，更立之"。

　　[4]司徒：官名。三公之一，魏晋時多爲大臣加官。一品。不設司徒，其府屬仍辦理日常行政事務，掌全國户籍，督課州郡官吏。　　五教：指父義、母慈、兄友、弟恭、子孝的五常之教。《尚書・堯典》："汝作司徒，敬敷五教。"孔傳："布五常之教。"

　　[5]漢靈帝時，蛇見御座，楊賜以爲帝溺於色之應也：《續漢志五》曰："熹平元年四月甲午，青蛇見御坐上。"注引楊賜諫曰："皇極不建，則有龍蛇之孽。《詩》云：'惟虺惟蛇，女子之祥。'宜抑皇甫之權，割艷妻之愛，則蛇變可消者也。"

　　[6]惟虺惟蛇，女子之祥：見《詩・小雅・斯干》。此詩述占夢，夢見熊羆爲生男，夢見虺蛇爲生女。虺，一種毒蛇。祥，吉凶的徵兆。段玉裁《説文解字注・示部》："祥，凡統言則災亦謂之祥，析言則善者謂之祥。"

　　晋惠帝元康五年三月癸巳，臨菑有大蛇長十餘丈，負二小蛇，入城北門，徑從市入漢城陽景王祠中不見。天戒若曰，齊方有劉章定傾之功，[1]若不屬節忠慎，又將蹈章失職奪功之辱也。[2]齊王冏不悟，雖建興復之功，而以驕陵取禍。負二小蛇出朝市，皆有象類也。

　　[1]齊方有劉章定傾之功：《晋志下》作"昔漢景王有定傾之

功”。劉章，人名。即漢城陽景王。其斬吕産，開誅諸吕的先聲，故曰有“定傾之功”。

[2]又將蹈章失職奪功之辱：《晋志下》作“以至失職奪功之辱”。

晋明帝太寧初，武昌有大蛇，常居故神祠空樹中，[1]每出頭從人受食。京房《易妖》曰：[2]“蛇見於邑，不出三年，有大兵。國有大憂。”其後討滅王敦及其黨與。

[1]常居故神祠空樹中：《開元占經》卷一二〇引《晋徵祥説》：“太寧中，武昌有大虵，居神寺神樹上。”

[2]《易妖》：《搜神記》卷七作“《易傳》”。

馬禍

晋武帝太熙元年，[1]遼東有馬生角，在兩耳下，長三寸。按劉向説，此兵象也。及帝晏駕之後，王室毒於兵禍，是其應也。京房《易傳》曰：“臣易上，政不順，厥妖馬生角。”[2]又有“天子親伐，馬生角”。《吕氏春秋》曰：“人君失道，馬有生角。”[3]

[1]太熙：晋武帝司馬炎年號（290）。

[2]臣易上，政不順，厥妖馬生角：《晋志下》此句後有“兹謂賢士不足”六字。《開元占經》卷一一八引京房曰：“下不順，政厥妖，馬生角，兹謂賢士不足。”政不順，中華本校勘記云：“各本並脱‘不順’二字，據《漢書·五行志》《晋書·五行志》補。”

[3]人君失道，馬有生角：《開元占經》卷一一八引《吕氏春秋》曰：“亂國之妖，馬乃生角。”

晋惠帝元康元年十二月，[1]皇太子將釋奠，[2]太傅趙王倫驂乘，[3]至南城門，馬止，力士推之不能動。倫入輺車，[4]乃進。此馬禍也。天戒若曰，倫不知義方，終爲亂逆，非傅導行禮之人。倫不悟，故亡。

[1]惠帝元康元年十二月："元年"《晉志下》作"八年"。考《晋書》卷四《惠帝紀》，皇太子釋奠及趙王倫驂乘應在元康六年後，故以"八年"爲是。
[2]釋奠：古代在學校設置酒食以奠祭先聖先師的一種典禮。
[3]驂乘：陪乘。
[4]輺（yáo）車：一馬駕的輕便車。按：倫陪乘太子車，馬不前行，倫換乘輺車，太子車馬乃進。

元康九年十一月戊寅冬，[1]有牝騮馬驚奔至廷尉訊堂，[2]悲鳴而死。是殆愍懷冤死之象也。見廷尉訊堂，又天意乎。

[1]九年十一月戊寅冬：即言十一月，不該言冬，《晉志下》作"九年十一月戊寅，忽有……"疑"忽"訛爲"冬"。
[2]牝騮馬：《晉志下》作"牡騮馬"。　廷尉：官名。掌司法刑獄。三品。此處廷尉爲官署名。

晋孝懷帝永嘉六年二月，神馬鳴南城門。
晋元帝太興二年，丹陽郡吏濮陽楊演馬生駒，[1]兩頭自頸前別，生而死。按司馬彪説，政在私門，二頭之象也。是後王敦陵上。

[1]濮陽楊演:《晋志下》、《搜神記》卷一〇七作"濮陽演"。楊演,人名。本書一見,其事不詳。

晋成帝咸康八年五月甲戌,有馬色赤如血,自宣陽門直走入于殿前,盤旋走出,尋逐莫知所在。己卯,^[1]帝不豫,六月崩。此馬禍,又赤祥也。張重華在凉州,將誅其西河相張祚,^[2]祚厩馬數十匹,同時悉皆無後尾。^[3]

[1]己卯:中華本《晋志下》校勘記:"六月丙戌朔,無己卯。《成紀》作'庚寅'。"按己卯在"六月"前,當屬五月干支。五月丁巳朔,己卯爲二十三日。六月五日庚寅,六月八日癸巳帝崩,從己卯發病至癸巳崩,共十五日,於理無悖。

[2]張祚:人名。字太伯。《晋書》卷八六有附傳。《晋志下》作"張祥"。

[3]祚厩馬數十匹,同時悉皆無後尾:《十六國春秋》卷七三《張重華傳》詳記此事:"永和九年秋九月,重華欲誅西河相張祚,厩馬四十匹,其夜悉無後尾。"

晋安帝隆安四年十月,梁州有馬生角,刺史郭銓送示都督桓玄。^[1]案劉向説,馬不當生角,由玄不當舉兵向上也。^[2]覩災不悟,故至夷滅。

[1]郭銓:人名。建威將軍,益州刺史。《晋書》卷九《孝武帝紀》作"郭洽"。

[2]馬不當生角,由玄不當舉兵向上也:"由"《晋志下》作"猶"。《開元占經》卷一一八引《洪範五行傳》:"劉向以爲馬不當

生角，猶吳王不當舉兵向上也。"此處"吳王"換作"（桓）玄"，不當云劉向説。

人痾

魏文帝黃初初，[1]清河宋士宗母化爲鼈，[2]入水。

[1]黃初：三國魏文帝曹丕年號（220—226）。

[2]清河宋士宗母化爲鼈：《搜神記》卷一四詳載此事："魏黃初中，清河宋士宗母，夏天於浴室裏浴，遣家中大小悉出，獨在室中良久。家人不解其意，於壁穿中窺之，不見人體，見盆水中有一大鼈。遂開户，大小悉入，了不與人相承。嘗先著銀釵，猶在頭上。相與守之啼泣，無可奈何。意欲求去，永不可留。視之積日，轉懈，自捉出户外，其去甚駛，逐之不及，遂便入水。後數日，忽還。巡行宅舍，如平生，了無所言而去。"清河，縣名。治所在今山東臨清市。宋士宗，人名。《晋書》一見，其事不詳。

魏明帝太和三年，[1]曹休部曲兵奚農女死復生。[2]時人有開周世冢，[3]得殉葬女子，數日而有氣，數月而能語。郭太后愛養之。[4]又太原民發冢破棺，棺中有一生婦人，問其本事，不知也。視其墓木，可三十歲。[5]案京房《易傳》，至陰爲陽，下人爲上，晋宣王起之象也。[6]漢平帝、獻帝並有此異，占以爲王莽、曹操之徵。[7]公孫淵炊，有小兒蒸死甑中，其後夷滅。

[1]太和：三國魏明帝曹叡年號（227—233）。

[2]曹休部曲兵奚農女死復生："兵奚農"《晋志下》作"丘奚農"，誤。《御覽》卷八八七引《博物志》曰："魏大司馬曹休所説

中郎將謝璋部曲義兵奚儂恩女，年四歲病死故，埋藏五日復生。太和三年七月，詔令休使父母同持送女來視之。其年四月三日病死，四日埋藏，至八日同墟人採桑聞兒啼聲，即語儂妻，往復視，兒生活。今能飲食如常。"曹休，人名。字文烈，曹操族子。《三國志》卷九有傳。部曲，古代軍隊編制單位。大將軍營五部，校尉一人；部有曲，曲有軍侯一人。奚儂，人名。《晋書》一見，其事不詳。

[3]開周世冢：中華本《晋書》以"周世"爲人名，但《晋書》僅此一見。中華本《宋書》以爲時代名，意爲"周之世"。未知孰是。《御覽》卷八八七引《博物志》記此事則曰："漢末大亂，有發前漢時宮人塚者，宮人猶活，既出平復如舊。魏郭后憐念，録著宮中，常置左右。問漢時宮中事，説之了了，皆有次序。及郭后崩，哭泣過，遂死。"

[4]郭太后：即文德郭皇后。名昱，魏文帝皇后，明帝尊爲皇太后。《三國志》卷五有傳。

[5]"又太原"至"可三十歲"：此事見《三國志》卷三《魏書·明帝紀》裴松之注引《傅子》、《御覽》卷五五八引《傅子》、《搜神記》卷一五。三書所引與本志有異。

[6]晋宣王：《晋志下》作"宣帝"。指司馬懿。

[7]占以爲王莽、曹操之徵：王莽之徵，《漢志下之上》："平帝元始元年二月，朔方廣牧女子趙春病死，斂棺積六日，出在棺外，自言見夫死父，曰：'年二十七，不當死。'……一曰，至陰爲陽，下人爲上。"曹操之徵，《續漢志五》："獻帝初平中，長沙有人姓桓氏，死，棺斂月餘，其母聞棺中聲，發之，遂生。占曰：'至陰爲陽，下人爲上。'其後曹公由庶士起。"

　　吳孫亮建興二年，諸葛恪將征淮南，有孝子著衰衣入其閣。詰問，答曰："不自覺入也。"時中外守備，亦悉不見。衆皆異之。及還，果見殺。恪已被害，妻在室，使婢沃盥，聞婢血臭。又眼目視瞻非常，妻問其故，婢懇然躍起，頭至棟，攘臂切齒曰："諸葛公乃爲峻所殺。"[1]

[1]"恪已被害"至"爲峻所殺"：此事又見《藝文類聚》卷三五、《三國志》卷六四《吳書·諸葛恪傳》注、《御覽》卷五〇〇引《搜神記》及今本《搜神記》。文有小異。臭，同"臭"。

吳孫休永安四年，安吳民陳焦死七日，復穿冢出。[1]干寶曰："此與漢宣帝同事。烏程侯晧承廢故之家，[2]得位之祥也。"

[1]安吳民陳焦死七日，復穿冢出："復穿冢出"《晋志下》作"復生，穿冢出"，本志脱"生"字，當據補。《三國志》卷四八《吳書·三嗣主傳》作："安吳民陳焦死，埋之，六日更生，穿土中出。"安吳，縣名。治所在今安徽涇縣。

[2]此與漢宣帝同事。烏程侯晧承廢故之家：《搜神記》卷六無"此與漢宣帝同事"七字，"烏程侯晧"作"烏程孫晧"。

吳孫晧寶鼎元年，[1]丹陽宣騫母，年八十，因浴化爲黿。[2]兄弟閉户衛之，掘堂上作大坎，實水其中。黿入坎戲一二日，恒延頸外望，伺户小開，便輪轉自躍，入于遠潭，遂不復還。與漢靈帝時黃氏母事同。[3]吳亡之象也。

[1]孫晧寶鼎元年：《搜神記》卷一四作"吳孫晧寶鼎元年六月晦"。

[2]丹陽宣騫母，年八十，因浴化爲黿（yuán）：《御覽》卷六六引《丹陽記》：“孫晧寶鼎元年，丹陽縣宣騫之母年八十，浴於後湖，化爲黿。

[3]與漢靈帝時黃氏母事同：《續漢志五》：“靈帝時，江夏黃氏之母，浴而化爲黿，入于深淵，其後時出見。初浴簪一銀釵，及見，猶在其首。”

魏元帝咸熙二年八月，襄武縣言有大人見，[1]長三丈餘，跡長三尺二寸，髮白，著黃巾黃單衣，柱杖，呼民王始語曰：“今當太平。”[2]尋晋代魏。

[1]襄武：縣名。治所在今甘肅隴西縣。

[2]“魏元帝”至“今當太平”：此事又見《三國志》卷四《魏書·陳留王奐紀》。

晋武帝泰始五年，元城人年七十，生角。案《漢志》說，殆趙王倫篡亂之象也。

晋武帝咸寧二年二月，[1]琅邪人顏畿病死，[2]棺斂已久，家人咸夢畿謂己曰：“我當復生，可急開棺。”遂出之。漸能飲食屈申視瞻，不能行語也。二年復死。[3]其後劉淵、石勒遂亡晋室。[4]

[1]咸寧二年二月：“二月”《晋志下》作“十二月”，《搜神記》卷一五同本志，《御覽》卷八八七引《搜神記》、《晋書》卷八八《顏含傳》作“晋咸寧中”。《搜神記》卷一五記此事甚詳，不贅引。

[2]顏畿：人名。顏含之兄。《晋書·顏含傳》載其死而復

生事。

〔3〕二年復死：《搜神記》卷一五及《御覽》卷八八七所引均作“如此者十餘年”。

〔4〕劉淵：人名。字元海，匈奴族，十六國時期漢國創立者。《晋書》卷一〇一有載記。

晋惠帝元康中，安豐有女子周世寧，[1]年八歲，漸化爲男，至十七八，而氣性成。[2]此劉淵、石勒蕩覆晋室之妖也。漢哀帝、獻帝時並有此異，皆有易代之兆。京房《傳》曰：[3]“女子化爲丈夫，兹謂陰昌，賤人爲王。丈夫化爲女子，兹謂陰勝陽，[4]厥咎亡。”

〔1〕周世寧：人名。《晋書》一見，其事不詳。

〔2〕氣性成：《搜神記》卷七此句下有“女體化而不盡，男體成而不徹，畜妻而無子”。

〔3〕京房《傳》：《晋志下》作“京房《易傳》”。

〔4〕兹謂陰勝陽：中華本校勘記云：“各本並脱‘謂’字，據《漢書·五行志》補。”

晋惠帝永寧初，齊王冏唱義兵，[1]誅除亂逆，乘輿反正。忽有婦人詣大司馬門求寄産。[2]門者詰之，婦人曰：“我截齊便去耳。”是時齊王冏匡復王室，天下歸功。識者爲其惡之。後果斬戮。[3]

〔1〕永寧初，齊王冏唱義兵：永寧元年正月（301）司馬倫篡位，三月，齊王冏討倫。

〔2〕大司馬：官名。三公之一，魏晋時與太尉同置，權重在三

公之首，號宰相。一品。

　　[3]後果斬戮：據《御覽》卷三六一引王隱《晋書》作：“太安元年，有婦人詣大司馬門求寄產，吏驅之。婦人曰：‘我截齊便去耳。’言畢不見。識者聞而惡之，至二年謀反誅。”《開元占經》卷一一三引《演晋漢春秋》記此事也作“太安元年”。

　　永寧元年十二月甲子，有白頭公入齊王冏大司馬府，大呼有大兵起，不出甲子旬。[1]冏殺之。[2]明年十二月戊辰，冏敗，即甲子旬也。[3]

　　[1]甲子旬：干支相配爲六十日，分作甲子旬、甲戌旬……甲寅旬等。古代術數《孤虛》術用此占命。《史記》卷一二八《龜策列傳》：“日辰不全，故有孤虛。”《集解》：“甲乙謂之日，子丑謂之辰。《六甲孤虛法》：‘甲子旬中無戌亥，戌亥即爲孤，辰巳即爲虛。甲戌旬中無申酉，申酉爲孤，寅卯即爲虛。’”
　　[2]冏殺之：《開元占經》卷一一三引王陵《晋書》作“即收都衞考，竟殉於内外”。
　　[3]明年十二月戊辰，冏敗，即甲子旬也：戊辰屬甲子旬第五位，雖是第二年的十二月戊辰，《孤虛法》同樣認爲是在甲子旬。

　　晋惠帝太安元年四月癸酉，有人自雲龍門入殿前，北面再拜曰：“我當作中書監。”[1]即收斬之。干寶曰：“夫禁庭，尊秘之處，今賤人徑入，而門衞不覺者，宮室將虛，而下人踰之之妖也。”是後帝北遷鄴，又西遷長安，盜賊蹈藉宮闕，遂亡天下。[2]

　　[1]中書監：官名。中書省長官，位高於中書令，與之俱掌詔

令草擬及發布，權極重。三品。

[2]盜賊蹈藉宮闕，遂亡天下：此事又見《搜神記》卷七。

晋惠帝世，[1]梁國女子許嫁，已受禮娉，尋而其夫成長安，經年不歸。[2]女家更以適人，女不樂行，其父母逼强，不得已而去，尋得病亡。後其夫還，問女所在，其家具説之。其夫徑至女墓，不勝哀情，[3]便發冢開棺，女遂活，因與俱歸。後婿聞之，詣官爭之，[4]所在不能決。秘書郎王導議曰：[5]“此是非常事，不得以常理斷之，宜還前夫。”[6]朝廷從其議。

[1]晋惠帝世：《晋志下》作“元康中”，《搜神記》卷一五、《御覽》卷八八七引《搜神記》並作“晋武帝世”。按：《晋書》卷六五《王導傳》，導生於晋武帝咸寧二年（276），武帝司馬炎死時，導止十五歲。“晋武帝世”誤。《王導傳》又言：“司空劉寔尋引（王導）爲東閣祭酒，遷秘書郎。”據《晋書》卷四《惠帝紀》，永康元年（300）四月丁酉，以右光禄大夫劉寔爲司空。王導任秘書郎當在此以後。時王導已二十四歲，可任秘書郎。故應從《宋志》作“晋惠帝世”較宜。

[2]“梁國女子許嫁”至“經年不歸”：《搜神記》卷一五作：“河間郡有男女子私悦，許相配適。尋而男從軍，積年不歸。”

[3]不勝哀情：《搜神記》卷一五作“欲哭之盡哀，而不勝其情”。

[4]後婿聞之，詣官爭之：《搜神記》卷一五作：“後夫聞，乃往求之。其人不還，曰：‘卿婦已死，天下豈聞死人可復活耶？此天賜我，非卿婦也。’於是相訟，郡縣不能決，以讞廷尉。”

[5]秘書郎：官名。掌管圖籍。六品。西晋時，隸秘書令、丞之下，設四人，各掌甲、乙、丙、丁四部圖籍。

[6]此是非常事，不得以常理斷之，宜還前夫：《搜神記》卷一五"此"字上有"以精誠之至，感于天地，故死而更生"，"常理"作"常禮"，"前夫"作"開冢者"。按"前夫"當據改爲"開冢者"，免生誤會。

晋惠帝世，杜錫家葬，[1]而婢誤不得出。後十餘年，開冢祔葬，[2]而婢尚生。其始如瞑，有頃漸覺。問之，自謂當一再宿耳。初婢之埋，年十五六，及開冢更生，猶十五六也。嫁之有子。

[1]杜錫：人名。字世嘏，杜預子。《晋書》卷三四有附傳。

[2]後十餘年，開冢祔葬："後十餘年"《晋志下》作"後十年"。祔葬，合葬。也爲葬於先祖墓之旁。

晋惠帝光熙元年，會稽謝真生子，[1]大頭有鬐，[2]兩蹠反向上，[3]有男女兩體。[4]生便作丈夫聲，經日死。

[1]謝真：人名。本書、《晋書》均一見，其事不詳。

[2]大頭有鬐：《晋志下》作"頭大而有髮"。

[3]兩蹠（zhí）反向上：兩脚掌反向上。蹠，足根、脚掌。

[4]男女兩體：具有男女兩種生殖器官。

晋惠、懷之世，[1]京洛有兼男女體，亦能兩用人道，而性尤淫。案此亂氣之所生也。自咸寧、太康之後，男寵大興，[2]甚於女色，士大夫莫不尚之，天下皆相放效，或有至夫婦離絶，怨曠妬忌者。故男女氣亂，而妖形作也。

[1]晋惠、懷之世：《晋志下》作“惠帝之世”。《搜神記》卷七同《晋志下》。

[2]男寵：男色。權貴身邊受寵幸的男性。

元帝太興初，又有女子陰在腹上，在揚州，性亦淫。[1]京房《易妖》曰：[2]“人生子，陰在首，天下大亂；在腹，天下有事；在背，天下無後。”

[1]“元帝太興初”至“性亦淫”：《晋志下》作“元帝太興初，有女子其陰在腹，當臍下。自中國來至江東，其性淫而不産。又有女子陰在首，渡在揚州，性亦淫”。可知本志把兩事合爲一事。

[2]京房《易妖》曰：《開元占經》卷一一三引京房曰：“人生子，陰在首，天下大亂；在背，天子無後。人生子，陰在腹，天下有大事。”

晋孝懷帝永嘉元年，吳郡吳縣萬祥婢生子，[1]鳥頭，兩足馬蹄，一手無毛，黃色，[2]大如枕。[3]

[1]吳縣：治所在今江蘇蘇州市。　萬祥：人名。本書、《晋書》均一見，其事不詳。《晋志下》作“萬詳”。

[2]黃色：《晋志下》作“尾黃色”，應據補“尾”字。

[3]大如枕：《搜神記》卷七“枕”作“碗”。

晋愍帝建興四年，[1]新蔡縣吏任僑妻胡，[2]年二十五，産二女，相向，腹心合同，自胸以上，齊以下，各分。[3]此蓋天下未一之妖也。時内史吕會上言：[4]“案

《瑞應圖》，異根同體謂之連理，異苗同穎謂之嘉禾。[5]草木之異，[6]猶以爲瑞，今二人同心，[7]《易》稱“二人同心，其利斷金”。[8]嘉徵顯見，生於陝東之國，斯蓋四海同心之瑞，不勝喜踊，謹畫圖以上。”時有識者哂之。[9]

　　[1]愍帝建興四年：《搜神記》卷七作“其年十月二十二日”。

　　[2]新蔡縣吏任僑妻胡：《晋志下》“僑”字後無“胡”字。《搜神記》卷七作“新蔡縣吏任喬妻胡氏”。新蔡，縣名。治所在今河南新蔡縣。

　　[3]“相向”至“各分”：《搜神記》卷七作“相向，腹心合，自腰以上、臍以下各分”。

　　[4]呂會：人名。本書、《晋書》均一見，其事不詳。

　　[5]異苗同穎謂之嘉禾：《晋志下》、《搜神記》卷七“異苗”作“異畝”。

　　[6]草木之異：《搜神記》卷七“異”作“屬”。

　　[7]今二人同心：《搜神記》卷七此句下有“天垂靈象”四字。

　　[8]二人同心，其利斷金：語出《易・繫辭上》，解《同人卦》九五爻辭。其意爲二人同心，則能截斷堅硬的金屬。喻能同心團結，則無堅不摧。

　　[9]哂（shěn）：譏笑。

　　晋中興初，有女子，其陰在腹，當齊下。自中國來江東，[1]性甚淫，而不産。京房《易妖》曰：“人生子，陰在首，天下大亂；在腹，天下有事；在背，天下無後。”

[1]中國：此指淮河以北的中原地區。

晋元帝太興三年十二月，尚書騶謝平妻生女，[1]墮地濛濛有聲，須臾便死。鼻目皆在頂上，面處如項，口有齒，都連爲一，胸如鼈，手足爪如鳥爪，皆下句。京房《易妖》曰：“人生他物，非人所見者，皆爲天下大兵。”後二年，有石頭之敗。[2]

[1]尚書騶（zōu）：尚書出門時所帶的騎馬侍從。　謝平：人名。本書、《晋書》均一見，其事不詳。

[2]石頭之敗：指永昌元年王敦反，在石頭城敗元帝六軍，遂爲丞相擅權事。石頭，城名。在今江蘇南京漢中門外清凉山後。孫權於公元212年用石頭建，城周圍七里一百步，依山傍江，十分險要。

晋明帝太寧二年七月，丹陽江寧侯紀妻死，[1]三日復生。

[1]江寧：縣名。治所在今江蘇南京市江寧區西南江寧鎮。侯紀：人名。本書、《晋書》均一見，其事不詳。

晋成帝咸康四年十一月辛丑，有何一人詣南止車門自列爲聖人所使。[1]録付光禄外部檢問，[2]是東海郯縣吕暢，辭語落漠，髡鞭三百，[3]遣。

[1]有何一人詣南止車門自列爲聖人所使：此與下文“詣止車門口，列爲聖人使，求見天子。門候受辭，列姓吕名錫”爲一事。

"吕暢"與"吕錫"事同，也當爲一人。止車門，皇宮宮門，車行止此門。魏晋洛陽宮有東止車門。

[2]光禄：指光禄勳。漢代設，主管宮殿門户宿衛和典領禁軍。魏晋時，主管入宮名籍和宮廷供御事務。三品。　外部：即管理入宮名籍事務的部門。

[3]髠（kūn）：古代剃髮之刑。

咸康五年四月，下邳民王和僑居暨陽。[1]息女可，[2]年二十，自云："上天來還，得徵瑞印綬，當母天下。"晋陵太守以爲妖，收付獄。至十一月，有人持柘杖，絳衣，詣止車門口，列爲聖人使，[3]求見天子。門候受辭，列姓吕名錫。[4]云王和女可，右足下有七星，[5]星皆有毛，長七寸，天今命可爲天下母。奏聞，即伏誅。并下晋陵誅可。

[1]王和：人名。《晋書》一見，其事不詳。　暨陽：縣名。當作"既陽"。既陽縣，晋太康二年（281）置，宋纔改名暨陽。治所在今江蘇江陰市東南長壽鎮南。

[2]息女：親生女兒。　可：人名。即王可。《晋書》一見，其事不詳。

[3]列：陳述。

[4]列姓吕名錫：《晋志下》作"辭稱姓吕名賜"。吕賜，《晋書》一見。吕錫，本書一見，其事不詳。

[5]右足下有七星：足下七個黑痣似北斗七星排列。古相學認爲，足下無紋者賤，足下有黑子者貴。

晋康帝建元二年十月，衛將軍營督過望所領兵陳濱女壹，[1]有文在足，曰"天下之母"。灸之逾明。京都諠譁。有司收繫以聞。俄自建康縣獄亡去。[2]

[1]衛將軍：官名。魏晉南北朝皆爲重號將軍，以作爲大臣、重要地方長官的加官。東晉及以後常以權臣兼任。二品。　過望：人名。《晉書》一見。　陳濆：人名。《晉書》一見，其事不詳。　壹：人名。即陳壹。《晉書》一見，其事不詳。"壹"《晉志下》作"臺"。

[2]建康：縣名。西晉建興元年（313）以建鄴縣改名，治所在今江蘇南京市。

石虎末，大武殿前所圖賢聖人像人頭，忽悉縮入肩中。

晉孝武帝寧康初，南郡州陵女人唐氏，[1]漸化爲丈夫。

[1]南郡：治所在今湖北荊州市荊州區。　州陵：縣名。治所在今湖北洪湖市。

晉安帝義熙七年，無錫人趙朱，[1]年八歲，一旦暴長八尺，髭鬚蔚然，三日而死。

[1]無錫：縣名。治所在今江蘇無錫市。　趙朱：人名。本書一見。《晉志下》作"趙未"。趙未，《晉書》一見，其事不詳。

義熙中，東陽人黃氏生女不養，[1]埋之。數日於土中啼，取養遂活。

[1]東陽：縣名。治所在今江蘇盱眙縣。　黃氏：《晋志下》作“莫氏”。

義熙末，豫章吴平人有二陽道，[1]重累生。

[1]豫章吴平人：中華本《晋志下》校勘記：“殿本作‘吴豫章人’。”吴平，縣名。治所在今江西樟樹市。

晋恭帝元熙元年，[1]建安人陽道無頭正平，本下作女人形體。

[1]元熙：晋恭帝司馬德文年號（419—420）。

宋文帝元嘉十七年，劉斌爲吴郡。[1]婁縣有一女，[2]忽夜乘風雨，恍忽至郡城内。自覺去家正炊頃，衣不沾濡。曉在門上求通，言：“我天使也。”斌令前，因曰：“府君宜起迎我，當大富貴。不爾，必有凶禍。”斌問所以來，亦不自知也。謂是狂人，以付獄，符其家迎之。數日乃得去。後二十日許，斌誅。

[1]劉斌：人名。南陽人。文帝時曾任司徒右長史，轉爲左長史、諮議參軍領豫章太守，後任吴郡太守，因黨於彭城王義康而被誅。
[2]婁縣：治所在今江蘇昆山市。

孝武帝大明中，張暢爲會稽郡，[1]妾懷孕，兒於腹中啼，聲聞於外。暢尋死。

[1]張暢：人名。字少微。本書卷四六有附傳。

大明末，荆州武寧縣人楊始歡妻，[1]於腹中生女兒。此兒至今猶存。

[1]武寧：縣名。治所在今湖北荆門市。　楊始歡：人名。本書一見。

明帝泰豫元年正月，巨人見太子西池水上，跡長三尺餘。

後廢帝元徽中，南東莞徐坦妻懷孕，兒在腹中有聲。元徽中，暨陽縣女人於黄山穴中得二卵，如斗大，剖視有人形。

魏文帝黄初四年三月，宛、許大疫，[1]死者萬數。

[1]宛：在今河南南陽市。　許：在今河南許昌市。

魏明帝青龍二年四月，大疫。青龍三年正月，京都大疫。

吴孫權赤烏五年，大疫。

吴孫亮建興二年四月，諸葛恪圍新城。大疫，死者太半。

吴孫晧鳳皇二年，[1]疫。

[1]鳳皇：三國吴末帝孫晧年號（272—274）。

晋武帝泰始十年，大疫。吴土亦同。

晋武帝咸寧元年十一月，[1]大疫，京都死者十萬人。[2]

[1]十一月：丁福林《校議》云：“《晋書·武帝紀》、《通鑑》卷八〇皆作‘十二月’。”

[2]京都死者十萬人：丁福林《校議》云：“《晋書·武帝紀》云‘洛陽死者太半’，《通鑑》云‘洛陽死者以萬數’。”

晋武帝太康三年春，疫。

晋惠帝元康二年十一月，大疫。元康七年五月，秦、雍二州疾疫。[1]

[1]元康七年五月，秦、雍二州疾疫：丁福林《校議》云：“《晋書·惠帝紀》云是年七月，雍梁二州疾疫，關中饑。”

晋孝懷帝永嘉四年五月，秦、雍州饑疫至秋。永嘉六年，大疫。

晋元帝永昌元年十一月，[1]大疫，死者十二三。河朔亦同。[2]

[1]十一月：丁福林《校議》云：“《晋書·元帝紀》作‘十月’。”

[2]河朔：泛指黃河以北地區。

晋成帝咸和五年五月，大饑且疫。

晋穆帝永和九年五月，大疫。

晋海西太和四年冬，大疫。

晋孝武帝太元五年五月，自冬大疫，至于此夏。多絶户者。

晋安帝義熙元年十月，大疫，發赤班乃愈。義熙七年春，大疫。

宋文帝元嘉四年五月，京都疾疫。

孝武帝大明元年四月，京邑疾疫。大明四年四月，京邑疾疫。

日蝕

魏文帝黄初二年六月戊辰晦，[1]日有蝕之。[2]有司奏免太尉。詔曰：“災異之作，以譴元首，而歸過股肱，豈禹、湯罪己之義乎？其令百官各虔厥職。後有天地眚，[3]勿復劾三公。”

[1]魏文帝黄初二年六月戊辰晦：黄初二年六月庚子朔，戊辰爲二十九日。晦，農曆每月最後一日。因大月三十日，小月二十九日，故晦日都在二十九或三十日。

[2]日有蝕之：即日蝕。也作“日食”，指太陽被月亮遮蔽的現象。當月球運行至太陽和地球中間，月球的影子會落到地球表面，位於影子裏的觀測者便會看到太陽被月球遮住。

[3]天地眚：古人以爲是天地間的怪異現象，其實是自然現象。

黄初三年正月丙寅朔，[1]日有蝕之；十一月庚申晦，又日有蝕之。

[1]黄初三年正月丙寅朔：此次日蝕發生在公元222年1月30

日。朔，農曆把日月合朔（太陽和月亮的黄經相等）作爲月首，即初一，稱爲朔或朔日。

黄初五年十一月戊申晦，日有蝕之。後二年，宮車晏駕。

魏明帝太和初，太史令許芝奏日應蝕，[1]與太尉於靈臺祈禳。帝詔曰：[2]“蓋聞人主政有不得，則天懼之以災異，所以譴告使得自修也。故日月薄蝕，明治道有不當者。朕即位以來，既不能光明先帝聖德，而施化有不合於皇神，故上天有以寤之。宜勵政自修，以報於神明。天之於人，猶父之於子，未有父欲責其子，而可獻盛饌以求免也。今外欲遣上公與太史令具禳祠，於義未聞也。群公卿士，其各勉修厥職。有可以補朕不逮者，各封上之。”

[1]太史令：官名。東漢以後掌天文、曆法、記録瑞應灾異、奏國祭喪娶時節禁忌，隸太常。秩六百石。　許芝：人名。漢獻帝末年任太史丞，魏文帝時任太史令。

[2]帝詔曰：詔文見《晋書·天文志中》。

魏明帝太和五年十一月戊戌晦，日有蝕之。太和六年正月戊辰朔，日有蝕之。見《吴曆》。魏明帝青龍元年閏月庚寅朔，日有蝕之。

魏齊王正始元年七月戊申朔，日有蝕之。《紀》無。正始三年四月戊戌朔，日有蝕之。《紀》無。正始六年四月壬子，[1]日有蝕之；十月戊寅朔，[2]又日有蝕之。

[1]正始六年四月壬子：即公元 245 年 5 月 15 日。《晉書·天文志中》作"四月壬子朔"。該月辛亥朔，壬子是初二。

[2]十月戊寅朔：中華本校勘記云："按正始六年九月戊寅朔，十月戊申朔。"按：疑"十"爲"九"之誤。

正始八年二月庚午朔，[1]日有蝕之。是時曹爽專政，丁謐、鄧颺等轉改法度。[2]會有日蝕變，詔群臣問得失。蔣濟上疏曰：[3]"昔大舜佐治，戒在比周；周公輔政，慎於其朋。齊侯問災，晏子對以布惠；[4]魯君問異，臧孫答以緩役。[5]塞變應天，乃實人事。"濟旨譬甚切，而君臣不悟，終至敗亡矣。正始九年正月乙未朔，日有蝕之。

[1]二月庚午朔：《三國志》卷四《魏書·魏齊王芳紀》作"二月朔"。

[2]丁謐：人名。字彥靖。《三國志》卷九有附傳。　鄧颺：人名。字玄茂。《三國志》卷九有附傳。

[3]蔣濟：人名。字子通。《三國志》卷一四有傳。

[4]齊侯問災，晏子對以布惠：典出《晏子春秋》。"布惠"非晏子原話，乃蔣濟概括之言。齊侯，春秋時齊國國君齊景公。晏子，即晏嬰。字平仲，齊國賢相。

[5]魯君問異，臧孫答以緩役：典出《左傳》僖公二十一年，文繁不録。"緩役"亦不是臧孫原話，乃蔣濟概括之言。魯君，魯僖公。臧孫，即臧文仲。魯國賢大夫。

魏齊王嘉平元年二月己未，[1]日有蝕之。

〔1〕魏齊王嘉平元年二月己未：《晋書·天文志中》作“二月己未朔”。己未是初二。

魏高貴鄉公甘露四年七月戊子朔，日有蝕之。甘露五年正月乙酉朔，[1]日有蝕之。按谷永説，[2]正朝，尊者惡之。京房占曰：“日蝕乙酉，君弱臣强。司馬將兵，反征其王。”五月，有成濟之變。[3]

〔1〕正月乙酉朔：《三國志》卷四《魏書·高貴鄉公髦紀》作“正月朔”。

〔2〕谷永：人名。字子雲，長安人。儒學大師，官至大司農。《漢書》卷八五有傳。

〔3〕成濟之變：高貴鄉公不滿司馬昭的專權，率僮僕數百攻之，爲成濟刺死。故稱成濟之變。事見《三國志·魏書·高貴鄉公髦紀》。成濟，人名。太子舍人。

魏元帝景元二年五月丁未朔，[1]日有蝕之。景元三年三月己亥朔，[2]日有蝕之。

〔1〕五月丁未朔：《三國志》卷四《魏書·三少帝紀》作“五月朔”。

〔2〕景元三年三月己亥朔：是年三月壬寅朔，無己亥，十一月己亥朔。“三月”恐爲“十一月”之訛。

晋武帝泰始二年七月丙午晦，日有蝕之。泰始七年五月庚辰，日有蝕之。泰始八年十月辛未朔，日有蝕之。泰始九年四月戊辰朔，日有蝕之。泰始十年三月癸亥，日有蝕之。

晋武帝咸寧元年七月甲申晦，日有蝕之。咸寧三年正月丙子朔，日有蝕之。

晋武帝太康四年三月辛丑朔，日有蝕之。太康六年八月丙戌朔，日有蝕之。太康七年正月甲寅朔，日有蝕之。乙亥，詔曰：“比年災異屢發，邦之不臧，實在朕躬。震蝕之異，其咎安在？將何施行，以濟其愆？”[1]太尉亮、司徒舒、司空瓘遜位，[2]弗許。

[1]以濟其愆：使其過失得到彌補。

[2]太尉亮：即汝南王司馬亮。字子翼，司馬懿四子。《晋書》卷五九有傳。 司徒舒：即魏舒。字陽元，任城樊（今山東兖州市）人。《晋書》卷四一有傳。 司空瓘：即衛瓘。字伯玉，河東安邑（今山西夏縣）人。《晋書》卷三六有傳。

太康八年正月戊申朔，日有蝕之。太康九年六月庚子朔，日有蝕之。後二年，宮車晏駕。

晋惠帝元康九年十一月甲子朔，[1]日有蝕之。晋惠帝永康元年四月辛卯朔，日有蝕之。晋惠帝永寧元年閏三月丙戌朔，日有蝕之。晋惠帝光熙元年正月戊子朔，日有蝕之。尊者惡之。七月乙酉朔，又日有蝕之既。占曰：“日蝕盡，不出三月，國有凶。”十一月，宮車晏駕。十二月壬午朔，又日有蝕之。

[1]晋惠帝元康九年十一月甲子朔：中華本校勘記云：“‘十一月甲子朔’各本並作‘十月甲子朔’，據《晋書·惠帝紀》《晋

書·天文志》改。按是年十月爲甲午朔，十一月爲甲子朔，《晉書·五行志》作十一月是。”

晉孝懷帝永嘉元年十一月戊申，[1]日有蝕之。永嘉二年正月丙午朔，日有蝕之。永嘉六年二月壬子朔，日有蝕之。明年，帝崩于平陽。

[1]晉孝懷帝永嘉元年十一月戊申：《晉書·天文志中》作“戊申朔”。

晉愍帝建興四年六月丁巳朔，日有蝕之。十一月，帝爲劉曜所虜。[1]十二月乙卯朔，又日有蝕之。明年，帝崩于平陽。

[1]劉曜：人名。字永明，匈奴族。前趙國君，曾破長安，俘懷、愍二帝。《晉書》卷一〇三有載記。

晉元帝太興元年四月丁丑朔，日有蝕之。
晉明帝太寧三年十一月癸巳朔，日有蝕之。[1]

[1]晉明帝太寧三年十一月癸巳朔，日有蝕之：《晉書·天文志中》“日有蝕之”後有“在卯至斗”四字。

晉成帝咸和二年五月甲申朔，日有蝕之。[1]
晉成帝咸康元年十月乙未朔，日有蝕之。咸康七年二月甲子朔，日有蝕之。咸康八年正月己未朔，日有蝕之。正朝，尊者惡之。六月，宮車晏駕。

　　[1]晋成帝咸和二年五月甲申朔，日有蝕之：《晋書·天文志中》"日有蝕之"後有"在井"二字。

　　晋穆帝永和七年正月丁酉朔，日有蝕之。永和十二年十月癸巳朔，日有蝕之。
　　晋穆帝升平四年八月辛丑朔，日有蝕之，不盡如鉤。[1]明年，宮車晏駕。

　　[1]晋穆帝升平四年八月辛丑朔，日有蝕之，不盡如鉤：《晋書》卷八《穆帝紀》作"日有蝕之，既"。

　　晋哀帝隆和元年十二月戊午朔，日有蝕之。
　　晋海西公太和三年三月丁巳朔，日有蝕之。太和五年七月癸酉朔，日有蝕之。明年，廢爲海西公。
　　晋孝武帝寧康三年十月癸酉朔，日有蝕之。
　　晋孝武帝太元四年閏月己酉朔，[1]日有蝕之。

　　[1]晋孝武帝太元四年閏月己酉朔：即公元380年1月24日。是年閏十二月。

　　太元六年六月庚子朔，日有蝕之。太元九年十月辛亥朔，日有蝕之。太元十七年五月丁卯朔，日有蝕之。太元二十年三月庚辰朔，日有蝕之。明年，宮車晏駕。海西時有此變。又曰，臣有蔽主明者。
　　晋安帝隆安四年六月庚辰朔，日有蝕之。[1]晋安帝元興二年四月癸巳朔，[2]日有蝕之。晋安帝義熙三年七月戊戌朔，日有蝕之。義熙十年九月丁巳朔，日有蝕之。[3]七月辛亥晦，[4]日有蝕之。義熙十三年正月甲戌朔，[5]日有蝕之。明年，宮車晏駕。

[1]晉安帝隆安四年六月庚辰朔，日有蝕之：按此次日蝕發生時間《魏書·天象志》、《北史》卷一《魏本紀》均記作北魏道武帝天興三年（400）六月庚辰朔。

[2]晉安帝元興二年四月癸巳朔，日有蝕之：按此次日蝕《魏書·天象志》《北史·魏本紀》記作北魏道武帝天興六年四月癸巳朔。

[3]義熙十年九月丁巳朔，日有蝕之：中華本校勘記云：“‘丁巳’各本並作‘己巳’，按是年九月丁巳朔，據《晉書·安帝紀》改。”此次日蝕發生時間《北史·魏本紀》記作北魏明元帝神瑞元年（414）九月丁巳朔。

[4]七月辛亥晦：中華本校勘記云：“七月辛亥晦上，脫‘義熙十一年’五字，見《晉書·安帝紀》。”按：義熙十年（414）七月戊午朔，無辛亥。《晉書·安帝紀》《晉書·天文志中》均作義熙十一年七月辛亥晦，當據此在“七月”前加“十一年”三字。

[5]義熙十三年正月甲戌朔：此次日蝕發生時間《北史·魏本紀》記作北魏明元帝泰常二年（417）正月甲戌朔。

晉恭帝元熙元年十一月丁亥朔，日有蝕之。[1]

[1]晉恭帝元熙元年十一月丁亥朔，日有蝕之：按此次日蝕發生時間《北史》卷一《魏本紀》記作北魏明元帝泰常四年（419）十一月丁亥朔。

宋少帝景平二年二月癸巳朔，[1]日有蝕之。

[1]宋少帝景平二年二月癸巳朔：據陳垣《朔閏表》，此年二月壬辰朔，癸巳爲初二日，不爲朔日。中華本校勘記以爲："癸巳爲二月初二日。日蝕當在朔日，是年正月祇二十九日，疑二月癸巳朔本不誤，後人定朔有誤。"張培瑜《三千五百年曆日天象》以爲該月朔也爲"壬辰"，中華本之疑無據。古人曆法疏闊，日蝕在"晦"或"初二"的情況並不鮮見，非"後人定朔有誤"。

文帝元嘉四年六月癸卯朔，日有蝕之。[1]元嘉六年五月壬辰朔，日有蝕之。十一月己丑朔，又日有蝕之，不盡如鈎，蝕時星見，晡方没，[2]河北地闇。

[1]文帝元嘉四年六月癸卯朔，日有蝕之：按此次日蝕發生時間《魏書·天象志》、《北史》卷二《魏本紀》記作北魏太武帝始光四年（427）六月癸卯朔。

[2]不盡如鈎，蝕時星見，晡方没：《南史》卷二《宋本紀》作"日有蝕之，星晝見"。不盡如鈎，太陽未被遮盡而呈現彎鈎狀。蝕時星見，過一會兒全被遮住，星星露出。晡方没，至晡時（古十二時制的申時，當今十五時至十七時）纔隱没。

元嘉十二年正月乙未朔，[1]日有蝕之。元嘉十七年四月戊午朔，[2]日有蝕之。元嘉十九年七月甲戌朔，[3]日有蝕之。元嘉二十三年六月癸未朔，[4]日有蝕之。元嘉三十年七月辛丑朔，日有蝕之，既，星辰畢見。

[1]元嘉十二年正月乙未朔：中華本校勘記云："按元嘉十二年正月己未朔，元嘉十一年正月乙未朔。"按：《魏書·天象志》、《北史》卷二《魏本紀》記此次日蝕發生時間均作北魏太武帝太延

元年（當元嘉十二年，435 年）正月己未朔。故“乙未”當爲“己未”之誤。應據改。

［2］元嘉十七年四月戊午朔：《魏書·天象志》、《北史·魏本紀》記此次日蝕發生時間作北魏太武帝太平真君元年（440）四月戊午朔。

［3］元嘉十九年七月甲戌朔：《魏書·天象志》、《北史·魏本紀》記此次日蝕發生時間作北魏太武帝太平真君三年八月甲戌朔。按：八月癸卯朔，當是“七月”之誤。

［4］元嘉二十三年六月癸未朔：《魏書·天象志》、《北史·魏本紀》記此次日蝕發生時間作北魏太武帝太平真君七年六月癸未朔。

孝武帝孝建元年七月丙戌朔，[1]日有蝕之，既，列宿粲然。

［1］孝武帝孝建元年七月丙戌朔：中華本校勘記云：“按是年七月丙申朔，非丙戌朔。”本書卷六《孝武帝紀》、《南史》卷二《宋本紀》、《魏書·天象志》、《北史》卷二《魏本紀》記此次日蝕發生時間均作“七月丙申朔”，故“丙戌”爲“丙申”之誤。當據改。孝建元年當北魏文成帝興光元年（454）。

孝武帝大明五年九月甲寅朔，日有蝕之。

明帝泰始四年八月丙子朔，[1]日有蝕之。十月癸酉，[2]又日有蝕之。泰始五年十月丁卯朔，日有蝕之。

［1］明帝泰始四年八月丙子朔：中華本校勘記云：“按是年八月甲戌朔，丙子爲八月初三日。”

［2］十月癸酉：《魏書·天象志》、《北史》卷二《魏本紀》記

此次日蝕發生時間均作北魏獻文帝皇興二年（468）十月癸酉朔。本志脱"朔"字，當據補。

後廢帝元徽元年十二月癸卯朔，[1]日有蝕之。

[1]後廢帝元徽元年十二月癸卯朔：《魏書·天象志》、《北史》卷三《魏本紀》記此次日蝕發生時間作北魏孝文帝延興三年（473）十二月癸卯朔。

順帝昇明二年九月乙巳朔，[1]日有蝕之。昇明三年三月癸卯朔，[2]日有蝕之。

[1]順帝昇明二年九月乙巳朔：《魏書·天象志》、《北史》卷三《魏本紀》記此次日蝕作北魏孝文帝太和二年（478）九月乙巳朔。

[2]昇明三年三月癸卯朔：《魏書·天象志》《北史·魏本紀》記此次日蝕發生時間作北魏孝文帝太和三年三月癸卯朔。

吳孫權赤烏十一年二月，白虹貫日，[1]時地又頻震。權發詔深戒懼天眚。

[1]白虹貫日：白色的長虹穿日而過，是一種罕見的日暈天象。古人以爲人間有非常之事發生，就會出現這種天象變化。《晉書·天文志中》："凡白虹者，百殃之本，衆亂所基。""白虹貫日，近臣爲亂，不則諸侯有反者。"

晉武帝泰始五年七月甲寅，日暈再重，白虹貫之。[1]

　　[1]日暈：日光通過雲層中的冰晶時，經折射而形成光的現象。圍繞著太陽成環形，帶有彩色，通常顏色不明顯。《晋書·天文志中》：“日旁有氣，員而周帀，内赤外青，名爲暈。日暈者，軍營之象。周環帀日，無厚薄，敵與軍勢齊等。若無軍在外，天子失御，民多叛。日暈有五色，有喜；不得五色者有憂。”　再重：第二重日暈，同時有白虹貫之。

　　晋武帝太康元年正月己丑朔，五色氣貫日，自卯至酉。[1]占曰：“君道失明。丑主斗、牛，斗、牛爲吳地。”[2]是時孫晧淫暴，四月降。

　　[1]五色氣貫日，自卯至酉：即黄、青、赤、白、黑五種氣帶穿過太陽，從東至西橫貫天空。《晋書·天文志中》“貫”作“冠”。

　　[2]丑主斗、牛，斗、牛爲吳地：古人的星分野概念。用十二地支配上二十八宿，丑配斗、牛、女，屬天上十二次的星紀次，其下分野國爲吳、越、揚州。星的異常會導致分野國的妖祥。《晋書·天文志上》：“自南斗十二度至須女七度爲星紀，於辰在丑，吳越之分野，屬揚州。”

　　晋惠帝元康九年正月，日中有若飛鸘者，數月乃消。[1]王隱以爲愍懷廢死之徵也。[2]

　　[1]日中有若飛鸘者，數月乃消：當爲太陽黑子群現象。太陽黑子大多成群出現，每個黑子群由幾十個至上百個黑子組成，是太陽活動的基本迹象。“數月”《晋書·天文志中》作“數日”。

　　[2]王隱：人名。字處叔，陳郡陳（今河南淮陽縣）人。《晋

書》卷八二有傳。

晋惠帝永康元年十月乙未，日鬪，[1]黃霧四塞。占曰："不及三年，下有拔城大戰。"

[1]日鬪：中華本校勘記云："《晋書‧天文志》作'日闇'。疑'鬪'字有誤。"日闇即黃霧四塞時太陽暗淡，日鬪則不通，故"鬪"當爲"闇"之誤，應據改。

晋惠帝永寧元年九月甲申，日有黑子。[1]按京房占："黑者，陰也。臣不撝君惡，令下見百姓惡君〔則有此變。"又曰，臣有蔽主明者。〕[2]

[1]日有黑子：太陽光球上經常出現的暗黑斑點，是太陽活動的基本標志。黑子經常成對或成群出現，在日面上黑子出現的情況不斷變化，通過對長期觀測資料的分析，發現黑子數年平均值的變化周期約爲十一年，同時黑子在日面緯度的分布也以十一年周期作規律性的變化。
[2]則有此變。又曰，臣有蔽主明者：此十二字乃中華本據《晋志中》訂補。

晋惠帝永興元年十一月，[1]黑氣分日。晋惠帝光熙元年五月癸巳，日散，光流如血，[2]所照皆赤。甲午，又如之。占曰："君道失明。"

[1]晋惠帝永興元年十一月：中華本校勘記云："本條各本舊接'太元二十年三月庚辰朔日有蝕之'條下，以《晋書‧天文志》對

校，知是錯簡，今據《晉書·天文志》訂正。"

[2]光熙元年五月癸巳，日散，光流如血："日散，光流如血"難解。《晉志中》作"光熙元年五月壬辰、癸巳，日光四散，赤如血流"，文義通順。日散即"日光四散"，"光流如血"即"赤如血流"。當據改。

　　晉孝懷帝永嘉元年十一月乙亥，黃黑氣掩日，所焰皆黃。案《河圖占》曰："日薄也。"[1]其説曰："凡日蝕皆於晦朔，有不於晦朔者，爲日薄。雖非日月同宿，時陰氣盛，掩薄日光也。占類蝕。"

　　[1]日薄：指黃黑之氣遮掩日光的現象。

　　永嘉二年二月癸卯，白虹貫日，青黃暈五重。占曰："白虹貫日，近臣不亂，[1]則諸侯有兵，破亡其地。"明年，司馬越殺繆播等，[2]暴蔑人主。五年，胡破京都，帝遂見虜。一説王者有兵圍之象。

　　[1]白虹貫日，近臣不亂，則諸侯有兵，破亡其地：此處有脱簡。《晉書·天文志中》作"白虹貫日，近臣爲亂，不則諸侯有反者。暈五重，有國者受其祥，天下有兵，破亡其地"。據此，"近臣不亂"當作"近臣爲亂"。"則諸侯有兵"當作"不則諸侯有反者。暈五重，有國者受其祥，天下有兵"。

　　[2]繆播：人名。字宣則，蘭陵（今山東棗莊市）人。《晉書》卷六〇有傳。

　　永嘉五年三月庚申，日散光，如血，下流，[1]所照皆赤，日中有若飛鵲者。

晋愍帝建武元年正月庚子，[1]白虹彌天，三日並照，[2]日有重暈，左右兩珥。占曰："白虹，兵氣也。三、四、五、六日俱出並争，天下兵作，王立亦如其數。"[3]又曰："三日並出，不過三旬，諸侯争爲帝。[4]日重暈，天下有立王。暈而珥，天下有立侯。"故陳卓曰：[5]"當有大慶，天下其參分乎。"三月而江東改元朔，胡亦改元朔，跨曹、劉疆宇。於是兵連積世。

[1]晋愍帝建武元年正月庚子：《晋書》卷五《愍帝紀》、《晋書·天文志中》"建武元年"均作建興五年正月庚子，當據改。

[2]白虹彌天，三日並照：《晋書·愍帝紀》《晋書·天文志中》"白虹"均作"虹霓"，當據改。

[3]王立亦如其數：《晋書·天文志中》作"丁巳亦如其數"。

[4]三日並出，不過三旬，諸侯争爲帝：中華本校勘記云："本條下各本並接'晋安帝隆安四年六月庚辰朔日有蝕之'條，以《晋書·天文志》對校，知本條未完，又下有錯簡。今據《晋書·天文志》訂正。"

[5]陳卓：人名。三國曹魏的太史令，天文學家。《晋書·天文志》多處記載有關陳卓對天文的論述。

晋元帝太興四年三月癸亥，日有黑子。[1]四月辛亥，[2]帝親録訊囚徒。

[1]晋元帝太興四年三月癸亥，日有黑子：《晋書·天文志中》"癸亥"作"癸未"。

[2]四月辛亥：中華本校勘記云："各本並脱'四月'二字。是

年三月庚申朔，初四日癸亥，無辛亥。"據《晉書》卷六《元帝紀》補。

晉元帝永昌元年十月辛卯，日有黑子。

晉明帝太寧元年正月己丑朔，[1]日暈無光；癸巳，黃霧四塞。占曰："君道失明，臣有陰謀。"是時王敦陵上，卒伏其辜。

[1]晉明帝太寧元年正月己丑朔：中華本校勘記云："按是年正月己卯朔，非己丑朔。"按：《晉書·天文志中》記此事正作"己卯朔"，當據改。

晉成帝咸康元年七月，[1]白虹貫日。咸康八年正月壬申，日中有黑子。丙子，乃滅。

[1]晉成帝咸康元年七月：中華本校勘記云："'咸康'三朝本、北監本、毛本、殿本作'咸寧'，局本作'咸和'，今據《晉書·天文志》改'咸康'。《晉書·天文志》：'咸康元年七月，白虹貫日。'即此事。"

晉海西公太和四年四月戊辰，日暈厚密，白虹貫日中。太和六年三月辛未，白虹貫日，日暈五重。十一月，桓溫廢帝。張重華在涼州，日暴赤如火，中有三足烏，形見分明，數旦乃止。[1]

[1]"張重華在涼州"至"數旦乃止"：此次太陽黑子活動《晉書·天文志中》繫在"穆帝永和八年"，不在太和六年（371）。

晋安帝元興元年二月甲子，日暈，白虹貫日。明年，桓玄簒位。晋安帝義熙元年五月庚午，[1] 日有采珥。[2]

[1] 晋安帝義熙元年五月庚午：此年五月辛巳朔，無庚午。

[2] 日有采珥：即日珥。突出日面邊緣的一種太陽活動現象，比太陽圓面暗弱得多，一般情況下被地球大氣所散射的太陽光淹没，不能直接看到，在日全食時纔能看到。此次有光彩的日珥，當是近似日暈的一種現象。

義熙十一年，[1] 日在東井，有白虹十餘丈，在南干日。[2] 依司馬彪説，則災在分野，羌亡之象也。[3]

[1] 義熙十一年：《晋書·天文志中》作“義熙十年”。

[2] 在南干日：在南方遮掩太陽。

[3] 依司馬彪説，則災在分野，羌亡之象也：《晋書·天文志中》作“災在秦分，秦亡之象”。分野，與天上星次相對應的地上國别和地域。古以二十八星宿對應十二星次，再按十二星次的方位來劃分地面上州、國的方位與之相對應。就天文説，稱作分星；就地面説，稱作分野。古人以爲分星區域内的天象變化會影響甚至決定分野區域内的吉凶妖祥變化。東井宿屬鶉首次，分野爲秦，故云“秦亡之象”。羌在晋時居秦故地，故云“羌亡之象也”。

晋恭帝元熙二年正月壬辰，日暈，東西有直珥各一丈，白氣貫之交匝。

晋孝懷帝永嘉五年三月丙申夜，月蝕既；丁酉夜，又蝕既。[1] 占曰：“月蝕既盡，夫人憂。”[2] 又曰：“其國貴人死。"

[1]"晋孝懷帝永嘉"至"又蝕既":中華本校勘記云:"按是年三月戊午朔,無丙申,亦無丁酉。"《晋書·天文志中》作"五年三月壬申丙夜,月蝕,既。丁夜又蝕,既"。壬申當十五日,在望前一日,可能出現月蝕。當據改。月蝕,月球進入地球陰影,月面沒有直接受到太陽光的照射而出現的暗淡現象。因此月蝕祇能發生在農曆望日(十六日)前後。由於白道和黃道有5.9度的傾角,所以並不是每個望日都發生月蝕,而祇有當月球運行到黃、白交點附近時,纔可能發生月蝕。

[2]夫人憂:《晋書·天文志中》作"大人憂"。

安帝義熙九年十二月辛卯朔旦,月猶見東方。[1]按占謂之"側匿"。[2]

[1]月猶見東方:中華本校勘記云:"各本並脱'月'字,據《晋書·五行志》補。"

[2]側匿:本指月亮盈縮行遲的狀態,在古天文中指在朔日不當看到月亮而月亮見於東方的現象。《尚書大傳》卷三云:"朔而月見東方謂之側匿。"古人以爲出現側匿,主侯王要肅整自己。《晋書·天文志中》:"義熙九年十二月辛卯朔,月猶見東方。是謂之仄匿,則侯王其肅。是時劉裕輔政,威刑自己,仄匿之應云。"

宋文帝元嘉二十九年十一月己卯朔,[1]日始出,色赤如血,外生牙,塊壘不圓。[2]明年二月,宮車晏駕。

[1]宋文帝元嘉二十九年十一月己卯朔:中華本校勘記云:"按是年十一月丙子朔,初四日己卯,'朔'字疑衍文。"

[2]塊壘：泛指鬱積之物。

　　孝武帝大明七年十一月，日始出四五丈，色赤如血，未没四五丈，亦如之，至于八年春，凡三，謂日死。閏五月，帝崩。

　　後廢帝元徽三年三月乙亥，日未没數丈，日色紫赤無光。

　　元徽五年三月庚寅，日暈五重，又重生二直，一抱一背。[1]

　　[1]又重生二直，一抱一背：青赤氣變長而竪立在太陽旁邊爲"直"。青赤氣如半環，在太陽旁邊，口部又向著太陽爲"抱"。青赤氣如新月形，拱背向著太陽爲"背"。《晋書·天文志中》："又日旁如半環，向日爲抱。青赤氣如月初生，背日者爲背。""青赤氣長而立日旁爲直，日旁有一直，敵在一旁欲自立，從直所擊者勝。日旁有二直三抱，欲自立者不成，順抱擊者勝，殺將。"

　　文帝元嘉中，有兩白虹見宣陽門外。
　　後廢帝元徽二年八月壬子夜，白虹見。
　　元徽四年正月己酉，白虹貫日。
　　從帝昇明元年九月乙未夜，白虹見東方。